LES GRANDS PHILOSOPHES

# AVICENNE

PAR

LE Bᵒⁿ CARRA DE VAUX

PARIS

FÉLIX ALCAN, ÉDITEUR

108, BOULEVARD SAINT-GERMAIN, 108

1900

# AVANT-PROPOS

———

Ce volume n'est pas consacré au seul système d'Avicenne, mais à la description de toute une partie du mouvement philosophique qui s'est produit en Orient entre l'hégire et la mort d'Avicenne, mouvement où le système de ce philosophe apparaît comme un point culminant. A côté des sectes et des écoles dont il est question dans ce livre, s'en trouvent d'autres qui en sont restées exclues : les écoles théologiques ; les sectes politiques et mystiques. La théologie n'y est présente qu'au début comme point de départ, et, dans le courant de l'exposition, sous forme de métaphysique. De la politique, il est traité sommairement dans les passages où est dessiné le cadre historique dans lequel se sont mus nos héros ; il est aussi parlé un peu, en divers endroits, de la politique comme d'une science distincte faisant partie de la philosophie, selon la tradition grecque. Quant à la mystique, souvent nos auteurs nous conduiront jusqu'à son seuil ; mais nous refuserons de nous y engager, et quoique forcés d'en dire quelques mots pour achever la métaphysique, nous ne l'étudierons pas comme système indépendant.

Les sciences dont nous aurons spécialement à nous occuper sont : d'abord la logique qui, délaissée aujourd'hui, tint une grande place dans la philosophie de ce temps ; puis, étroitement liées ensemble, la physique, la psychologie et la métaphysique. Les trois chapitres que nous consacrerons à ces dernières sciences, précédés d'une introduction logique, suivis d'un complément mystique, représenteront l'essentiel du système auquel a abouti le mouvement de pensée qui fait l'objet de ce livre.

Nous demandons au lecteur qu'il veuille bien aborder cet ouvrage sans parti pris; il sera bon qu'il se laisse conduire par nous comme nous nous sommes nous-mêmes laissé conduire par nos auteurs. Dans un domaine scientifique encore aussi peu connu du public que la philosophie arabe, les divisions du sujet et les problèmes qu'il comporte ne doivent pas être posés à priori; il faut plutôt attendre qu'ils se dessinent d'eux-mêmes, au fur et à mesure des progrès de l'étude.

Cette remarque cependant ne signifie pas que le sujet que nous allons traiter soit absolument neuf. Au contraire — nos notes en feront foi, — il n'est guère de section de ce livre qui ne s'appuie sur des travaux antérieurs solides et profonds. Mais ces travaux n'avaient pas, pour la plupart, rayonné en dehors d'un milieu spécialiste; leurs résultats n'avaient pas été groupés en un ensemble. Nous croyons le moment venu d'opérer cette synthèse, et de livrer au public lettré la matière élaborée dans les officines de l'orientalisme. Cette entreprise, pensons-nous, présente maintenant assez de sécurité. Bien que nous ne nous soyons pas interdit de laisser sentir notre action personnelle dans cette œuvre, nous croyons néanmoins qu'elle est surtout une œuvre objective, consistante par elle-même, vivant de sa vie propre et suffisamment indépendante de son auteur, en laquelle les détails se groupent et s'enchaînent moins par l'artifice de l'écrivain que par leur nature même.

Nous ne parlerions pas avec autant d'assurance des autres parties de l'histoire de la philosophie dans l'orient musulman, qui sont restées en dehors de notre cadre. L'étude des écoles théologiques, celle surtout des écoles mystiques n'est pas aussi avancée que celle de l'école philosophique proprement dite; et nous n'oscrions pas en présenter les résultats aux lettrés, avant d'avoir reçu encore de la main des orientalistes quelques travaux préparatoires et spéciaux que nous appelons de tous nos vœux.

B. DE VAUX.

Paris, mai 1900.

# AVICENNE

## CHAPITRE PREMIER

### LA THÉODICÉE DU CORAN

Le Coran n'est pas un traité de philosophie, et Mahomet n'était pas proprement un philosophe. Mais Mahomet a, comme prophète, touché à des questions d'ordre philosophique; il leur a donné des solutions intuitives qu'il a exprimées dans une forme lyrique; et ces solutions, qui ont constitué la dogmatique musulmane, sont devenues des points fixes, dans la spéculation philosophique chez les Arabes. Le problème le plus général de la philosophie arabe n'a donc pas été de rechercher la vérité, puisque celle-ci était donnée en plusieurs de ses points essentiels; mais de soutenir cette vérité intuitivement posée par une construction analytique et rationnelle, et de substituer à son expression lyrique une expression conforme aux modes de la philosophie antique. C'est ce qu'on peut appeler le problème scolastique. Quelques esprits ont pu ensuite perdre de vue la fin de ce problème, s'intéresser plus à la philosophie qu'au dogme dont elle ne devait être que la forme, se servir même de la philosophie pour dénaturer le dogme ; mais ce ne sont là que des mouvements secondaires dans l'histoire de la pensée arabe et le mouvement de recherche scolastique est le mouvement primaire. Il est donc important de rappeler d'abord le thème dogmatique à partir duquel s'est développé ce mouvement. C'est ce que nous ferons en exposant la théodicée du Coran.

L'intuition de Dieu chez Mahomet est tout d'abord celle de Dieu un et puissant. La notion de l'unité divine s'imposa au prophète lors de sa retraite au mont Hirah, par contraste avec les croyances des Arabes polythéistes ; celle de la puissance divine grandit dans son esprit au fur et à mesure que se manifesta, puis que céda la résistance des Arabes incrédules.

L'unité de Dieu est affirmée sans preuve dans le texte du Coran, comme elle l'est dans la formule de foi musulmane : « Il n'y a de Dieu que Dieu. » Ce Dieu un est le Jéhovah biblique, le Dieu d'Abraham, l'apparition du buisson ardent : « (*Sourate* XX, v. 8-14[1]). As-tu entendu raconter l'histoire de Moïse? Lorsqu'il aperçut un feu, il dit à sa famille : Restez ici, je viens d'apercevoir du feu... Et lorsqu'il s'en approcha, une voix lui cria : O Moïse! En vérité je suis ton seigneur. Ote tes souliers, tu es dans la vallée sainte de Touwa : Moi, je

---

1. Nous nous servons de la traduction du Coran, par Kasimirski. Mahomet, *le Koran*, Paris, Bibliothèque Charpentier, 1891.

suis Dieu ; il n'y a point d'autre Dieu que moi. » Mahomet retira à Dieu le pouvoir d'engendrer, condamnant du même coup les croyances chrétiennes trinitaires, et diverses croyances populaires telles que celles qui faisaient Esdras fils de Dieu ou qui tentaient de voir dans les anges des filles de Dieu. Dieu était donc posé par lui comme une personne une, distincte absolument du monde.

Les passages relatifs à la puissance divine sont extrêmement nombreux dans le Coran et beaucoup plus développés que ceux relatifs à l'unité. Ils ont presque tous une valeur apologétique. Le Dieu musulman, comme le Dieu juif, se prouve par sa puissance ; sa puissance elle-même se voit.

La puissance divine se manifeste de trois façons : dans la nature, dans l'histoire générale, par le miracle actuel. Ces trois modes de manifestation sont bibliques.

Le Dieu que Mahomet voit dans la nature est ce créateur et ce gouverneur du monde à qui il a suffi de dire dans la Genèse : « Que la lumière soit », pour que la lumière fût ; celui devant qui, dit le psalmiste, la mer fuit et les collines bondissent, celui que bénissent les cieux et la terre, le soleil et les astres, les vents et les frimas, et que louent tous les êtres. Écoutez Mahomet : « N'as-tu pas considéré que tout ce qui est dans les cieux et sur la terre publie les louanges de Dieu, et les oiseaux aussi en étendant leurs ailes ? Tout être sait la prière et le récit de ses louanges (XXIV, 41) » ; et encore : « Certes, dit-il, dans la création des cieux et de la terre, dans la succession alternative des jours et des nuits, dans les vaisseaux qui voguent à travers la mer pour apporter aux hommes des choses utiles, dans cette eau que Dieu fait descendre du ciel et avec laquelle il rend la vie à la terre morte naguère, et où il a disséminé des animaux de toute espèce, dans les variations des vents et dans les nuages astreints au service entre le ciel et la terre, dans tout cela il y a certes des avertissements pour tous ceux qui ont de l'intelligence (II, 159). » Avertissement ici n'a d'autre sens que preuve ou argument de crédibilité. C'est ce qui appert d'un autre verset où Mahomet reconnaît l'origine biblique de sa démonstration : « Tels sont les arguments que nous fournîmes à Abraham contre son peuple. »

La preuve de la puissance de Dieu par l'histoire du peuple hébreu est abondamment fournie dans la Bible, où sans cesse résonne l'écho de la voix de Jéhovah criant : « Je suis celui qui ai tiré vos pères de la terre d'Égypte, qui ai ouvert la mer devant eux, qui les ai dirigés par la nuée, etc. » Mahomet reprend cette preuve, mais il y met moins de force et d'éloquence que dans la précédente; et comme d'ailleurs l'histoire seule du peuple hébreu n'était pas assez féconde en émotion pour des Arabes, il y ajoute des faits légendaires relatifs à l'histoire d'Arabie, par exemple la destruction par la colère divine d'anciennes générations corrompues, et quelques faits vrais et voisins du temps de l'islam, comme la rupture de la digue de Mareb[1]. Ce dernier événe-

---

1. V. Maçoudi, *les Prairies d'or,* éd. et trad. Barbier de Meynard et Pavet de Courteille, III, 378 et suiv.

ment est petit comparé à l'exode ou à la captivité de Babylone; il a du moins cet intérêt qu'il témoigne de l'emploi des procédés apologétiques bibliques dans le Coran. L'on peut remarquer en outre que le prophète a choisi pour prouver Dieu ce qu'il y a de meilleur dans la nature et de plus terrible dans l'histoire.

Quant à la preuve par le miracle, Mahomet a prétendu la fournir; on la lui demandait au reste. Mais on sait que, dénué du don des prodiges, il a cherché à faire passer le Coran lui-même pour un miracle. Ce qu'il est curieux de noter, c'est qu'il a eu conscience des conditions qui doivent rendre effective la preuve par le miracle, en demandant de la part de ceux qui en sont témoins les dispositions du cœur : « Ils ont juré devant Dieu... que s'il leur fait voir un miracle, ils y croiront. Dis :... lorsque le miracle éclatera, ils n'y croiront pas. Nous détournerons leurs cœurs et leurs yeux de la vérité, puisqu'ils n'ont pas cru la première fois, et nous les laisserons errer confus dans leur égarement (VI, 109-110). »

La science de Dieu apparaît dans le Coran comme une condition et presque comme une des faces de sa puissance. Le Coran, bien entendu, ne renferme pas de théorie de la connaissance ni chez l'homme ni chez Dieu. La science de Dieu y est simplement affirmée, et elle y est aussi absolue que sa puissance : « Il a les clefs des choses cachées, lui seul les connaît. Il sait ce qui est sur la terre et au fond des mers. Il ne tombe pas une feuille qu'il n'en ait connaissance. Il n'y a pas un seul grain dans les ténèbres de la terre, un brin vert ou desséché

qui ne soit inscrit dans le Livre évident (VI, 59). » Les
Musulmans pieux ont toujours eu le sentiment que
l'homme ne devait pas chercher à pénétrer trop avant
dans les secrets de Dieu et, comme l'auteur de l'*Imitation*, ils ont été bien près de regarder la curiosité scientifique comme sacrilège.

Pas plus que ses attributs, la nature et la vie intime
de Dieu n'ont fait l'objet de la part de Mahomet d'une
étude méthodique. Il n'en dit rien que d'intuitif. Mais
du moins affirme-t-il nettement la spiritualité de Dieu,
qu'il aperçoit dans son rapport avec l'unité, la puissance,
la science, et en même temps que la majesté. Dieu est
à ses yeux celui qui ne peut être atteint, et qui atteint
tout, qui n'a aucune des infirmités du corps, dont la nature est supérieure à celle de l'homme et de toute chose,
qui est si élevé au-dessus du monde qu'il ne peut pas
même être vu. Ce n'est guère là que le type amplifié du
potentat oriental, une image agrandie de cette reine de
Saba qui reçoit derrière un voile, de cet empereur des
îles lointaines sur le passage duquel les nuques se cour-
bent et les fenêtres se ferment.

A cette notion de la majesté divine se rattache une
question qui a été fort débattue dans la théologie musulmane, et qui fut célèbre aussi dans la scolastique chrétienne, celle de la vision de Dieu dans la vie béatifique. Il
est remarquable combien, d'après le Coran, l'obtention
de cette vision semble difficile. On s'en rend compte dans
les chapitres qui contiennent des légendes bibliques :
Dieu crie à Adam et ne se montre pas. Noë, seul sauvé du

déluge, ne voit pas Dieu. Abraham, appelé l'Ami de Dieu, ne reçoit que ses anges. Moïse demande à voir Dieu sur la montagne; à peine l'a-t-il entrevu qu'il tombe évanoui, et, revenu à lui, il est pénétré de repentir. Mahomet lui-même, le sceau de la prophétie, ne voit que l'Esprit-Saint, l'Archange Gabriel. Dans les descriptions coraniques du Paradis, les élus jouissent de la vue de belles demeures, de jardins et d'esprits mâles ou femelles de diverses formes, mais il n'est pas dit qu'ils jouissent de celle de Dieu. Au jugement les hommes sont amenés en présence de Dieu, sans que l'on comprenne d'après le texte en quoi consiste cette présence ni de quelle façon elle est perçue.

Il y a dans le Coran quelques versets assez singuliers où Mahomet dit que Dieu est « lumière », et que la lumière des élus marchera à leur droite au jugement : « Dieu est la lumière des cieux et de la terre. Cette lumière est comme un foyer dans lequel se trouve un flambeau, un flambeau placé dans un cristal, cristal semblable à une étoile brillante; ce flambeau s'allume avec l'huile d'un arbre béni, d'un olivier qui n'est ni de l'Orient ni de l'Occident, et dont l'huile brille quand même le feu ne la touche pas (XXIV, 35). » Les commentateurs ne voient que des comparaisons dans ces images étranges [1]. Nous nous demandons si ces expressions ne proviennent pas plutôt de quelque influence gnostique.

---

1. V. le célèbre commentaire de Zamakhchari, intitulé *Kacchaf*, au verset indiqué.

L'éternité de Dieu est affirmée par le Coran, sans qu'il y soit spécialement insisté. Cette notion n'est d'ailleurs pas analysée, et Mahomet ne s'est pas préoccupé de rechercher ce que peut être l'existence de Dieu hors du monde et hors du temps.

L'idée de création n'est pas parfaitement précisée. Le texte du Coran, comme celui de la Bible, ne répugne pas à l'existence d'un chaos auquel s'appliquerait la création et dont l'origine serait indéfinie. Mahomet ne s'est pas complu à l'idée d'infinitude de temps. On est presque surpris du vague de ses paroles touchant la perpétuité des récompenses et des peines : « Les réprouvés seront précipités dans le feu... Ils y demeureront tant que dureront les cieux et la terre, à moins que Dieu ne le veuille autrement... Les bienheureux seront dans le paradis; ils y séjourneront tant que dureront les cieux et la terre, sauf si ton Seigneur ne veut ajouter quelque bienfait qui ne saurait discontinuer (XI, 108-110). » L'idée d'éternité se précisa plus tard chez les théologiens, sous l'influence de la philosophie. L'on voit que Mahomet la maniait imparfaitement; son éducation sur ce point n'était encore que biblique.

L'immutabilité de Dieu est corrélative de sa science et de son éternité. Mais Mahomet a surtout conçu Dieu immuable comme administrateur du monde : « C'est la coutume de Dieu, telle qu'il l'a pratiquée à l'égard des générations passées. Tu ne trouveras pas de variations dans les coutumes de Dieu (XLVIII, 23). » Il s'agit ici de l'immutabilité historique et morale; le prophète n'a pas eu souci de l'immutabilité métaphysique, et il ne s'est point demandé comment Dieu pouvait être actif tout en restant immuable.

Ayant conçu Dieu d'une façon moins métaphysique que morale, Mahomet a surtout été sensible à ses rapports avec l'homme. Il a clairement exprimé la notion de la Providence, et il a posé, non sans brutalité, le terrible problème de la prédestination.

La science, la sagesse et la puissance de Dieu s'étendent à l'avenir; les œuvres divines ont une fin. L'ensemble de la création a un but, qui est représenté simplement par ces mots : « Je n'ai créé les hommes et les génies qu'afin qu'ils m'adorent (LI, 56). » En outre, chaque détail de la nature est fait en vue de l'ensemble et est bon par rapport à son but. C'est toute une théorie de l'optimisme, dérivée sans effort de la notion de Dieu puissant, savant et bon : « Nous avons étendu la terre et nous y avons lancé des montagnes, et nous y avons fait éclore toutes choses dans une certaine proportion. Nous y avons mis des aliments pour vous et pour des êtres que vous ne nourrissez pas. Il n'y a pas de chose dont les trésors n'existent chez nous et nous ne les faisons descendre que dans une proportion déterminée (XV, 19-21). »

Mais Mahomet fut poussé par son génie propre et par la lutte à s'appesantir plutôt sur l'idée qui est en quelque sorte au revers de celle de la Providence : celle de la prédestination. Il y a insisté avec une volonté pesante

et âpre. Néanmoins, si l'on parcourt d'un esprit calme
et non prévenu les passages du Coran relatifs à la prédestination, on voit qu'ils ne sont pas aussi nettement
fatalistes que beaucoup l'ont cru, et que tout en étant
effrayants, ils ne sont nullement opposés à toute justice.
Voici, je crois, l'idée qu'ils contiennent :

Dieu connaît tout d'avance, par conséquent les fautes
et les châtiments qui les suivront, de même que les
bonnes œuvres et leurs récompenses. Tout a été écrit
d'avance dans un Livre gardé au ciel. Peu nous importe
ici que ce livre ait un certain mode d'existence mystique
ou qu'il ne soit qu'un symbole de la prescience de Dieu.
En tout cas, il n'équivaut philosophiquement qu'à une
affirmation de la prescience ; mais une affirmation de la
prescience n'est pas encore une négation de la liberté.
« Aucune calamité ne frappe soit la terre, soit vos personnes qui n'ait été écrite dans le Livre avant que nous
les ayons créées (LVII, 22). » Cela ne veut pas dire que
ces calamités arrivent injustement. « Nous ressuscitons
les morts et nous inscrivons leurs œuvres et leurs traces. Nous avons tout compté dans le prototype évident
(XXXVI, 11). » Cela ne signifie pas que les œuvres des
hommes sont déterminées. Il est fait ici allusion à deux
livres : L'un le livre de la prescience, prototype ou plan
de la vie du monde, qui est une sorte de budget. L'autre
le livre de la science actuelle où sont inscrites les actions
des hommes à mesure qu'ils les accomplissent, et qui
sera ouvert au jugement ; c'est un livre de comptes.
Aucun de ces deux livres ne supprime encore la liberté.

Mais voici qui est plus effrayant : « Si nous avions voulu, dit Dieu, nous aurions donné à toute âme la direction de son chemin; mais ma parole immuable a été celle-ci : je remplirai la géhenne d'hommes et de génies ensemble (XXXII, 13); » et aussi cette affirmation prononcée plus d'une fois : « Dieu égare qui il veut, il dirige qui il veut (XXXV, 9). » Prises isolément, ces paroles semblent exprimer que Dieu veut à priori la perte d'un certain nombre d'êtres, et que cette perte est inévitable. Mais la lecture d'autres passages montre clairement que telle n'est pas la pensée de Mahomet : « Nous avons créé pour la géhenne, dit ailleurs Dieu, un grand nombre de génies et d'hommes qui ont des cœurs avec lesquels ils ne comprennent rien, qui ont des yeux avec lesquels ils ne voient rien, qui ont des oreilles avec lesquelles ils n'entendent rien... Tels sont les hommes qui ne prêtent aucune attention à nos signes (VII, 178). » Et aussi : « Dieu affermira les croyants... il égarera les méchants (XIV, 32). » Ces deux citations sont parallèles des deux précédentes; mais elles renferment un complément en plus, et cette nuance est capitale : ceux que Dieu a créés pour la géhenne ne sont plus des hommes quelconques, arbitrairement choisis, ce sont ceux qui refusent d'entendre la prédication du prophète; et ceux qu'il égare ce n'est pas n'importe lesquels d'entre les hommes; mais bien ce sont les méchants; de même ce sont les bons qu'il conduit. Il est donc déjà évident d'après ces seules citations que l'égarement et la géhenne ne sont que des châtiments, conséquence d'une faute antérieure, laquelle sans aucun doute a été commise librement.

Les autres passages du Coran, ayant trait à la même question, et ils sont nombreux, viennent tous à l'appui de cette manière de voir; nous croyons celle-ci originale, et il nous semble que cette interprétation, insuffisamment aperçue jusqu'ici, peut fort bien servir à clore la longue dispute sur le fatalisme du Coran. Le Coran n'est pas fataliste. Il n'y est pas dit que Dieu décrète à priori le mal ni la perdition pour personne. La thèse que l'on a voulu entendre de la sorte est en réalité que Dieu, après un premier péché, surtout après le premier péché contre la foi, égare, aveugle, endurcit de plus en plus le coupable, en sorte qu'il marche, comme forcé, à sa perdition. Mais l'incrédulité première reste libre. Cette doctrine n'est d'ailleurs pas autre chose que l'expression de l'impatience causée au prophète par la longue résistance qui fut opposée à sa prédication. Des hommes qui l'avaient entendu maintes fois et qui avaient été témoins de tous ses signes, s'ils ne se rendaient pas enfin, étaient vraiment des hommes dont la raison avait été perdue par quelque force étrangère, des hommes devenus des brutes, — le mot est de Mahomet, — assourdis, aveuglés, — les termes sont de lui, — déjà la proie du châtiment divin. De leur vivant la géhenne envahissait leur âme; et s'ils étaient ainsi frappés, c'est qu'au temps où ils étaient libres de leur choix et maîtres de leur raison, ils avaient refusé de croire.

Les versets les plus nets en ce sens sont celui-ci :

« Sourds, muets et aveugles, ils ne peuvent plus revenir sur leurs pas (II, 17), » et cet autre déjà cité : « Nous détournerons leurs cœurs et leurs yeux de la vérité, puisqu'ils n'ont pas cru la première fois, et nous les laisserons errer confus dans leur égarement. »

Il sera utile d'ajouter à cet exposé de la théodicée de Mahomet quelques mots relatifs à sa théorie de la révélation et à sa théorie des anges.

Le dieu du Coran étant fort difficilement accessible à l'homme, la révélation est, par ce fait, rendue nécessaire : « Il n'est point donné à l'homme que Dieu lui adresse la parole ; s'il le fait, c'est par la révélation ou à travers un voile (XLII, 50). » Ce dur verset a reçu dans la suite bien des démentis pratiques de la part des mystiques de l'islam.

La révélation elle-même est conçue par Mahomet d'une manière analogue à celle dont il a conçu l'administration du monde. L'idée s'en rattache à celle de Dieu potentat. La révélation est un message de Dieu. Il y a un prototype du livre révélé, une espèce de Coran céleste, gardé auprès de Dieu. Un ange lit dans ce livre et vient communiquer ce qu'il a lu au prophète. C'est là un mécanisme très simple et pour ainsi dire tout externe. Nous sommes loin ici des ardeurs et de la passion du prophétisme biblique. La notion s'en est restreinte et desséchée.

Mahomet a admis la progression prophétique. « A chaque époque, son livre sacré, » a-t-il dit (XIII, 39). Ces livres ne se contredisent pas mais s'expliquent et se complètent. Cette idée qui est belle en elle-même et assez séduisante, fut nuisible à l'islam. Beaucoup de sectes s'en servirent pour ajouter au Coran de nouvelles révélations qui, sous couleur de l'expliquer, le détruisaient.

Le Coran conserve à Jésus son titre de Verbe; mais ce mot n'a plus aucun sens précis dans l'idée coranique de la révélation.

La théorie des anges doit être mentionnée uniquement pour rappeler qu'elle ne concède rien aux théories gnostiques de l'émanation. L'esprit de Mahomet fut très ferme sur le point fondamental de l'unité divine; et il ne se laissa surprendre par aucun côté. Les anges qu'il admit concurremment avec les génies, sont créés et aussi distincts de Dieu que le sont les hommes. Ils ont des fonctions auprès de Dieu; ils président aux grands mouvements de la nature; ils servent de messagers entre Dieu et l'homme. Mahomet connut la notion de sphère céleste, mais il n'eut conscience de celle de l'intelligence des sphères, qu'autant qu'il était nécessaire pour interdire l'adoration des astres. Il admit certains pouvoirs magiques, qu'il condamna sans s'occuper de les expliquer.

Mahomet philosophe peut en définitive être jugé comme un esprit modéré et sage, net et pratique, beaucoup plus moral que métaphysique. Il créa une théodicée noble et ferme, imitée de la théodicée biblique. Il fut préservé par son bon sens de divers excès où des théologiens ultérieurs entraînèrent sa doctrine, et son ignorance relative ne lui permit pas de pressentir aucune des difficultés que la spéculation philosophique devait après lui soulever dans l'islam.

# CHAPITRE II

La théodicée du Coran commença à être l'objet de
la spéculation philosophique dès le premier siècle de
l'hégire. Avant donc l'introduction des ouvrages des
philosophes grecs dans l'islam, il s'y produisit un mouvement philosophique spontané. Cette spéculation
s'affina ensuite et devint plus complexe à mesure que
l'influence grecque se fit davantage sentir. Il est curieux
de suivre ces variations de la théodicée jusqu'au moment
où les œuvres de l'antiquité ayant été traduites et plei-
nement comprises, le problème scolastique se posa. La
plus importante lignée des docteurs qui se distinguèrent
dans cette période est constituée par la secte dite *Motazélite*.

Les théories fondamentales étudiées par les Motazélites furent celles des qualités de Dieu et celle de la
prédestination et du libre arbitre. Leurs discussions portèrent aussi sur une question d'ordre politique qui eut un
grand rôle dans l'histoire musulmane, à savoir : à quels
signes on reconnaît l'imam légitime. L'imam, on s'en

souvient, est le président de la communauté musulmane, c'est-à-dire le khalife ou le sultan. Il se forma à ce sujet une multitude de sectes, dont chacune s'attacha, en même temps qu'à un dogme politique particulier, à certaines croyances métaphysiques[1]. Dans cet ouvrage, nous laisserons absolument de côté les discussions politiques, pour ne nous occuper que de la suite des idées philosophiques. Les Motazélites constituent une secte vaste que l'on peut diviser en beaucoup de sous-sectes, mais qui se distingue dans l'ensemble par ses tendances rationalistes et libérales; en elle se concentra une bonne part de la vie philosophique des musulmans, avant l'apparition puis à côté des philosophes proprement dits.

Nous ne possédons guère les ouvrages des docteurs Motazélites avant le temps d'Avicenne; mais nous avons sur cette période quelques bonnes sources secondaires, dont la principale est le célèbre recueil de Chahrastani sur *les Religions et les sectes*[2]. Ce remarquable historien des idées dans l'islam a consacré à un grand nombre de Mo-

---

1. La théorie de l'imâmat a été longuement développée par Ibn Khaldoun dans ses *Prolégomènes*, trad. De Slane, *Notices et extraits des Mss. de la Bibliothèque nationale*, t. XIX-XXI, premières parties. — Maçoudi y revient à diverses reprises dans les *Prairies d'or*, et nous en avons nous-même dit quelque chose dans notre ouvrage *le Mahométisme, le génie sémitique et le génie aryen dans l'Islam*, Paris, Champion, 1898, à l'endroit où nous traitons des Alides.

2. *Book of religious and philosophical sects,* ed. W. Cureton, 2 vol. Londres, 1847. — Cet important ouvrage a été traduit en allemand et annoté par Th. Haarbrücker, *Abu'l-Fath Muhammed asch-Schahrastâni's Religions-partheien und Philosophenschulen.* 2 vol. Halle, 1850. — Chahrastani mourut en 528 de l'hégire (1153 Ch.).

tazélites des articles qui méritent confiance, si l'on en juge par le soin avec lequel est rédigé son exposé de la philosophie d'Avicenne, où le contrôle est possible. Il existe d'autres renseignements dans un traité de théologie et de philosophie encore insuffisamment étudié, le *Mawâkif*, composé par Adod ed-Dîn el-Idji (mort en 756 H.). Sœrensen a édité les deux dernières sections de ce livre, avec leur commentaire par el-Djordjâni [1]. En se servant de ces deux sources principales, Steiner a publié naguère un bon travail sur les Motazélites [2].

La question du libre arbitre fut posée, avant la naissance de la secte Motazélite, par Mabed el-Djohani et Atâ fils de Yasâr qui appartenaient à l'école du célèbre jurisconsulte Haçan fils d'Abou'l-Haçan de Basrah (mort en 110). Ces docteurs se déclarèrent partisans du libre arbitre de l'homme. La doctrine contraire, que nous avons refusé de voir dans le Coran, avait prévalu dans l'islam, pendant les guerres des Omeyades. L'on s'était attaché, implicitement au moins, au fatalisme, c'est-à-dire que l'on croyait que l'homme était bon ou mauvais, préparé pour la géhenne ou pour le paradis, d'après les décrets éternels de Dieu. Les passages du Coran

---

1. *Statio quinta et sexta et appendix libri Mevakif, auctore Adhad-ed-Dîn el-Igî*, ed. Th. Sœrensen. Leipzig, 1848. — Le *Mawâkif* est un volumineux ouvrage. Il a été imprimé en entier à Constantinople. C'est un traité de philosophie; ce n'est pas, comme le livre de Chahrastani, une histoire de la philosophie; mais il contient quelques renseignements historiques.

2. H. Steiner, *Die Mutaziliten oder die Freidenker im Islâm*. Leipzig, 1865.

opposés à cette opinion étaient l'objet d'une interprétation (*tawîl*). La doctrine libérale de Mabed ayant amené des troubles, le khalife Abd el-Mélik le fit mettre à la torture et pendre en l'an 80 de l'hégire. Un autre docteur qui avait suivi ses opinions, Abou Merwân de Damas, fut crucifié à la porte de cette ville par ordre du khalife Hichâm fils d'Abd el-Mélik. C'était un esprit très hardi. Quant à Atâ fils de Yasâr, il échappa au martyre et ne mourut qu'en l'an 103, âgé de 84 ans. Il était un affranchi de l'une des femmes du prophète, Maïmounah.

Les premiers partisans du libre arbitre avaient pris le nom de *Kadarites;* mais cette désignation se trouvait ambiguë, car le mot *kadr* peut signifier également le pouvoir, le décret de Dieu, ou le pouvoir, la liberté de l'homme, et le terme de Kadarite pouvait s'entendre en même temps des partisans du libre arbitre ou de leurs adversaires. Les Motazélites, en adoptant la croyance au libre arbitre, rejetèrent le nom de Kadarites, et désignèrent le libre arbitre par le mot *el-adl,* qui, dans son sens normal, signifie la justice.

Wâsil fils d'Atâ fut le fondateur de la grande secte des Motazélites. Il naquit à Médine l'an 80, fut un affranchi des Bénou Makhzoum ou des Bénou Dabbah, et mourut en 131. Il était orateur, mais il ne pouvait pas prononcer la lettre *ra* qu'il changeait en *ghaïn;* autrement dit il grasseyait; mais sa connaissance de l'arabe et sa facilité de parole étaient telles qu'il réussissait à éviter dans le discours les mots contenant le *ra;* ce qui a fait dire à un poète : « Tu m'as réduit à l'état du *ra* que l'on ne prononce pas; tu m'as supprimé comme si tu étais Wâsil. »

Wâsil fut d'abord élève de Haçan de Basrah; puis il se sépara de lui à cause d'une opinion nouvelle qu'il émit sur l'état des croyants coupables de péché grave. Il dit que le croyant pécheur, le *fâsik*, était dans un état intermédiaire entre le croyant juste et l'impie ou *kâfir*. Cette opinion demeura dans sa secte sous la désignation de doctrine de « l'état mixte ». On rapporte à cette circonstance l'origine du nom de Motazélites qui signifie « les séparés ».

Wâsil commença aussi à nier les qualités de Dieu. Son intention, en émettant cette doctrine, était de sauver le pur monothéisme. Il ne comprenait pas l'unité d'un Dieu possesseur d'attributs, et il disait : « Celui qui affirme une qualité éternelle à côté de Dieu affirme deux dieux. » Cependant il ne semble pas qu'il ait mûri cette théorie, autant que nous pouvons en juger, en l'absence de ses œuvres. Comme tous les Motazélites après lui, il fut très net dans la foi au libre arbitre : « Il est impossible, disait-il, que Dieu veuille et décrète le mal, contrairement à ce qu'il ordonne. » Il admit le décret divin en ce qui concerne les événements extérieurs, l'infortune ou la prospérité, la maladie ou la santé, la vie ou la mort. En d'autres termes il admit un fatalisme physique, mais il condamna le fatalisme moral.

Amr fils d'Obéïd, autre chef célèbre des Motazélites, fut contemporain de Wâsil fils d'Atâ et se sépara en même temps que lui de l'école de Haçan de Basrah. C'était un personnage d'un caractère intéressant. Il paraît être d'origine afghane, son aïeul ayant fait partie des prisonniers qui tombèrent aux mains des Musulmans à Kaboul. Il était un affranchi des Bénou Témîm. Sa mort arriva en 144 ou 145.

L'historien Maçoudi témoigne d'une grande admiration pour Amr fils d'Obéïd, dont il dit qu' « il fut le cheikh des Motazélites de son temps, le docteur le plus éminent de cette secte et que personne ne l'éclipsa depuis. Il a laissé des traités, des discours et un grand nombre de dissertations sur le libre arbitre, sur l'unité de Dieu, etc. ». Nous ne connaissons pas ces écrits. L'historien appuie ces éloges par quelques anecdotes qui montrent le caractère élevé et légèrement cynique de ce personnage [1].

Ces quelques vers que Maçoudi cite comme ayant été récités par Amr en présence de Mansour donnent de lui une haute idée : « O toi que l'espérance aveugle, les déceptions et la mort te séparent de ce que tu espères. Ne vois-tu pas que le monde avec ses attraits trompeurs n'est qu'une station où le voyageur campe un moment, puis s'éloigne? Ses pièges sont mortels, ses plaisirs une angoisse; sa sérénité n'est que trouble; son empire n'est que révolutions. La quiétude de l'homme y est troublée par de perpétuelles alarmes; ni la douceur ni la violence n'y peuvent rien. L'homme est comme le but des

1. V. les *Prairies d'or*, VI, 208-212.

catastrophes et du trépas, le jouet des adversités filles du destin. Il fuit pour sauver sa vie et la mort est en embuscade; chacun de ses faux pas est une chute. Il se consume en efforts au profit de ses héritiers, et c'est la tombe qui recueille le fruit de ses fatigues. »

Malgré la réputation d'Amr fils d'Obéïd, nous savons en somme peu de chose de sa doctrine.

Après l'époque de ces premiers Motazélites la connaissance des livres grecs s'introduisit dans l'islam. Les Motazélites les étudièrent, et nous constatons quels progrès cette étude fit faire à leur pensée, combien elle l'enrichit et l'affina, en rencontrant, après une ou deux générations, toute une pléiade de docteurs de cette secte, en tête desquels il convient de citer Abou'l-Hodéïl el-Allâf de Basrah. Abou'l-Hodéïl naquit en 135. Il était affranchi des Bénou Abd el-Kaïs. Il étudia la philosophie à Bagdad sous la direction d'un élève de Wâsil fils d'Atâ. Il composa de nombreux ouvrages que nous ne possédons point, et il prit part aux controverses théologiques qui eurent lieu sous Mamoun. Chahrastani le fait mourir à l'âge de 100 ans, en 235; mais Abou'l-Mahâsin donne la date de 226, qui est sans doute préférable.

Abou'l-Hodéïl n'adopta pas l'opinion absolue de ses prédécesseurs touchant la négation des qualités divines. Il admit les qualités comme des modes sous lesquels apparaît l'essence divine; Chahrastani compare cette conception à celle des hypostases chez les chrétiens; mais cette comparaison ne semble pas très satisfaisante.

Les qualités divines, dit plus clairement le même historien, étaient pour lui l'essence même de Dieu, non
pas des idées annexées à cette essence ; elles n'avaient
qu'une signification purement négative, ou plutôt elles
exprimaient seulement ce qui était contenu dans le
concept de l'essence. Abou'l-Hodéïl ne disait pas : Dieu
est savant par son essence et non pas par la science ;
il disait : Dieu est savant par une science qui est son
essence. La première formule, qui pouvait être celle des
Motazélites antérieurs, niait la qualité ; la seconde re-
connaissait une essence qui est identiquement qualité ou
une qualité qui est identiquement essence.

Cette remarquable finesse d'analyse se retrouve dans
les autres parties de la philosophie d'Abou'l-Hodéïl. Sa
théorie de la volonté divine et humaine est intéressante. La volonté en Dieu n'est qu'un mode de la
science ; Dieu veut ce qu'il sait bon. Il y a deux sortes de
volitions ou d'actions divines : les unes qui n'ont pas
besoin d'être formées dans un lieu, mais qui produisent
d'elles-mêmes leur effet immédiat, comme les volitions
dans l'ordre de la création, exprimées par la parole :
*sois ;* les autres qui ont besoin de tomber dans un lieu
pour produire leur effet ; ce sont les volitions d'ordre
moral exprimées par les commandements, les défenses,
les communications de Dieu. En l'homme les volitions et l'activité intérieures sont nécessairement libres.
On ne peut pas, dit notre docteur, d'après Chahrastani,
se les représenter d'une autre sorte. Ceci est la preuve
du libre arbitre par la conscience que l'on en a. Quant à

l'activité extérieure, elle n'est pas libre en elle-même; mais elle est ordinairement la conséquence des volitions libres du dedans.

Assez étrange est la théorie d'Abou'l-Hodéïl sur le mouvement du monde. Ce philosophe semble avoir cherché à admettre la doctrine grecque de l'éternité du monde, sans se mettre en contradiction explicite avec le Coran. Ne pouvant croire à un mouvement éternel sans commencement ni sans fin, il enseigna que la création est la mise en mouvement du monde, et que la fin du monde est sa rentrée dans le repos. Il y aurait donc eu de toute éternité et il subsistera à jamais une matière en repos. Encore ce repos est-il conçu d'une manière très métaphysique. Il ne faut pas prendre ce mot dans son sens ordinaire. L'état de repos éternel du monde est beaucoup plutôt un état d'ordre absolu, dans lequel tout arrive conformément à des lois nécessaires, selon une prévoyance indéfectible. C'est, en somme, un état dans lequel tout caprice et toute liberté cessent; il n'est pas douteux qu'Abou'l-Hodéïl ne l'ait entendu ainsi. Il ne comprit, dit Chahrastani, la liberté humaine qu'en ce monde. Après ce monde les hommes entrent dans une sorte d'état absolu, qui est un état de suprême bonheur pour les uns, de peine affreuse pour les autres.

L'on voit combien sont ingénieuses ces doctrines et comme le contact de l'esprit grec, tout en menaçant de dénaturer le dogme coranique, avait promptement éveillé chez les Mahométans le génie philosophique.

Enfin on doit encore signaler chez Abou'l-Hodéïl une

autre idée hardie, non indigne des précédentes : c'est
celle de la loi naturelle. Elle est très clairement exprimée par Chahrastani. Avant toute révélation, l'homme
peut parvenir à la connaissance de Dieu et à la conscience du bien et du mal, et même il y est tenu. L'homme
doit, par sa propre raison, discerner la beauté du bien et
la laideur du mal; il est obligé de s'efforcer d'agir selon
la vérité et la justice, d'éviter le mensonge et l'iniquité.
S'il manque à cette obligation, il mérite d'être puni. Cette
théorie de la loi naturelle fut généralement admise dans
l'école Motazélite.

A côté d'Abou'l-Hodéïl el-Allâf brille un autre grand
docteur motazélite, Ibrâhîm fils de Sayâr en-Nazzâm,
l'un des principaux dialecticiens de l'école de Basrah au
temps de Mamoun [1]. Ce khalife se plaisait à entendre
disserter ces deux maîtres; il les faisait venir à sa cour
avec des docteurs des autres sectes, et il répandit ainsi
dans le public le goût et l'habitude de la spéculation.
Nazzâm avait lu beaucoup de livres des philosophes grecs,
nous dit Chahrastani qui, en l'absence des ouvrages de
ce maître, reste toujours notre principale source. Il ne
paraît pas cependant qu'il soit arrivé à une philosophie
bien différente de celle d'Abou'l-Hodéïl; on peut seulement croire qu'il avait un génie métaphysique moins
fin et l'esprit davantage porté vers les sciences de la
nature. Il fut un encyclopédiste.

1. Abou'l-Mahâsin dit que Nazzâm parut en l'an 220. *Abu'l-Mahasin
Ibn Tagri Bardii Annales*, ed. Juynboll, 2 vol. Leyde, 1852-1857. Pour
les références, consultez l'index.

Nazzâm développa d'une manière intéressante la doctrine de la justice de Dieu, liée à celle de l'optimisme.
Il retira à Dieu le pouvoir de faire le mal. L'opinion
répandue chez les Motazélites était que Dieu pouvait
faire le mal, mais qu'il ne le faisait pas parce que le mal
était laid. Nazzâm soutint que si la laideur était une
qualité essentielle du laid en acte, le laid en acte ne
pouvait être attribué à Dieu, et que comme la laideur se
trouvait aussi dans la possibilité du laid, on ne pouvait
pas davantage attribuer à Dieu le laid en puissance. En
d'autres termes, le mal n'était pas pu par Dieu ni en
puissance ni en acte. Nazzâm pousse plus loin sa pensée.
Même le moindre bien n'est pas pu par Dieu ; il ne peut
vouloir que le plus grand bien ; ce serait lui faire injure
que de supposer possible un plus grand bien et d'admettre qu'il ne le choisît pas. A ceux qui objectaient qu'a-
lors tous les actes du créateur étaient déterminés, Nazzâm
répondait : Cette détermination que j'admets dans la
puissance, vous êtes forcés de l'admettre dans l'acte ; car
tout en disant que Dieu a en principe le choix entre
l'existence et l'absence d'un bien, vous reconnaissez
qu'en fait il choisit son existence. C'était déjà là une
assez haute dispute scolastique.

Notre docteur se trompa en essayant d'emprunter aux
Grecs cette notion fameuse que l'âme est la forme du
corps. Il comprit mal la pensée, et il enseigna que le
corps est la forme extérieure de l'âme et de l'esprit,
l'esprit étant pour lui une substance douée elle-même
d'une espèce de corps très subtil qui pénètre toutes les

parties du corps matériel et y est infuse comme l'essence
l'est dans la rose, l'huile dans le sésame, le beurre dans
le lait. Ainsi que le remarque Chahrastani, Nazzâm était
plus porté vers les physiologues que vers les métaphy-
siciens.

L'idée qu'il se fit de la création est curieuse, bien que
Chahrastani prétende qu'il l'ait prise aux Grecs; Dieu
selon lui créa d'un seul coup tout l'ensemble des êtres,
mais il les cacha, et il ne les laissa apparaître que
successivement. Cette apparition est ce que nous appelons la génération. En réalité Adam et tous ses descendants ont existé ensemble depuis le premier jour. Il
n'y a eu qu'une création unique après laquelle aucune
autre création nouvelle n'est possible. Toutes les choses
se développent et se manifestent sur ce fond de la nature une fois donnée.

Cette doctrine aboutit chez Nazzâm à un déterminisme
physique très net et qui lui fait honneur : Il n'y a pour
lui qu'une seule activité libre dans la nature, c'est
celle de l'homme. Hors de là toutes les choses arrivent par
nécessité. La pierre lancée en l'air obéit quelque temps
à l'impulsion libre qui lui vient de la main de l'homme;
puis, l'effet de cette impulsion étant usé, elle revient
à la place que lui assigne la force naturelle inhérente
en elle.

Ce docteur s'occupa aussi de la question de la divisibilité à l'infini des corps, et il conclut en niant la partie
indivisible. Il émit une théorie des accidents physiques
qu'il identifia avec des corps; les saveurs, les couleurs,

les odeurs sont corporelles pour lui. Nazzâm fut donc
un savant et un penseur aux idées hardies et vastes ; son
œuvre et celle d'Abou'l-Hodéïl, si succinctement qu'elles
soient connues, nous montrent déjà la métaphysique,
la dialectique et la physique des Grecs pénétrant dans
le monde musulman.

Aux deux grands docteurs que nous venons de citer,
on doit encore en joindre d'autres auxquels on attribue des opinions intéressantes sur des questions célèbres. Cette pléiade de penseurs a, en peu de temps,
poussé ses recherches dans les directions les plus variées,
au point qu'on croirait, en en entendant parler, qu'ils
marquent les étapes d'une longue évolution philosophique, alors qu'en réalité ils sont presque contemporains. L'impulsion donnée à l'esprit oriental par
les lettres grecques fut donc d'une vivacité merveilleuse.

Bichr, fils de Motamir, posa la question dite du *tawallud* qui consiste à étudier la transmission de l'action
d'un agent à travers une série d'objets. Le *Mawâkif*
donne comme exemple l'action d'une main tenant
une clé ; l'agent meut sa main, il en résulte le mouvement de la clé qui peut-être n'était pas voulu [1].
Cette question prit de l'importance en morale et suscita
de nombreuses discussions chez les Motazélites postérieurs,
comme on peut le voir d'après le *Mawâkif*. Il s'agissait de savoir comment des causes extérieures pouvaient

---

1. Sur la question du *tawallud*, V. le *Mawâkif*, pages 116 à 125.

modifier l'activité d'un agent libre et diminuer sa responsabilité. C'était toute une théorie des causes inter-
férentes qui se constituait .

Bichr souleva aussi deux questions fameuses en théodicée et qui sont parmi les plus difficiles de cette science :
celle de la justice de Dieu à l'égard des enfants, et celle
de sa Providence relativement aux peuples qui n'ont
pas connaissance de la foi. Sur la première, il nia que
Dieu pût condamner les enfants, non pas précisément
parce que ce serait injuste, mais parce que cela supposerait que l'enfant est capable de démérite et qu'alors il
n'est pas un enfant, ce qui est contradictoire. Sur la
seconde question, Bichr s'écarte de l'optimisme dominant chez les Motazélites. Il croit que Dieu eût pu constituer un autre monde où tous les hommes eussent été
appelés à la foi et eussent mérité d'être sauvés; il n'y
a pas de limite à la perfection que Dieu peut réaliser,
et l'on peut toujours supposer un monde meilleur à
tout autre donné. Dieu donc n'était pas tenu au meilleur; ou, en d'autre termes, nos jugements sur le bon
et sur la justice ne lui sont pas applicables. Il était seulement tenu de donner à l'homme le libre arbitre, et, à
quelque moment, la révélation; en dehors de la révélation, l'homme a, pour se conduire, les lumières de la
raison qui lui découvrent la loi naturelle.

Les doctrines de Bichr paraissent, d'après le bref
compte rendu de Chahrastani, moins solides et moins
hautes que celles des précédents docteurs.

Avec Mamar fils d'Ibâd es-Solami, la doctrine motazélite acquiert une hardiesse singulière et s'avance vers le panthéisme. Pour ce docteur, Dieu n'a créé que les corps et non les accidents; les corps produisent les accidents ou par nature comme le feu produit la chaleur et la brûlure, comme la lune produit la clarté, ou librement, comme dans le cas de la vie animale. Selon Mamar, l'être et le périr sont aussi des accidents; ils ne seraient donc pas les effets immédiats des actes du créateur, et celui-ci n'aurait produit qu'une matière universelle d'où sortiraient successivement, en vertu d'une force immanente, les formes de tous les êtres.

Ayant exclu Dieu de la nature, Mamar le relègue aussi hors des atteintes de notre connaissance, par son opinion très absolue sur la négation des qualités divines. La science, par exemple, ne peut être attribuée à Dieu, parce que, ou il est lui-même l'objet de sa science et alors il y a une distinction entre le connaissant et le connu et par conséquent une dualité dans l'être de Dieu; ou l'objet de sa science lui est extérieur, et alors il n'est savant qu'à la condition de cet objet extérieur et il n'est plus absolu. Cette critique revient à dire que nos concepts ne sont pas applicables à l'être divin et que celui-ci est inconnaissable.

Les tendances panthéistes de Mamar trouvent leur aboutissement chez Tomâmah fils d'el-Achras. Ce docteur, fort connu des historiens, fut persécuté par Réchîd qui l'emprisonna en l'an 186, et jouit au contraire d'une grande faveur auprès de Mamoun. Il mourut en 213. Il avait le don de l'anecdote et de l'ironie, comme il paraît

d'après les récits de Maçoudi [1]. L'histoire du parasite
qui se glissa dans une troupe de manichéens croyant
qu'ils allaient à une partie de plaisir, est assez amusante.
Cet homme s'aperçut de son erreur quand il vit les manichéens et lui-même chargés de chaînes par ordre de
Mamoun. Amenés devant le khalife, ces hérétiques furent
exécutés. Quant au parasite, il se déclara prêt à renier
Manès et à souiller son image, expliquant qu'il s'était
trompé, ce qui divertit fort le khalife. — On prête à
Tomâmah cette opinion que le monde est un acte de Dieu
selon la nature, c'est-à-dire que le monde n'est pas
l'effet d'un acte libre du créateur, mais qu'il sort nécessairement de la nature divine. Le monde serait ainsi
éternel comme Dieu et une face de la divinité.

La notion de la métempsycose reparut chez deux docteurs de la secte de Nazzâm, Ahmed fils de Hâbit et Fadl
el-Hodabi. Ils l'appliquèrent avec limitation et d'une manière assez grossière, aux hommes qui n'ayant été ni tout
à fait bons ni tout à fait méchants, ne sont dignes ni du ciel
ni de l'enfer. Les âmes de ces hommes rentrent dans des
corps d'hommes ou d'animaux et recommencent d'autres
existences. Ils eurent aussi une interprétation originale de
la vision de Dieu, au jour de la résurrection. Les hommes ne
verront pas Dieu lui-même ; mais ils verront la première
intelligence, qui est l'intellect agent d'où les formes découlent sur les êtres ; c'est, d'après eux, ce qu'a entendu le
prophète quand il a dit : « Vous verrez votre Seigneur,

---

1. Les *Prairies d'or*, VII, 12 et suiv.

comme vous voyez la lune dans la nuit de la néoménie. »
Voilà un exemple assez topique de l'application d'une
idée grecque à un texte musulman.

Nous arrivons à un célèbre polygraphe et encyclopédiste, Amr, fils de Bahr el-Djâhiz, chef des Motazélites de
l'école de Basrah. Ce docteur avait été au service de
Nâzzam en qualité de page. Il suivit ses leçons et recueillit son enseignement. Nos bibliothèques renferment
un grand nombre d'écrits attribués à Djâhiz, et quoique
cette attribution soit souvent douteuse, on peut regretter
que ces manuscrits n'aient pas fait l'objet de plus de travaux [1]. Djâhiz toucha les sujets les plus divers : belles-
lettres, rhétorique, folklore, théologie, philosophie, géographie, histoire naturelle; son œuvre embrassa toute
la vie religieuse, sociale et littéraire de son temps. Elle
reçut les plus hauts éloges. Maçoudi dit [2] : « On ne
connaît pas parmi les traditionnistes et les savants d'auteur plus fécond que Djâhiz. Ses écrits, malgré leurs
tendances hérétiques bien connues, charment l'esprit du
lecteur et lui apportent les preuves les plus évidentes.
Ils sont bien coordonnés, rédigés avec un art parfait,
admirablement construits et ornés de tous les attraits
du style. » Djâhiz paraît avoir exercé une influence con-

---

1. Van Vloten a édité un ouvrage attribué à el-Djâhiz : *Le livre des
beautés et des antithèses,* Leyde, 1898. Cet ouvrage n'est pas spécialement philosophique. V. en un compte rendu par Hirschfeld dans *Journal
of the Royal Asiatic Society,* janvier 1899, p. 177. — V. sur les ouvrages d'el-Djâhiz ou à lui attribués Brockelmann, *Geschichte der Arabischen litteratur,* I, 153.

2. Les *Prairies d'or,* VIII, 33 et suiv.

sidérable. Il contribua à répandre parmi beaucoup d'auteurs l'esprit libéral et critique de sa secte. Quant à sa philosophie propre, toujours connue par le résumé sec de Chahrastani, elle semble n'avoir pas été dépourvue de finesse ni de puissance.

Il n'y a pas de liberté dans la connaissance. La connaissance découle d'une nécessité naturelle. La volonté elle-même n'est qu'un mode de la science et une espèce d'accident. L'acte volontaire désigne l'acte qui est connu par son auteur. La volonté relative à un acte extérieur n'est qu'une inclination.

Les corps ont aussi de ces inclinations naturelles, qui découlent de leurs forces intimes. Les substances sont seules éternelles. Les accidents sont le changeant, le mobile, et ils expriment, en raison de la puissance immanente dans les substances, le processus de la vie des corps et de l'esprit. Si ce système est bien compris, il aboutit donc à une espèce de monadologie.

El-Djâhiz a émis cette opinion bizarrre que les damnés ne souffraient pas éternellement dans le feu, mais qu'ils se transformaient dans la nature du feu. Relativement à la théorie de la révélation, on lui attribue cette autre opinion passablement excentrique que le Coran est un corps créé qui peut se changer en homme ou en animal.

Déjà avec el-Djâhiz, mort en 255, nous atteignons l'époque du premier des grands philosophes el-Kindi. Mais pour n'avoir pas à revenir plus tard sur les Motazélites, nous allons poursuivre en peu de mots l'histoire de cette intéressante secte jusqu'au temps du théologien Achari.

El-Khayât se distingue pendant cette période dans l'école des Motazélites de Bagdad. Il fonde une théorie à aspect subjectiviste et assez originale. Il appelle chose ce qui est connu, ce dont on peut parler; et la chose, pour lui, a une réalité indépendante de son existence. L'être n'est qu'une qualité qui s'ajoute à la chose. Le noir, par exemple, est noir même dans la non-existence. Autrement dit, la chose est déjà réelle dans le simple concept, avec son essence et ses qualités; et la production de l'objet se limite à l'addition de la qualité d'être à cette essence et à ces qualités réelles.

Dans l'école des Motazélites de Basrah, deux noms prédominent : ceux d'el-Djobbây, mort en 303, et de son fils Abou Hâchim. La dispute qui s'éleva entre ces deux docteurs au sujet des attributs divins, est d'une extrême subtilité. Jadis le grand docteur Abou'l-Hodéïl avait fait disparaître tous les attributs dans le concept même de l'être divin. Abou Hâchim trouve ce concept pur un peu vide. Il essaye de le remplir, d'en faire une image plus vivante de Dieu. Selon lui, les attributs sont des modes distincts de l'être, mais qui ne sont ni existants ni connus en eux-mêmes et qui ne peuvent être et être connus qu'avec l'essence divine. La raison distingue la chose connue en soi et la chose connue dans une de ses qualités; et ces jugements par lesquels elle réunit ou elle disjoint les attributs, ne reviennent ni à affirmer l'être seul, ni à affirmer des accidents à côté de l'être.

Les attributs sont donc des espèces de modes ayant une existence subjective pour celui qui connaît l'être divin. La subjectivité même de cette théorie déplut à el-Djobbây. Il lui sembla que ces modes se réduiraient à des noms ne recouvrant aucun concept ou à des idées purement relatives de l'esprit, incapables de valoir comme qualités; et il s'en tint à peu près à la doctrine d'Abou'l-Hodéïl.

Djobbây eut pour élève, avec son fils, le fameux théologien Achari (260-324) qui marque un point culminant dans l'histoire de la théologie philosophique chez les Musulmans; mais comme nous n'avons pas l'intention de parler de lui dans ce volume, il convient que nous nous arrêtions.

Nous avons dit que les Motazélites étaient la plus philosophique des sectes musulmanes, et que nous n'entreprendrions pas l'histoire des sectes théologiques, juridiques, mystiques et politiques. Quelques lignes sur des sectes opposées aux Motazélites suffiront à faire sentir la supériorité de ceux-ci, et à laisser entrevoir l'immense mouvement d'idées qui eut lieu dans la période dont nous nous occupons, et dont nous venons de rapporter ce qui intéresse le plus la philosophie pure.

En opposition avec la théorie Motazélite de la négation des attributs divins, on vit s'élever une théorie adverse qui affirma ces qualités jusqu'à tomber dans l'anthropomorphisme. On appelle en général Sifâtites du mot *Sifât,* qualités, les Musulmans qui affirment la réa-

lité des attributs divins, conformément à la tradition
orthodoxe. Après l'apparition de la critique Motazélite,
quelques Sifâtites se réfugièrent dans une théorie pru-
dente du divin inconnaissable. Ils dirent que, sans
aucun doute, Dieu n'était pas semblable à l'homme, qu'il
n'avait ni semblable ni associé, et que, en définitive, on
ignorait le sens réel des versets du Coran qui contiennent des images anthropomorphiques. D'autres Sifâtites
tombèrent, en sens inverse, dans d'étonnants excès.
Parmi eux on remarque Mohammed fils de Kerrâm qui
fut le fondateur d'une secte très importante, surtout en
Syrie. Ce personnage, issu du Sédjestan, mourut en 256
à Zogar et fut enterré à Jérusalem[1]. Il enseigna que
Dieu est pourvu d'un corps et d'une figure semblables
à ceux des créatures, et il expliqua à la manière humaine les qualités divines. Chahrastani donne de longs
détails sur cette secte, et il remarque que les mêmes
questions existaient dans le judaïsme où, selon lui, elles
étaient résolues dans le sens anthropomorphe par les
Karaïtes[2].

Les théologiens opposés à la doctrine du libre arbitre,
reçurent le nom général de *Djabarites*, du mot *djabr*,
contrainte. On doit citer parmi eux Djahm, fils de Saf-
wân, qui prêcha à Tirmid, dans la Transoxiane, et fut
mis à mort à la fin du règne des Omeyades. Djahm sou-
tenait que l'homme n'a pas de pouvoir sur ses actes et

1. V. Sylvestre de Sacy, *Exposé de la Religion des Druzes*, 2 vol. Paris, 1838, Introduction, p. xix.

2. Chahrastani, éd. Cureton, p. 65.

qu'il ne peut être qualifié de soumis à Dieu. Il est en
vérité contraint ; il n'a ni pouvoir, ni volonté, ni liberté.
Dieu crée tous ses actes comme il les crée dans les autres
êtres, dans l'arbre qui pousse, dans l'eau qui coule, dans
la pierre qui tombe. Les actes bons ou mauvais de
l'homme sont nécessités et les châtiments ou les récompenses sont des conséquences nécessaires de ces actes
nécessaires.

L'on voit combien ces théories brutales nous éloignent
de la fine analyse des penseurs Motazélites et de la vraie
philosophie.

# CHAPITRE III

## LES TRADUCTEURS

Nous avons, dans les premiers chapitres, posé la thèse du problème scolastique, c'est-à-dire la théodicée mahométane et ses variations immédiates; nous allons maintenant poser l'antithèse, qui consiste dans l'introduction de la philosophie grecque dans l'islam. Et ici nous sommes obligé d'élargir beaucoup notre cadre. Il ne faut pas se représenter exclusivement la philosophie musulmane soit comme l'effet d'une renaissance subite survenue après la découverte d'ouvrages antiques, soit comme la continuation immédiate de la philosophie grecque. Son origine est un peu plus complexe. Le mouvement de traduction en arabe commença sous le règne d'el-Mansour (136-158), et fut encyclopédique. On traduisit des ouvrages scientifiques, littéraires, philosophiques et religieux appartenant à cinq littératures : les littératures grecque, hébraïque, syrienne, persane et indienne. Les écrits philosophiques ne furent pas compris du premier coup et l'on n'eut en arabe de traductions suffisamment parfaites d'Aristote qu'au temps d'el-Farabi, au commencement du quatrième

siècle de l'hégire. Mais d'un autre côté la tradition
de l'enseignement philosophique grec s'était conti-
nuée dans le monde oriental jusqu'au même temps;
et alors que les grandes œuvres de la haute époque
classique étaient oubliées ou mal comprises, des œuvres
secondaires et de basse époque, contenant des méthodes
d'un caractère déjà scolastique devaient être large-
ment répandues. Il ne me paraît pas que l'on ait jamais tenté un effort assez considérable pour reconstituer
l'histoire de l'enseignement philosophique dès après le
temps d'Aristote et jusqu'à la formation de la scolastique musulmane. Au moment où celle-ci apparut, la
philosophie était considérée, non pas comme une collection de systèmes disparates, mais comme une science
unique et vivante qui se perpétuait surtout par la tradition. La renaissance philosophique chez les Arabes fut
produite par l'étude directe des ouvrages anciens à la
lumière et sous l'influence de cette tradition.

Plusieurs auteurs arabes, parmi lesquels Farabi,
comme nous le verrons, ont très nettement exprimé
cette croyance en l'unité de la philosophie, confondue à
leurs yeux avec la science, et en sa perpétuité. Maçoudi,
se référant à un de ses livres malheureusement perdu,
dit quelque part[1] : « Nous avons rappelé comment le

---

1. Maçoudi, *le Livre de l'avertissement et de la révision,* trad. B.
Carra de Vaux, page 170, Paris, Collection de la Société asiatique, 1896.
Le texte arabe de ce livre a été édité par M. J. de Goeje, *Bibliotheca
geographorum arabicorum,* t. VIII, *Kitâb at-tanbîh wa'l-ischrâf,*
Leyde, 1894.

chef-lieu du savoir humain a été transféré d'Athènes
à Alexandrie, dans le pays d'Égypte. L'empereur Au-
guste, après qu'il eut fait périr Cléopâtre, établit deux
foyers d'instructions, Alexandrie et Rome; l'empereur
Théodose fit cesser l'enseignement à Rome et le reporta
tout entier à Alexandrie. Nous avons dit encore pourquoi, sous Omar fils d'Abd el-Azîz, le chef-lieu de l'enseignement fut transféré d'Alexandrie à Antioche, et
comment, plus tard, sous le règne de Motéwekkil, il
fut transféré à Harrân. » Ces lignes sont un peu brèves et elles ne représentent peut-être pas très exactement la marche réelle de la tradition philosophique.
Mais du moins elles indiquent assez bien l'esprit dans
lequel doit être rédigé et lu ce chapitre.

Avant l'époque de la conquête musulmane, la branche de la famille sémitique qui dominait en Orient n'é-
tait pas l'arabe; c'était l'araméenne, à laquelle appartient la littérature syriaque. L'hellénisme avait pénétré
de fort bonne heure chez les Araméens, et ceux-ci
avaient eu tout le temps d'en subir l'influence au moment où ils furent supplantés dans leur hégémonie par
leurs cousins arabes. Les Arabes trouvèrent donc la
tradition philosophique déjà établie dans une race
apparentée à la leur, de qui ils la recueillirent sans
peine. Nous devons expliquer cette transmission.
Ce fut dès le milieu du deuxième siècle de l'ère
chrétienne que l'hellénisme commença à se répandre
dans le monde araméen, porté par le christianisme et

la gnose. Vers ce moment-là fut faite de l'hébreu en syriaque la version des Écritures dite *Pechito*, qui témoigne de la connaissance de la version grecque des Septante[1]. Dans le même temps les Marcionites et les Valentiniens comptaient des adeptes à Édesse[2]. Bardesane, peu après, fondait, dans cette ville, la littérature syriaque et instituait une secte qui, malgré des doutes récemment soulevés[3], ne peut guère être rattachée qu'au gnosticisme. Au commencement du troisième siècle, un évêque d'Édesse se fit imposer les mains par l'évêque d'Antioche et affilia, par cet acte, l'Église syrienne à l'Église hellénique[4]. Un lien officiel

1. Rubens Duval, *Histoire d'Édesse, Journal Asiatique*, 1891, t. II, p. 262.

2. Rubens Duval, *op. laud.*, p. 267.

3. M. F. Nau, dans différentes publications et notamment dans une note intitulée *Bardesane l'Astrologue* (*Journal Asiatique*, 1899, t. II, pages 12 à 19), a soutenu que Bardesane n'avait jamais versé dans le gnosticisme et que tout au plus était-il tombé dans les erreurs des astrologues. Cette opinion, outre qu'elle conduit à accuser saint Ephrem d'ignorance et presque de mauvaise foi, rendrait difficilement explicable la tradition ancienne et tenace qui range Bardesane parmi les dualistes ou les gnostiques, à côté de Manès et de Marcion, et plus difficilement explicable encore l'existence d'une secte dite des Bardesanites qui fut connue durant tout le haut moyen âge oriental (V. Maçoudi, *le Livre de l'avertissement*, p. 188 ; Chahrastani, ed. Cureton, p. 194). Il est à noter que la science des Chaldéens dans laquelle on rapporte que Bardesane excellait, ne devait pas être simplement l'astrologie mais devait comprendre une partie philosophique (cf. Brandt, *Die Mandäische religion* au chapitre *Die Chaldäische philosophie*, p. 182 et suiv.); en outre il est invraisemblable qu'on ait pu confondre un grand philosophe, chef d'une importante école, avec un vulgaire astrologue. M. F. Nau a récemment publié de Bardesane un texte, *Le livre des lois des pays* (Paris, Leroux, 1899), qui évidemment ne suffit pas à trancher la question.

4. Rubens Duval, *op. laud.*, p. 273.

fut dès lors établi entre l'aramaïsme et l'hellénisme.

La ville d'Édesse en Osrhoène, située dans la boucle la plus occidentale de l'Euphrate, à l'Ouest de la Mésopotamie, demeura pendant une assez longue période le centre de la culture araméenne. Une école fameuse s'y forma, dont le docteur saint Ephrem (mort en 373 du Christ) fut une des lumières. A cette école se pressèrent des étudiants chrétiens venus des divers points de la Mésopotamie et des provinces de la Perse en proie aux persécutions des Mages. On s'y livra aux études grecques considérées comme branche de la théologie, et on commença à y faire des traductions.

Cette école, dite école des Perses, se laissa ensuite envahir par le Nestorianisme, et l'empereur Zénon la ferma en 489. Les maîtres et les disciples restés attachés à l'hérésie de Nestorius s'exilèrent; ils se réunirent sur d'autres points, notamment à Nisibe en territoire persan [1]. — A Djondisâbour, dans la province perse de Khouzistan, le roi Khosroès Anochirwan fonda, vers l'an 530 du Christ, une académie de philosophie et de médecine qui subsista jusqu'au temps des Abbasides [2]. — Ibas, qui avait été évêque d'Édesse, avait professé dans l'école et avait contribué à y répandre l'hérésie nestorienne. Le travail de traduction reçut de ce personnage une vive impulsion. C'est à lui et à ses disciples que les Syriens durent les premières versions d'après le grec des œu-

1. Rubens Duval, *op. laud.,* p. 432.
2. Schulze, *Disputatio de Gundisapora.* Commentaria soc. scient. Petropolis, vol. XII.

vres de Diodore de Tarse et de Théodore de Mopsueste[1]. A cette occasion, on traduisit aussi divers écrits d'Aristote. Ibas en interpréta lui-même quelques-uns. Un certain Probus traduisit et commenta les *Herméneia* et peut-être aussi d'autres parties de l'*Organon*. Nous retrouverons plus loin d'illustres traducteurs syriens de la croyance nestorienne à l'époque même des Arabes.

La ruine d'Édesse comme capitale scientifique n'interrompit pas l'étude des lettres grecques chez les Syriens appartenant à la secte monophysite ; mais cette étude eut dès lors pour centre les couvents. Philoxène de Mabboug qui fut patriarche monophysite d'Antioche est l'un de ceux qui avaient sollicité de l'empereur la destruction de l'école des Perses. Il était philosophe en même temps que théologien, et c'est dans ses écrits, dit-on, qu'il faudrait chercher les premiers essais de la scolastique[2]. Un autre monophysite renommé comme dialecticien fut Siméon, évêque de Beit-Archam. Il vécut au commencement du sixième siècle et il fut appelé le Sophiste perse.

1. V. sur Ibas et sur les savants syriens monophysites dont nous parlons ci-après, l'excellent livre de Rubens Duval : *La littérature syriaque*, dans la collection des *Anciennes Littératures chrétiennes*, Paris, Lecoffre, 1899. Une deuxième édition est sous presse. — Cf. la thèse latine de Renan, *De philosophia peripatetica apud Syros*, Paris, 1852.

2. Une mine d'une merveilleuse richesse pour l'histoire des origines de la scolastique sera ouverte par la publication de la patrologie syriaque que prépare M^{gr} R. Graffin. Un seul volume de cette importante publication est encore paru. Il comprend une réédition des homélies d'Aphraate, avec traduction latine et introduction par Dom Parisot. *Patrologia syriaca*, I, Paris, Didot, 1894.

Mais le plus intéressant personnage de cette secte au point de vue qui nous occupe, est le savant Sergius de Rechaïna (arabe Rasaïn). Son œuvre se compose presque entièrement de traductions de livres grecs. Prêtre, érudit, littérateur et médecin, Sergius de Rasaïn n'eut pas le caractère à la hauteur de son talent. On lui reproche la corruption de ses mœurs; sa conduite politique paraît flottante et compliquée d'intrigues. Quoique monophysite, il fut l'ami de Théodore de Merv, évêque Nestorien, et il accomplit une mission diplomatique auprès du pape Agapet, de la part du patriarche orthodoxe d'Antioche. Il amena le pape à Constantinople, où il mourut presque en même temps que lui, en l'an 536. Il avait appris le grec à Alexandrie. Sergius de Rechaïna était éloquent, grand philologue et le premier du corps des médecins. Ses traductions, faites du grec en syriaque, portèrent sur des livres de philosophie et de médecine. Il traduisit une partie des œuvres de Galien. On a de lui une traduction des *Catégories* d'Aristote, de l'*Isagoge* de Porphyre, du traité du *Monde* qui fut attribué à Aristote, d'un traité de *l'Ame* entièrement différent du traité de même titre dû à Aristote. Sergius dédia à son ami Théodore de Merv, versé ainsi que lui dans la philosophie péripatéticienne, un traité original sur la *Logique*. Il écrivit sur *la Négation et l'affirmation*, sur *le Genre, l'espèce et l'individu*, sur *les Causes de l'univers, selon les principes d'Aristote*. Les Syriens et les Arabes louèrent à l'envi ses qualités de traducteur, avec raison selon un érudit moderne, M. Victor Ryssel. Pour ce savant la tra-

duction du traité du *Monde* par Sergius doit être considérée comme le chef-d'œuvre de l'art du traducteur, et il
paraît par la comparaison avec les textes grecs de cet ouvrage, que Sergius ne se servit pas d'un seul manuscrit,
mais de plusieurs dont il sut faire un examen critique [1].

Vers la fin du sixième siècle, Paul le Perse brilla dans
la philosophie. Il composa, dit Bar Hebræus, une admirable *Introduction à la logique* qu'il adressa au roi de
Perse Khosroës Anochirwan [2]. Au commencement du
septième siècle, l'enseignement du grec fut florissant
dans le couvent de Kennesré, sur la rive gauche de l'Euphrate. L'évêque Sévère Sebokt, vers 640, y commenta
les *Premiers Analytiques* d'Aristote et les *Herméneia*.
L'œuvre de Sévère Sebokt fut poursuivie par ses disciples
Athanase de Balad (mort en 687 ou 688) et le grand
encyclopédiste syrien Jacques d'Édesse (mort en 708).
Après eux encore, George évêque de Koufah pour les
Arabes monophysites traduisit *l'Organon* d'Aristote. Mais
nous sommes parvenus au temps de la conquête arabe.
avec laquelle la littérature syriaque décline.

Ainsi pendant cinq siècles les Syriens s'étaient tenus au
contact de la science grecque, s'étaient assimilé sa tra-

1. V. sur Sergius de Rechaïna Bar Hebræus, *Chronique ecclésiastique*,
ed. Abbeloos et Lamy, Louvain, 1872, t. I, col. 206. — Sur les traductions
syriaques antérieures à l'époque mahométane, on consultera avec fruit
l'ouvrage de Sachau, *Inedita syriaca*, Vienne, 1870. — Hoffmann a consacré une étude spéciale aux versions syriaques des Herméneia : *De her-
meneuticis apud Syros.* — Cf. encore sur Sergius de Rechaïna : Land,
*Anecdota syriaca*, III, 289 ; Baumstark, *Lucubrationes syro-græcæ*,
p. 358.

2. Renan, *Journal Asiatique*, 1852, t. I, p. 312.

dition, en avaient traduit et interprété les textes, et avaient produit eux-mêmes des œuvres importantes dans le domaine de la philosophie théologique. Les formes de la philosophie scolastique étaient nées entre leurs mains ; les arts de la logique avaient fleuri dans leurs écoles. L'esprit, les œuvres et la tradition de l'hellénisme se trouvaient donc transportés déjà, au moment où parut l'islam, dans un monde apparenté au monde arabe. Nous verrons bientôt les savants mahométans s'initier à la culture grecque sous la direction de Syriens Jacobites et Nestoriens.

Avant d'expliquer comment les Arabes reçurent la science principalement des mains des chrétiens, il convient de reprendre la question d'un peu haut, afin de dissiper des impressions inexactes qui pourraient exister dans l'esprit de quelques lecteurs. Durant cette longue période antérieure à l'islam où nous avons vu la branche araméenne de la famille sémitique s'assimiler le christianisme et la culture hellène, l'élément arabe ne constituait pas lui-même un monde absolument fermé. On a souvent noté, à propos de l'histoire des origines musulmanes, que le sud-ouest de l'Arabie, le Yémen, contenait à cette époque des éléments chrétiens et qu'il était en relations avec un royaume chrétien d'Afrique, l'Abyssinie. Un fait plus important et sur lequel on a moins insisté, ce semble, est l'extension de la race arabe vers le nord, antérieurement à l'islam, et la formation de petits royaumes arabes, vassaux des empires de Perse ou de Byzance, le long des frontières de ces empires.

Les empereurs et les Khosroës s'étaient habilement ser-
vis de certaines tribus arabes sédentaires pour s'en faire
un rempart contre les incursions des Arabes nomades ou
Bédouins. Maçoudi rapporte [1] que les Arabes de la famille de Tanoukh vinrent les premiers en Syrie, qu'ils
s'y allièrent aux Grecs après avoir embrassé le christianisme et que l'empereur les investit de l'autorité sur
tous les Arabes sédentaires domiciliés en Syrie. La
famille de Salîkh succéda à celle de Tanoukh et devint
chrétienne aussi; elle fut à son tour supplantée par la
dynastie de Gassân qui continua à gouverner les Arabes
par délégation des Roumis. Les rois de Gassân résidaient
à Yarmouk et en d'autres localités entre la Goutah (la
plaine) de Damas et les places frontières dépendant de
cette ville. Ce royaume sombra au moment de la conquête musulmane et une grande partie des Arabes de
Syrie embrassa l'islamisme.

Le royaume de Hîra était un important royaume arabe
dont les princes étaient vassaux des rois de Perse. Hîra
était situé au sud de Babylone et à l'ouest de l'Euphrate, non loin de l'emplacement où, dans les premières années de l'hégire, les Musulmans fondèrent Koufah.
Des Arabes étaient venus de bonne heure s'établir dans
ces régions. Le royaume de Hîra eut, avant l'islam, une
assez longue histoire, dans laquelle l'élément chrétien
joue un rôle important [2]. Un roi de Hîra, nommé Amr

---

1. Maçoudi, *les Prairies d'or*, t. III, p. 215 à 220, et le *Livre de l'A-
vertissement*, p. 251.

2. Le grand historien Tabari s'est longuement occupé de l'histoire du

fils de Moundir, qui régna jusqu'en 568 ou 569, avait une mère chrétienne, probablement une captive prise à la guerre, qui fonda un couvent à Hîra sous le règne de Khosroës Anochirwan. On peut inférer d'une inscription qui fut placée dans cette église que ce prince aussi se fit chrétien [1]. Peu après ce temps-là on comptait un petit nombre de familles chrétiennes de haut rang dans la ville. Elles appartenaient à la secte de Nestorius, et elles prenaient le nom d'Ibadites signifiant serviteurs de Dieu [2], pour se distinguer des païens. Un interprète du nom de Adi l'Ibadite, de la tribu arabe de Témîm, se fit alors particulièrement remarquer [3]. Cet Adi accomplit le métier d'interprète auprès de Kesra Eperwiz pour qui il traduisait l'arabe en persan. Il était en outre poète, orateur, diplomate, un modèle achevé de la culture, tant

royaume de Hîra. V. Noeldeke, *Geschichte der Perser und Araber zur Zeit der Sasaniden, aus der arabischen Chronik des Tabari übersetzt.* Leyde, 1879.

1. Noeldeke, *op. laud.*, p. 172, n. 1.

2. Noeldeke, *op. laud.*, p. 24, n. 4. Abou'l-Faradj, *Histoire des dynasties*, ed. Salhani, à propos de Honéïn ibn Ishâk, donne une interprétation de ce nom, p. 250. Cf. notre note à Maçoudi, *Livre de l'Avertissement*, p. 205, n. 1, et *les Prairies d'or*, II, 328. — Quelques auteurs préfèrent lire Abadites, d'après Ibn Abi Oseïbia, *Classes des Médecins*, ed. Müller, I, 184. V. encore sur ce nom Ibn Khallikan, *Biographical Dictionary*, trad. Mac Guckin de Slane, I, 188 ; Dr. Gustav Rothstein, *Die Dynastie der Lahmiden in al-Hîra*, Berlin, 1899, p. 19.

3. Noeldeke, *Geschichte der Perser und Araber*, p. 312 et suiv. — Un très célèbre recueil arabe, le *Kitâb el-Agâni* ou *Livre des Chansons* (édition de Boulaq, t. II, p. 18 et suiv.), a consacré à Adi fils de Zéïd une notice qui a été traduite par Caussin de Perceval, novembre 1838. Cf. Caussin de Perceval, *Essai sur l'histoire des Arabes avant l'islamisme*, t. II, p. 135 et suiv.

physique que morale, des Perses et des Arabes. Il devait
aussi savoir le syriaque qui était alors la langue des
Arabes chrétiens. Adi fut chargé de l'éducation de Noman
fils de Moundir, que, grâce à l'influence dont il jouis-
sait auprès du roi de Perse, il fit monter sur le trône
de Hîra. Il est probable que, en raison de cette même
influence, Noman fit accession au christianisme; il n'en
continua pas moins à vivre dans la polygamie, selon les
mœurs païennes, et il se laissa induire en de longues
intrigues au terme desquelles il mit à mort son éducateur
Adi. Le fils de ce dernier, qui avait hérité de l'intelligence
de son père et de son crédit auprès des rois de Perse,
décida Eperwiz à tirer vengeance de ce meurtre [1].
Noman vaincu fut mis à mort, apparemment en 602.

Peu d'années après ces faits et une dizaine d'années
avant l'hégire, eut lieu la bataille de Dou Kâr dans laquelle les Perses alliés aux Arabes de la tribu chrétienne
de Taglib furent vaincus par les Arabes de la tribu de
Bekr [2]. Le royaume de Hîra fut détruit, et ce boulevard étant tombé, la Perse se trouva sans rempart
contre les Arabes musulmans. Hîra fut saccagée l'année
de la fondation de Koufah (15 ou 17 de l'hégire) et dis-
parut tout à fait sous Motadid. « Cette ville, ajoute
Maçoudi, renfermait plusieurs monastères; mais quand
elle tomba en ruines, les moines émigrèrent dans
d'autres contrées. Aujourd'hui elle n'est plus qu'un dé-

---

1. On trouve le récit de cette vengeance dans Maçoudi, *les Prairies
d'or*, t. III, p. 205.
2. Maçoudi, *le Livre de l'Avertissement*, p. 318.

sert dont la chouette et le hibou sont les seuls hôtes [1]. »

L'on voit donc que, longtemps avant l'hégire, les Arabes avaient franchi les limites de leur désert. On a coutume de comparer la conquête musulmane à l'action d'une force qui, après avoir longtemps sommeillé au fond des déserts, aurait soudain fait explosion et renversé. devant elle un tiers des royaumes de la terre. Cette comparaison est utile si on ne la fait servir qu'à donner une idée vive de la rapidité de cette conquête; mais appliquée à l'histoire intellectuelle, elle est fausse. Il faut au contraire retenir que, au moment où parut l'islam, les Arabes étaient déjà venus au contact de plusieurs empires, et qu'ils avaient abordé cette civilisation chrétienne de qui ils allaient recevoir le dépôt de la science, pour le lui rendre ensuite après l'avoir fait fructifier plusieurs siècles.

Mahomet eut du respect pour les personnages religieux des diverses croyances, et à son exemple Ali accorda des immunités à beaucoup de couvents chrétiens. De plus le Coran reconnut aux Chrétiens et aux Juifs une certaine dignité dans l'ordre de la foi, parce qu'ils étaient possesseurs de livres révélés; il les désigna par le titre de *Gens du Livre* et il eut pour eux moins de mépris que pour les païens. Ces circonstances étaient favorables à la conservation de la science. Après la prise de Jérusalem en l'an 636, Omar accorda aux Chrétiens une charte ou capitulation, qui servit de modèle à la

1. Maçoudi, *les Prairies d'or*, t. III, p. 213.

plupart des règlements relatifs aux tributaires chrétiens, appliqués depuis dans l'islam. Le texte de cette capitulation nous a été transmis avec quelques variantes par plusieurs historiens, notamment par Tabari [1]. Il était permis aux Chrétiens de conserver leurs églises; mais elles devaient être ouvertes aux inspecteurs musulmans et défense était faite d'en bâtir de nouvelles. On ne devait plus sonner les cloches, ni exhiber d'emblèmes religieux en public. Les Chrétiens devaient garder leur costume, ne point porter d'anneaux et se ceindre d'une corde appelée *zonnar*, comme signe distinctif. Le port des armes et l'usage du cheval leur étaient interdits. Enfin ils étaient soumis à une capitation. Ces dispositions générales pouvaient, suivant le caprice des autorités, être interprétées avec tolérance ou donner lieu au contraire à des vexations pénibles. Mais elles étaient de peu d'importance dans les cas spéciaux où la faveur d'un prince musulman s'attachait directement à la personne de quelque infidèle notable; et comme la science est principalement l'œuvre des individualités, ce sont ces cas spéciaux qui ici nous intéressent le plus.

Quatre genres de talents attiraient surtout sur des personnages non musulmans la faveur des khalifes : les talents artistiques, médicaux, administratifs et scientifi-

---

1. La grande édition de Tabari, 1ʳᵉ série, t. VIII, p. 2406. -- Le P. H. Lammens a étudié d'une manière fort intéressante la situation des chrétiens sous les premiers Khalifes dans son mémoire intitulé le *Chantre des Omiades, notes biographiques et littéraires sur le poète arabe chrétien Ahtal*, paru dans le *Journal Asiatique*, 1894. Il y est question de la capitulation d'Omar à la page 112 du tirage à part.

ques. L'habileté dans les métiers était prisée chez les Chrétiens, parce qu'elle ne se rencontrait pas au même degré chez les Musulmans. Le khalife Omar avait dérogé à une disposition du prophète, en tolérant en Arabie la présence d'un chrétien, Abou Loulouah, artisan fort habile dans divers métiers. Ce favori devint son meurtrier. La poésie et la musique étaient des arts vivement goûtés par les Arabes, avant le temps de Mahomet. La prédication du Coran ne leur avait pas été très favorable ; mais les khalifes Omeyades, princes un peu sceptiques pour la plupart et amateurs de plaisirs, leur avaient rendu leur faveur. Leur poète préféré fut un chrétien Ahtal, l'un des plus grands poètes arabes, contemporain d'Abd el-Mélik fils de Merwân ; il appartenait par son père à la tribu chrétienne de Taglib établie à Koufah et dans l'Aderbaïdjan, et par sa mère à la tribu chrétienne d'Iyâd qui s'était installée de bonne heure en Mésopotamie [1]. Ahtal paraissait fièrement à la cour du khalife, portant à son cou une croix d'or. A cette époque on se divertissait à Koufah en buvant le vin malgré les prohibitions du prophète, et en écoutant les chansons. Le frère d'Abd el-Mélik y faisait venir de la ville voisine, de Hîra, le musicien chrétien Honéïn, et il s'enfermait avec lui au fond de ses appartements, entouré de ses familiers, le front couronné de fleurs [2].

Les médecins à qui les premiers khalifes se confièrent furent ordinairement des Syriens ou des Juifs. Les Mu-

1. Lammens, *op. laud.*, pages 6 et 7.
2. Lammens, *op. laud.*, p. 165.

sulmans n'avaient pas eu le temps encore d'apprendre
la médecine. Auprès de l'Omeyade Merwân fils d'el-
Hakem, nous trouvons un médecin juif de langue syriaque, Mâserdjaweïh, qui traduisit le traité du prêtre
Aaron [1]. Cet Aaron était un médecin alexandrin du
temps d'Héraclius dont le livre fut fort répandu chez
les Syriens. Auprès d'el-Heddjâdj, le terrible général
d'Abd el-Mélik fils de Merwân, nous voyons deux médecins de noms grecs Tayaduk et Théodon qui laissèrent
une école [2]. Un peu plus tard, Hâroun er-Réchîd faisait réveiller par un médecin indien, son cousin Ibrâhîm
tombé en léthargie, tandis qu'un médecin chrétien de
lanque syriaque, Yohannâ ibn Mâsaweïh, traduisait pour
lui en arabe les livres de médecine antique [3]. Cet Ibn
Mâsaweïh assistait avec un autre chrétien Bokhtiéchou
le khalife Mamoun mourant [4].

Dans l'ordre de l'administration, les chrétiens rendirent aux Musulmans d'éminents services ; et sans eux
l'empire des khalifes n'aurait pas pu s'organiser. Les con-

1. Abou'l-Faradj (Bar Hebræus), *Histoire des Dynasties*, pages 192 et 157.
2. Abou'l-Faradj, *op. laud.*; 194.
3. Abou'l-Faradj, *op. laud.*, p. 227.
4. Maçoudi, *les Prairies d'or*, t. VII, p. 98. — Nous n'avons pas en principe à nous occuper dans ce livre de l'histoire des médecins. Mais comme
la science, à l'époque dont nous traitons, affectait souvent le caractère
encyclopédique, et que plusieurs des philosophes dont nous avons à parler ont été médecins, il est juste que nous mentionnions ici les deux principaux ouvrages relatifs aux médecins arabes : Les *Classes des médecins*,
par Ibn abi Oseïbia, éd. Müller, Königsberg, 1884, et la *Geschichte der
arabischen Aerzte und Naturforscher*, Göttingue, 1840.

quérants mahométans, ne trouvant dans leur propre
race que les souvenirs et les exemples de la vie de
clan, n'avaient aucune connaissance des pratiques ad-
ministratives. Ils furent contraints de donner beaucoup
de place à des chrétiens. Moâwiah, qui était moins ferme
croyant que rusé politique, laissa, dans la plupart des
provinces qu'il conquit, les employés chrétiens en place et
se contenta de changer les garnisons. Il fut imité par
ses successeurs Omeyades. Nous voyons un certain Athanase, notable chrétien d'Édesse, être en grande faveur
auprès d'Abd el-Mélik fils de Merwân, à cause de ses
capacités d'homme d'affaires [1]. Wélîd fils d'Abd el-
Mélik dut défendre aux scribes, dont beaucoup étaient
chrétiens, de tenir leurs registres en grec, et il leur
enjoignit de les tenir en arabe [2]. Un chrétien qui occupa
des emplois très élevés auprès des Musulmans fut Sergius Mansour ou Serdjoun le Roumi, dont Maçoudi nous
apprend qu'il servit de secrétaire à quatre khalifes [3].
Ce Sergius eut pour fils un homme qui le dépassa en
renommée, qui devint l'un des derniers Pères grecs et
l'un des premiers scolastiques : saint Jean Damascène.

Enfin la science et la philosophie furent pour leurs
adeptes un titre à la faveur des princes Mahométans; et
c'est par les cours que, en définitive, elles entrèrent dans

---

1. Lammens, *op. laud.*, p. 122, d'après Rubens Duval, *Histoire d'E-desse.*

2. Abou'l-Faradj, *Histoire des Dynasties*, p. 195.

3. Maçoudi, *le Livre de l'Avertissement*, V. l'*Index*. Les Khalifes dont il s'agit sont : Moawiah, Yézid son fils, Moawiah fils de Yézid et Abd el-Mélik fils de Merwan.

l'islam. C'est au khalife Abou Djafar el-Mansour que revient l'honneur d'avoir inauguré la grande époque des études arabes et d'avoir orné l'empire mahométan de l'éclat de la science. Mansour donna l'ordre de traduire en arabe beaucoup d'ouvrages de littérature étrangère comme le livre de *Kalilah et Dimnah*, le *Sindhind*, différents traités de logique d'Aristote, l'*Almageste* de Ptolémée, le livre des *Éléments* d'Euclide et d'autres ouvrages grecs, byzantins, pehlvis, parsis et syriaques[1]. Le livre de *Kalilah et Dimnah* fut traduit par Ibn el-Mokaffa qui fut l'un des érudits célèbres de ce temps. On dit qu'il traduisit aussi du pehlvi et du parsi les ouvrages de Manès, de Bardesane et de Marcion[2]. Les Arabes semblent avoir eu à ce moment les yeux tournés surtout vers la Perse et vers l'Inde comme foyers de lumière. Cependant Ibn el-Mokaffa traduisit aussi puis abrégea les *Herménia* d'Aristote. Ce savant était lui-même d'origine persane. Il vécut à Basrah. S'étant attiré l'inimitié du khalife par ses opinions politiques favorables aux descendants d'Ali, il fut mis à mort[3] en l'an 140.

En l'an 156 de l'hégire, un Indien se présenta à la cour d'el-Mansour et apporta un livre de calcul et d'as-

---

1. Maçoudi, *les Prairies d'or*, VIII, 291. — S. de Sacy a écrit une étude sur *Calila et Dimnah ou fables de Bidpaï en arabe*, Paris, 1830. V. sur la très intéressante bibliographie de cet ouvrage, V. Chauvin, *Bibliographie des ouvrages arabes ou relatifs aux Arabes*, II, Liège, 1897.

2. Maçoudi, *les Prairies d'or*, VIII, 293. Il est regrettable que ces traductions ne se soient pas mieux conservées; voyez cependant sur le manichéisme d'après les sources arabes la curieuse étude de Flügel, *Mani und seine Lehre*, 1862.

3. Brockelmann, *Geschichte der arabischen litteratur*, I, 151.

tronomie indienne [1]. Ce livre appelé *sindhind* fut traduit en arabe par l'astronome el-Fazari et fut le point
de départ des études astronomiques et arithmétiques
des Arabes. Le grand astronome Mohammed fils de
Mousa el-Khârizmi s'en inspira plus tard, sous le règne
de Mamoun, pour composer des tables astronomiques
et des traités où il combina les méthodes indiennes avec
celles des Grecs.

Maçoudi raconte encore que de son temps, c'est-à-
dire antérieurement à l'époque d'Avicenne, un livre
connu sous le nom de *Mille et une Nuits* et venant de
Perse, était répandu dans le public. C'était un recueil de
contes qui n'était pas identique à celui que nous possédons sous ce nom [2].

Les Arabes connurent certainement la philosophie
mazdéenne ; mais ils surent ou comprirent fort peu de
choses des systèmes indiens. L'influence qu'ils ont pu
subir de la part de ces systèmes n'est guère sensible
qu'en mysticisme.

Le khalife qui compléta l'œuvre scientifique commencée par Mansour, fut Mamoun. Prince très intelligent, d'esprit curieux et libéral, Mamoun donna une vive impulsion
aux études. Il fonda à Bagdad, vers l'an 217, un bureau
officiel de traduction dans le palais dit de la sagesse

1. M. Cantor, *Vorlesungen über Geschichte der Mathematik*, I, 597.
Il a paru une deuxième édition de cet important volume qui contient les
chapitres relatifs aux mathématiciens arabes.

2. Maçoudi, *les Prairies d'or*, IV, 90. — On peut toujours relire la
*Dissertation* de Sylvestre de Sacy *sur les Mille et une Nuits*, qui a été
placée en tête de la traduction de Galland.

(*Dâr el-hikmet*)[1]. A la tête de ce bureau fut placé un savant éminent, Honéïn fils d'Ishâk, qui occupa ce poste sous les successeurs de Mamoun, Motasim, Wâtik et Motéwekkil. Honéïn fils d'Ishâk était né l'an 194 à Hîra[2] où son père exerçait le métier de pharmacien; il appartenait à l'une des familles Ibadites ou nestoriennes de la ville. Jeune homme, il vint à Bagdad où il suivit les leçons d'un médecin connu. Mais comme il était trop questionneur, il importuna son maître qui un jour refusa de lui répondre. Honéïn s'en alla alors voyager en territoire byzantin. Il y resta deux ans pendant lesquels il apprit parfaitement le grec, et il y acquit une collection de livres de science. Il revint ensuite à Bagdad, voyagea encore en Perse, alla à Basrah pour se perfectionner dans la connaissance de l'arabe, et rentra enfin à Bagdad où il se fixa. La réputation de Honéïn grandit; des savants d'âge vénérable s'inclinaient devant lui, bien qu'il fût jeune encore, et affirmaient que sa renommée éclipserait celle de Sergius de Rechaïna. Ses talents de médecin égalaient ses capacités comme traducteur. Motéwekkil se l'attacha. Voulant l'éprouver, il lui fit remettre un jour cinquante mille dirhems, puis il lui ordonna brusquement de lui indiquer un poison violent, par lequel il pourrait se défaire de

1. V. dans les *Mélanges Weil* le mémoire de H. Derenbourg sur *les traducteurs arabes d'auteurs grecs et l'auteur musulman des aphorismes des philosophes*. Paris, Fontemoing, 1898.

2. La biographie suivante est rédigée d'après Abou'l-Faradj (Bar Hebræus), *Histoire des Dynasties*, éd. Salhani, p. 250 et suiv.

quelque ennemi. Honéïn refusa et fut jeté en prison.
Quand l'épreuve eut assez duré, le khalife lui demanda
l'explication de sa conduite. « Deux choses, lui répondit
Honéïn, m'ont empêché de satisfaire à ton désir : ma
religion et mon art. Notre religion nous commande de
faire du bien à nos ennemis, et mon art a pour but
l'utilité des hommes, non le crime. » Le khalife ayant
entendu cette réponse fut satisfait et le combla d'honneurs.

Ce savant rencontra sa perte dans une querelle relative
à la question, alors aiguë, du culte des images. Il se
trouvait un soir chez un chrétien de Bagdad au milieu
de quelques personnes qui le jalousaient; et il y avait
chez ce chrétien une image du Christ devant laquelle
était allumée une lampe. Honéïn dit au maître de la
maison : « Pourquoi gaspilles-tu l'huile? ce n'est pas là
le Messie, ce n'est que son image. » L'un des assistants
répondit : « Si cette image ne mérite pas d'honneur,
crache dessus. » Il cracha. La chose fut ébruitée et il y
eut scandale. Le Khalife consulté livra le savant à ses
coreligionnaires pour qu'ils le jugeassent selon leur loi.
Honéïn fut donc excommunié; on lui coupa sa ceinture,
marque distinctive des chrétiens; mais le lendemain
matin, il fut trouvé mort dans sa chambre. On croit qu'il
s'était empoisonné (260 de l'hégire).

Honéïn eut deux élèves qui collaborèrent avec lui à la
grande œuvre des traductions : son fils Ishâk, qui devint fort célèbre aussi et mourut en 298 ou 299, et son
neveu Hobéïch.

L'œuvre de ces savants fut très considérable[1]. Il convient de citer en premier lieu la traduction arabe de la Bible que fit Honéïn d'après le texte des Septante. Honéïn n'est pas le seul auteur de cette époque qui traduisit la Bible en arabe. Les Juifs se servirent d'autres traductions, surtout de celle d'Abou Katîr Yahya fils de Zakarya, rabbin de Tibériade, mort vers 320, et de celle de Saadya Gaon de Fayoum[2], très illustre rabbin, disciple du précédent, dont on a récemment réédité les œuvres à l'occasion de son millénaire.

Honéïn traduisit en syriaque les *Herméneia* d'Aristote, une partie des *Analytiques*, les livres *de la Génération et de la Corruption, de l'Ame,* le livre λ' de la *Métaphysique,* divers commentaires, des ouvrages de Galien et d'Hippocrate, l'*Isagoge* de Porphyre, la *Somme* de Nicolas sur la philosophie d'Aristote; en arabe, il traduisit une grande quantité de livres de médecine et de science par Hippocrate, Galien, Archimède, Apollonius et d'autres, et, comme ouvrages philosophiques, la *République*, les *Lois* et le *Timée* de Platon, le commentaire de Thémistius au livre λ' de la *Métaphysique* d'Aristote, les *Catégories*, la *Physique*, la *Morale* d'Aristote. Il écrivit

---

1. Le principal travail d'ensemble qui ait été fait sur les traductions des auteurs grecs en syriaque et en arabe est toujours celui de J. G. Wenrich : *De auctorum græcorum versionibus et commentariis syriacis, arabicis, armeniacis persicisque commentatio,* Leipzig, 1842. Wenrich a principalement puisé dans un ouvrage de grande valeur encore manuscrit et que l'on devrait bien éditer : le *Livre de l'histoire des sages* (*Kitâb tarîkh el-hokamâ*) par Djémâl ed-Dîn el-Kifti.

2. Maçoudi, *le Livre de l'Avertissement,* 159-160.

quelques traités originaux inspirés par ces ouvrages.

Ishâk fils de Honéîn traduisit en arabe le *Sophiste* de Platon, la *Métaphysique* d'Aristote, le traité de *l'Ame*, les *Herméneia*, le traité *de la Génération et de la corruption*, avec divers commentaires par Alexandre d'Aphrodise, Porphyre, Thémistius et Ammonius.

Avant ces grands hommes, un bon traducteur nommé Yahya fils du Patrique, affranchi de Mamoun, avait donné une version syriaque des *Histoires des animaux* d'Aristote et une version arabe du *Timée*. Les Arabes connaissaient deux *Timée* de Platon, qu'ils divisaient en plusieurs livres, et l'on ne voit pas très clairement quels ouvrages ils désignaient par là. Ce peut être le *Timée*, le *Timée de Locres* et certains commentaires de Galien sur la philosophie de Platon[1]. Ibn Nâimah, chrétien d'Émesse, avait traduit en syriaque le *De Sophisticis elenchis*, et donné une version arabe du commentaire de Jean Philoponus aux quatre derniers livres de la *Physique* d'Aristote.

Abou Bichr Matta fils de Younos rendit aussi comme traducteur d'appréciables services. C'était un Nestorien, originaire de Déir Kana, qui fut élevé par des moines jacobites. Il mourut à Bagdad en 328. On lui doit une édition syriaque du *De sophisticis elenchis*. Il traduisit du syriaque les *Seconds analytiques*, la *Poétique*, le commentaire d'Alexandre d'Aphrodise au livre *de la Génération et de la corruption*, le commentaire de Thémistius au

1. Cf. Wenrich, *op. laud.*, p. 118, et *le Livre de l'Avertissement*, p. 223, n. 2.

livre λ′ de la *Métaphysique*. Il se fit lui-même commentateur et il interpréta en arabe les *Catégories*, le livre *du Sens et du sensible*, l'*Isagoge* de Porphyre.

Kosta fils de Louka qui fleurit sous Motasim était encore un syrien chrétien, originaire de Balbek. Il alla étudier en Grèce et y acquit beaucoup de livres. Sa réputation comme savant et traducteur fut considérable. Il traduisit les *Vues des philosophes sur la physique*, par Plutarque [1].

Yahya fils d'Adi de Tekrit, chrétien jacobite, étudia sous la direction du grand musulman Farabi, et s'illustra dans la dialectique. Il fleurit sous le règne de Mouti et mourut en 364. Il perfectionna beaucoup de traductions antérieurement faites; on lui doit des versions des *Catégories* d'Aristote, avec le commentaire d'Alexandre d'Aphrodise, du *De sophisticis elenchis*, de la *Poétique*, de la *Métaphysique*, des *Lois* et du *Timée* de Platon, de l'ouvrage de Théophraste sur les mœurs.

Avec Abou-Ali Ysa fils de Zaraah, autre chrétien jacobite, nous atteignons le temps d'Avicenne. Ysa fils de Zaraah mourut en 398. Il traduisit en arabe d'après des versions syriaques antérieures, les *Catégories*, le *De sophisticis elenchis*, les *Histoires des animaux* et le *De partibus animalium* avec le commentaire de Jean Philoponus. Il fut l'auteur de traités originaux sur la philosophie d'Aristote en général et sur l'*Isagoge* de Porphyre.

---

1. Barach a publié une traduction latine d'un traité *de Differentia spiritus et animæ* attribué à Kosta fils de Louka, dans la *Bibliotheca Philosophorum mediæ ætatis*, t. II, Innsbruck, 1878.

Ces traducteurs dont nous venons de parler étaient chrétiens pour la plupart; mais les Musulmans s'assimilèrent promptement leur science et joignirent leurs efforts aux leurs. Il semble même que, au jugement des Arabes, leurs coreligionnaires dépassèrent bientôt les Chrétiens dans la connaissance et l'interprétation des philosophes anciens, et qu'au-dessus des traducteurs que nous avons cités, il faille placer les deux illustres Musulmans el-Kindi et el-Farabi. Cependant comme ces deux grands hommes ont dû leur gloire moins encore à leur talent comme interprètes qu'à leur génie comme philosophes, nous en parlerons à ce titre dans le chapitre suivant.

Il nous reste à nous occuper d'une catégorie de savants qui n'appartenaient ni à la religion chrétienne, ni à l'islamisme, ni même aux religions de la Perse ou de l'Inde, mais à une secte spéciale, et qui brillèrent d'un vif éclat après l'époque de Mamoun, les Sabéens.

Il n'existe guère de problème plus intrigant et plus irritant dans l'érudition orientale que celui de l'origine de certaines petites sectes ou religions qui survécurent à côté de l'islam, entraînant avec elles des débris de toutes espèces de doctrines et de croyances anciennes, telles que le Mandéisme, le Sabéisme, la religion des Yézidis ou celle des Nosaïris. Le Sabéisme est remarquable entre toutes ces sectes par le haut mérite des hommes qui l'ont illustré, et à cause de l'attachement que ces hommes montrèrent pour lui. On trouve dans

ces petites religions une multitude d'éléments dont
quelques-uns sont fort antiques, des restes du paganisme chaldéen, des idées néoplatoniciennes et gnostiques, des légendes juives et quelques pratiques datant
des origines du christianisme. Mais on n'est pas encore
parvenu à donner les formules définitives de ces singuliers mélanges, ni à restituer avec une précision satisfaisante les différentes phases historiques par où ces
sectes ont passé. Je suis porté à croire, au reste, que l'influence de ces petites religions, et du sabéisme en
particulier, sur l'islam, a été plus considérable qu'on
ne le supposerait au premier abord, et plus profonde
en tout cas que les auteurs musulmans ne consentent à
l'avouer.

On distingue dans la littérature arabe deux sortes de
Sabéens : ceux dont il est question dans le Coran et que
Mahomet classe parmi les *gens du Livre,* c'est-à-dire
parmi les peuples possédant un livre révélé, à côté des
Juifs et des Chrétiens ; et ceux qui se distinguèrent dans
la science après le temps de Mamoun et dont la résidence principale était Harrân en Mésopotamie. Chwolson,
dans son gros ouvrage sur les Sabéens et le Sabéisme [1],
est parvenu à identifier les Sabéens du Coran avec les
Elkesaïtes, secte qui n'était pas tout à fait, comme il l'a

1. *Die Ssabier und der Ssabismus,* von Dr. D. Chwolson, 2 vol. Saint-
Pétersburg, 1856. — M. J. de Goeje a achevé et publié dans les *Actes du
sixième congrès des Orientalistes* un mémoire posthume de Dozy : *Nouveaux
documents pour l'étude de la religion des Harraniens.* Leyde, 1883, t. II,
p. 281 et suiv.

cru, identique aux Mandéens, mais qui avait beaucoup
de ressemblance avec eux. Les Elkesaïtes avaient été
fondés, au commencement du second siècle de notre
ère, au sud de la Mésopotamie, dans la région de Wâsit
et de Basrah, par un individu du nom d'Elkesaï venu
du nord-ouest de la Perse, qui était imbu principalement d'idées Zoroastriennes et qui recommandait des
pratiques parsies. Le baptême et les purifications par
l'eau furent les rites essentiels des Elkesaïtes et des Mandéens. On dérive le nom de Sabéen de l'araméen *sabaa*,
se laver, et l'on pense que ce nom aurait à peu près le
sens d'*émerobaptiste*. Les Mandéens, qui nous sont plus
connus que les Elkesaïtes, eurent des livres saints.
Brandt a traduit en allemand une partie de ces textes[1]
dont la rédaction doit être placée, selon Noeldeke[2], entre
les années 650 et 900 de notre ère, soit précisément à
l'époque dont nous nous occupons. La thèse générale de
ces écrits est gnostique : une opposition est établie entre
le monde de la lumière et le monde des ténèbres; un
envoyé du roi de la lumière descend du ciel et s'enfonce
dans l'abîme pour détruire la puissance du prince des
ténèbres.

Le roi de la lumière est célébré en ces termes : « Il
est le premier, étendu d'une extrémité à l'autre, le créateur de toutes les formes, l'origine de toutes les choses
belles, celui qui est gardé dans sa sagesse, caché et non

---

1. W. Brandt, *Mandaïsche Schriften*, Göttingue, 1893. — W. Brandt,
*Die Mandaïsche religion*, Leipzig, 1889.

2. Noeldeke, *Mandaïsche Grammatik*, p. xxii.

manifesté... Éclat qui ne change pas, lumière qui ne
passe pas... vie au-dessus de toute vie, splendeur au-
dessus de toute splendeur, lumière au-dessus de toute
lumière sans manque ni défaut[1]. » De ce prince de
lumière sortent cinq gros et longs rayons : « le premier
est la lumière qui se répand sur les êtres, le second
l'haleine embaumée qui souffle sur eux, le troisième la
voix douce qui les fait tressaillir d'allégresse, le quatrième le Verbe de sa bouche par lequel il les cultive
et les instruit, le cinquième la beauté de sa forme, par
laquelle ils croissent comme des fruits au soleil[2] ».
Manès naquit dans le Mandéisme. La bataille entre le
monde de lumière et le monde des ténèbres, selon le
manichéisme, présente de grandes analogies avec ce
qu'on lit dans les écrits Mandéens[3]. Le roi du Paradis
de lumière a, selon Manès, armé l'homme originel des
cinq éléments lumineux : le souffle doux, le vent, la
lumière, l'eau et le feu; et le démon originel est armé
des éléments ténébreux : la fumée, la braise, l'obscurité,
l'ouragan et la nue. La descente aux enfers de l'envoyé
lumineux est décrite dans les livres mandéens en une
forme épique et en des tonalités étrangement fantasti-
ques, à travers lesquelles se distinguent encore de vieux
symboles assyriens.

L'autre secte qui reçut le nom de Sabéens et qui
avait son siège principal à Harrân, était une secte

1. Brandt, *Mandäische Schriften*, p. 8.
2. Brandt, *op. laud.*, p. 10.
3. Brandt, *op. laud.*, p. 221.

païenne adoratrice des astres. On raconte[1] que le khalife Mamoun étant parti, en l'an 215, en expédition
contre l'empire grec, passa par Harrân, et qu'il fut
surpris de voir parmi les habitants de cette ville qui
vinrent le saluer, des hommes au costume étrange, vêtus
de robes étroites et portant les cheveux longs. Le khalife
demanda à ces hommes qui ils étaient. Ils répondirent :
« Nous sommes Harraniens. — Êtes-vous Chrétiens? in-
sista le khalife, — non; — Juifs? — non; — Mages[2]?
— non. — Avez-vous un livre saint ou un prophète? »
demanda-t-il enfin. — Ils firent une réponse évasive. —
« Vous êtes donc des impies, » s'écria le khalife; et
comme ils demandaient à payer la capitation, il leur
déclara qu'il ne pourrait supporter leur existence s'ils ne
se faisaient musulmans, ou si au moins ils n'embrassaient
l'une des religions que le prophète avait indiquées
comme tolérables; autrement il les exterminerait jusqu'au dernier. Le khalife avait donné aux Harraniens
pour se décider tout le temps qui s'écoulerait jusqu'à
son retour. Il mourut en route. Mais la question pouvant
être soulevée à tout moment, les Harraniens n'en durent
pas moins prendre un parti. Quelques-uns embrassèrent
l'islam ou se firent chrétiens. Un assez grand nombre qui
étaient attachés à leur religion, hésitèrent longtemps, et
ils furent à la fin tirés d'affaire par un docteur mahométan
qui habitait Harrân. Il y a, leur dit ce docteur, une reli-

1. Chwolson, *op. laud.*, I, 140 et II, 15.
2. Les Arabes donnaient le nom de Mages aux sectateurs de la religion
de Zoroastre.

gion fort peu connue, que le prophète a tolérée; c'est
celle des Sabéens. On ne sait guère ce que c'est que les
Sabéens; prenez leur nom. Personne n'y objectera rien
et vous vivrez en paix. C'est ainsi qu'au temps des successeurs de Mamoun, on vit apparaître à Harrân et dans
d'autres localités, des communautés sabéennes qui y
étaient inconnues auparavant et qui étaient sans rapport
avec le mandéisme.

Déjà sous Réchîd les Harraniens avaient couru de
grands dangers. On prétend qu'on avait trouvé dans
leur temple une tête humaine desséchée, ornée de lèvres
d'or, qui leur servait à rendre des oracles, et il avait
été question de les détruire. Ils avaient fondé à cette
occasion un trésor dit des calamités.

La doctrine des Sabéens de Harrân nous est connue
par deux principales sources qui sont indépendantes
l'une de l'autre : le *Fihrist*, important recueil arabe sur
l'histoire des sciences, composé par en-Nedîm[1], et le
livre de Chahrastani déjà familier à nos lecteurs. Le
fondement de cette doctrine religieuse est l'adoration
des esprits des astres, ayant pour corollaire l'astrologie
et la magie. C'est, dit M. de Goeje, la continuation du
paganisme babylonien[2]. Il y a lieu de croire cependant que, tout au moins pour les savants, ce paganisme
avait été relevé par des idées tirées du néoplatonisme ou
de la gnose. Les érudits ne se sont pas mis tout à fait

---

1. *Kitâb al-Fihrist,* éd. G. Flügel, 2 vol. Leipzig, 1871-72. En-Nedîm
écrivit en 377 de l'hégire.

2. Mémoire cité plus haut du Congrès des Orientalistes de Leyde, p. 292.

d'accord sur la question de savoir si les Harraniens étaient monothéistes ou réellement païens. Il est fort possible que les moins instruits d'entre eux fussent demeurés polythéistes ; quant à la doctrine des Sabéens que nous rapportent les auteurs arabes, elle est clairement ordonnée vers le monothéisme. Les divinités des planètes sont subordonnées à un Dieu suprême, par rapport auquel elles ont à peu près la valeur des Éons des gnostiques. Une prière à la constellation de la Grande Ourse l'invoque au nom de la force qu'a placée en elle le créateur du tout ; Jupiter est conjuré « par le maître du haut édifice, des bienfaits et de la grâce, le premier entre tous, le seul éternel ». Le Soleil est appelé cause des causes, ce qui ne signifie pas qu'il soit le dieu suprême[1]. Selon en-Nedlm, les Harraniens avaient adopté sur la matière, les éléments, la forme, le temps, l'espace, le mouvement, beaucoup d'idées péripatéticiennes[2]. Ils admettaient que les corps sublunaires étaient composés des quatre éléments ordinaires, tandis que le corps du ciel était fait d'un cinquième élément. L'âme était pour eux une substance exempte des accidents du corps. Dieu était une sorte d'inconnaissable ne possédant pas d'attribut et auquel aucun jugement ni aucun raisonnement ne pouvait s'appliquer. D'après Chahrastani, l'âme qui est commune aux hommes et aux anges, par opposition à l'âme animale, est, pour les Harraniens, une substance incorporelle qui achève le

1. D'après le mémoire de de Goeje, pages 322, 324 et 357.
2. Chwolson, *op. laud.*, II, 12.

corps et le meut librement[1]. Elle est en acte chez l'ange,
en puissance chez l'homme. L'intelligence est une fonction ou forme de cette âme qui perçoit les essences des
choses abstraites de la matière. C'en est déjà assez pour
prouver que, parmi beaucoup de traditions diverses,
les Sabéens avaient recueilli la grande tradition philosophique.

Ailleurs, on retrouve dans leur système comme dans
celui des Mandéens, l'opposition caractéristique entre
la lumière et les ténèbres, selon la tradition mani-
chéenne[2] : « Les êtres spirituels, disent-ils d'après
Chahrastani, sont des formes de lumière belles et de
nature supérieure, les êtres corporels sont des formes
de ténèbres... Le monde des êtres spirituels est en
haut, au plus haut rang de lumière et de beauté; le
monde des êtres corporels est dans la profondeur, au
dernier degré de grossièreté et de ténèbres. Les deux
mondes sont opposés l'un à l'autre. La perfection sur-
vient en haut, non dans la profondeur; les caractères
s'opposent des deux parts, et l'excellence appartient à
la lumière, non aux ténèbres. »

Les Sabéens reconnurent deux prophètes, d'origine
égyptienne, Agathodémon et Hermès. Ils furent de grands
folkloristes et je pense que cette qualité était innée à
leur secte, et qu'ils ne la développèrent pas uniquement
pour complaire aux Musulmans en renchérissant sur
leurs légendes. Je crois, au contraire, que des légendes

---

1. Chwolson, *op. laud.*, II, 438.
2. Chwolson, *op. laud* , II, 428, § 17.

qui figurent dans le Coran, venant de la Bible ou d'ailleurs, ont déjà été travaillées selon l'esprit des Sabéens. Ceux-ci contribuèrent certainement à répandre dans les sectes musulmanes l'idée de progression prophétique qui donna l'essor à beaucoup d'hérésies. Cependant l'étude de ces influences aurait encore besoin d'être faite avec plus de rigueur.

Le plus illustre des Sabéens de Harrân dont le nom mérite d'être retenu, à cause des services qu'ils rendirent à la science, est Tâbit fils de Korrah, né probablement en 221 et mort en 288 de l'hégire. Il appartenait à une grande famille. Il vécut d'abord à Harrân où il exerça la profession de changeur, puis à Kafartouta, d'où l'astronome Mohammed fils de Mousa ibn Châkir l'emmena à Bagdad pour le présenter au khalife. Il se lia d'amitié avec le khalife Motadid avant son avènement au trône, et il demeura ensuite en grande faveur auprès de ce prince. Il usa de son crédit pour fonder une communauté sabéenne à Bagdad. Esprit encyclopédique, Tâbit fils de Korrah est avant tout considéré par les Arabes comme philosophe. Nous ne possédons malheureusement plus ses œuvres philosophiques. Ses écrits sur la géométrie, dont nous connaissons quelques-uns, lui ont assuré une place importante dans l'histoire des mathématiques. Il savait l'arabe, le syriaque et le grec. Bar Hebræus, qui peut passer pour bon juge, fait l'éloge de son style en syriaque. L'astronome Abou Machar loue ses qualités de traducteur. Il corrigea admirablement, dit-on, beaucoup de traductions antérieures. Sa fécondité fut extrême. Bar Hebræus lui attribue cent cinquante œuvres en arabe et seize en syriaque. Il avait écrit sur sa religion un ouvrage dont on doit déplorer la perte; mais conformément à l'esprit de sa secte, il avait un peu versé dans l'astrologie et dans la Kabbale.

Tâbit recensa beaucoup d'œuvres de mathématique grecque. En ce qui concerne plus spécialement la philosophie, il traduisit une partie du commentaire de Proclus sur les *Vers dorés* de Pythagore, le traité *de Optimâ sectâ* de Galien; il étudia les *Catégories* d'Aristote, les *premiers Analytiques*, les *Herméneia*. Il écrivit lui-même un traité de l'argumentation socratique et un autre, qui devait être fort curieux, pour la solution des difficultés du livre de *la République* de Platon.

Tâbit eut beaucoup d'élèves, parmi lesquels ses deux favoris furent un juif et un chrétien qui laissèrent quelque réputation. Ibn Abi et-Tana est le juif et Ysa fils d'Asid le chrétien. L'on voit qu'il existait alors entre savants une véritable confraternité n'excluant aucune confession, et il est pittoresque de se représenter le savant sabéen donnant des leçons au disciple de Moïse et à celui de Jésus sous le regard favorable du khalife mahométan. La famille de Tâbit fils de Korrah continua après lui, pendant plusieurs générations, à tenir un haut rang dans la science. Sinân, le fils de Tâbit, écrivit, entre plusieurs ouvrages, une vie de son père. Ce Sinân fut l'ami de l'historien Maçoudi.

Un autre Sabéen qui fut fort célèbre aussi, mais surtout comme savant, est Mohammed fils de Djâbir el-Battâni. Il était originaire probablement de Batnah en Mésopotamie et il vécut à Rakkah. Ce fut un mathématicien et un astronome de grand mérite; ses tables astronomiques eurent beaucoup de vogue durant tout le moyen âge qui le cita sous le nom d'Albategnus. On pense qu'il savait le grec; il commenta le *Tetrabiblos* de Ptolémée, recensa l'*Almageste* et plusieurs œuvres d'Archimède. El-Battâni fit ses observations de 264 à 306. Il fut lié avec Djafar fils du khalife Moktafi.

Abou Djafar el-Khâzin, connu plutôt sous le nom d'Ibn Rouh, fut mathématicien aussi, astronome et un peu philosophe. Il traduisit du syriaque en arabe le commentaire d'Alexandre d'Aphrodise au premier livre de la *Physique* d'Aristote. Cette traduction fut revue par Yahya fils d'Adi. Ibn Rouh fut l'ami du philosophe mahométan Abou Zéïd el-Balkhi que nous rencontrerons au chapitre suivant.

L'on peut donc noter que, dans cette intéressante secte des Sabéens, la philosophie fut étroitement liée à l'étude des sciences géométrique, arithmétique et astronomique. Cette circonstance dérivait apparemment de l'habitude ancienne qu'avaient ces savants du culte et de l'observation des astres; mais elle se trouvait aussi assez bien d'accord avec l'esprit du néoplatonisme.

D'après ce chapitre, dont les résultats se trouveront complétés dans la suite, il apparaît déjà que, antérieurement au temps d'Avicenne, les Orientaux étaient en pos-

session d'une littérature philosophique très riche et un
peu mêlée.

Aristote y dominait; il y figurait par ses œuvres propres et par ses commentateurs, Alexandre d'Aphrodise,
Thémistius, Ammonius, Jean Philoponus. Ce dernier,
bien connu des Arabes qui l'appelaient Jean le Gram-
mairien, conduit l'école grecque jusqu'au seuil du mahométisme. Il mourut en effet peu d'années avant l'hégire,
et même une légende musulmane, prolongeant ses jours,
l'amène en présence du terrible conquérant de l'Égypte
Amrou fils d'el-As, auprès duquel il aurait intercédé pour
la conservation de la bibliothèque d'Alexandrie. Après
Aristote vient Platon, dont la philosophie plus difficile à
saisir, moins matérialisée, moins bien conservée par la
tradition des écoles, a certainement été moins connue
des Arabes que celle de son successeur. Au-dessous de
ces deux maîtres se place un cortège un peu disparate
où l'on distingue le néoplatonicien Porphyre, le médecin
Galien, le Perse Manès, le gnostique Marcion et bien d'autres encore. De cet ensemble résultait une tradition philosophique syncrétique, qui se rapprochait beaucoup en
somme de celle du néoplatonisme. Maçoudi dit assez explicitement que la philosophie la plus en vogue de son
temps (il mourut en 345) était celle de Pythagore[1]; on
doit entendre le néoplatonisme. Ce que nous dirons de
Farabi viendra, je crois, à l'appui de cette affirmation.
Chez les Syriens, on affectionnait la littérature gnomique
qui était assez favorable à la diffusion du syncrétisme néo-

_____
1. Maçoudi, *le Livre de l'Avertissement*, 171.

platonicien. Des recueils de maximes où figuraient Pythagore, Platon, Ménandre, Secundus, étaient en grande
faveur [1]. Il ne paraît pas que ce genre ait eu la même
vogue chez les Arabes. On s'étonnera peut-être, s'il est
vrai que la tradition néoplatonicienne ait été dominante chez ces derniers, de n'avoir pas vu figurer, en
tête des auteurs grecs connus d'eux, l'un des principaux maîtres du néoplatonisme Plotin. Plotin est en
effet très rarement cité par les Arabes qui le distinguent
pourtant sous le titre de cheïkh grec, *cheïkh el-iounâni* [2];
le nom de Plotin, au reste, lorsqu'on fait abstraction des
voyelles, selon l'usage des écritures sémitiques, a une
ressemblance fâcheuse avec celui de Platon, et il a dû
arriver maintes fois que Platon, comme le plus illustre,
ait eu à accepter la responsabilité des doctrines de
son quasi-homonyme. Cela est arrivé même, quoique
avec beaucoup moins de raison, à Aristote. Tout
un livre qui ne contient en réalité que des extraits
des Ennéades IV à VI de Plotin, traduit à l'époque dont
nous nous occupons, a été répandu pendant le moyen
âge sous le nom d'Aristote. C'est certainement là l'une
des plus curieuses histoires d'apocryphe qu'il y ait en
philosophie. Elle mérite que nous nous y arrêtions un
instant avant de clore ce chapitre.

- La *théologie* (*outhouloudjia*) d'Aristote [3] — c'est

1. Dom Parisot, *Revue de l'Orient Chrétien, recueil trimestriel,*
1899, p. 292.

2. C'est ainsi que l'appelle Chahrastani.

3. Dieterici a édité et traduit en allemand cet ouvrage. *Die sogenannte
Theologie des Aristoteles,* 2 vol. Leipzig, 1882-83.

le titre de ce livre — fut traduite en arabe aux environs de l'an 226 par Ibn Nâimah d'Emesse et cette traduction fut revue pour Ahmed fils du khalife Motasim par le célèbre el-Kindi. Le livre eut une grande vogue en Orient. Le Juif Moïse ben Ezra en parle en l'appelant *Bedolach,* mot qui n'est probablement autre que le mot *outhouloudjïa* déformé par déplacement de points diacritiques. Une paraphrase latine en fut faite à la Renaissance et parut à Rome, en 1519, sous le titre *Sapientissimi Aristotelis Stagiritæ Theologia sive mistica philosophia, secundum Ægyptios noviter reperta et in latinum castigatissime redacta.* En 1572 le même ouvrage fut réimprimé à Paris.

Voici, en peu de mots, comment se présente cette « théologie ». Quoique assez mal ordonnée, il apparaît assez vite que le grand problème de l'un et du multiple y domine.

« L'un pur est cause de toutes choses ; il n'est pas l'une des choses, mais il est le principe de chaque chose ; il n'est pas lui-même les choses ; mais toutes les choses sont en lui. » Toutes découlent de lui. L'intelligence en découle d'abord sans intermédiaire ; puis toutes les choses qui sont dans le monde supérieur intelligible découlent de cette intelligence ; et celles enfin qui sont dans le monde inférieur sortent des choses du monde intelligible, et par leur intermédiaire, elles sortent de l'un.

On doit concevoir ainsi cet enfantement de la première intelligence : Après que le premier être est sorti de l'un pur, il s'arrête et jette ses regards sur l'un pour le

voir; il devient alors intelligence, et ses actes deviennent
semblables à l'un pur, car après qu'il a jeté ses regards
sur l'un et qu'il l'a vu selon son pouvoir, l'un a versé
en lui des puissances nombreuses et grandes. C'est alors
que de l'intelligence sort la forme de l'âme, sans que
l'intelligence se meuve, de même que l'intelligence est
sortie de l'un pur, sans que l'un se soit mû. L'âme est
donc un causé de causé. Elle ne peut plus produire
d'acte sans mouvement, et ce qu'elle produit est périssable. Nous nous apercevrons dans la suite que les philosophes arabes ont retenu cette théorie.

L'âme, sortie de l'intelligence, est une image de l'intelligence, et son acte ne consiste que dans la connaissance
de l'intelligence et de la vie qu'elle fait à son tour découler sur les choses. L'intelligence universelle est
comme le feu, l'âme universelle comme la chaleur qui
du feu rayonne alentour. L'acte de l'âme s'appelle image.
Quand l'âme veut produire, elle regarde l'idée de la
chose qu'elle veut produire, et dans ce regard elle s'em-
plit de force et de lumière; puis elle se meut en bas,
et l'image qui sort d'elle est sensible. L'âme est ainsi
intermédiaire entre le monde de l'intelligence et le
monde sensible et liée aux deux. Quand elle se détourne
de la contemplation de l'intelligence pour se porter vers
les choses inférieures, elle produit les individus selon
leurs rangs, ceux du monde des astres et ceux du monde
sublunaire. Chaque être du monde inférieur a son modèle dans le monde intelligible. L'âme, lien des deux
mondes, est belle par rapport au sensible, parce qu'elle

tient à l'intelligible, laide par rapport à l'intelligible parce qu'elle tient au sensible. Mais la forme de l'âme est éternellement belle, et de sa beauté découle celle de la nature.

La vie appartient à l'âme; elle n'appartient pas aux corps qui sont périssables. L'âme a son lieu dans l'intelligence. En l'intelligence universelle sont toutes les intelligences et toutes les vies. De même que dans l'intelligence universelle sont tous les êtres au-dessous d'elle, c'est-à-dire tous hormis l'un immobile, de même dans le vivant universel qui est l'âme, sont toutes les natures vivantes; et dans chaque vie sont contenues de nombreuses vies, mais chacune moindre et plus faible que celle qui la précède; et la vie ne cesse de découler jusqu'à ce qu'elle arrive à la nature la plus petite et la plus faible en laquelle tombe la puissance universelle, et c'est l'individu vivant. Toutes les choses, ainsi éloignées par le rang, sont réunies par l'amour. L'amour véritable qui est l'intelligence réunit tous les êtres intelligibles et vivants et les fait uns; et ils ne se séparent jamais, car il n'y a rien au-dessus de cet amour. Le monde supérieur est amour pur.

Telles sont les pensées que les Arabes du quatrième siècle de l'hégire attribuaient à Aristote. On comprend maintenant comment la philosophie a pu leur apparaître comme un tout passablement complexe et discordant qu'il s'agissait de concevoir synthétiquement. La philosophie était une; mais elle avait mille faces. Elle s'étendait de l'empirisme le plus positif au mysticisme le

plus exalté. Le philosophe par excellence était celui qui
comprenait le mieux l'unité harmonique de ces divers
aspects. En définitive, c'est bien ainsi que se posait à
cette époque le problème philosophique; et quoique
l'on puisse être tenté de le trouver absurde, si l'on veut
bien faire un effort d'imagination et se reporter vers
l'Orient, pays des mélanges, des fusions et des synthèses,
on reconnaîtra qu'à tout prendre il ne manquait, sous
cette forme, ni de poésie ni de grandeur.

# CHAPITRE IV

## LES PHILOSOPHES ET LES ENCYCLOPÉDISTES

Le nom de philosophe n'a pas dans la littérature arabe le sens général et vague qu'il a dans notre langue. Ceux que les Arabes appelèrent « les philosophes » (*faïlasouf*, pluriel : *falâsifah*), par transcription du grec, n'étaient pas tous les chercheurs de la vérité, tous les manieurs de la pensée, les sages, les spéculatifs ; ils eussent désigné ceux-ci plutôt par les noms de *hakîm* ou de *nâzir*. Les philosophes proprement dits étaient spécifiquement les continuateurs de la tradition philosophique grecque considérée comme une. Pour eux, la philosophie grecque était vraie au même degré que la révélation ; il existait à priori un accord entre la philosophie et le dogme, à peu près comme aux yeux des croyants de nos jours, il existe un accord entre la science et la foi. Mais en réalité la philosophie grecque contenait une masse d'idées passablement complexes et divergentes, et il n'est pas toujours aisé de voir du premier coup comment ces théories pouvaient s'adapter à la théologie de l'islam. Ce doit être juste-

ment l'un des principaux résultats de notre travail que
de faire sentir jusqu'à quel point ces savants ont réalisé
l'harmonie entre la philosophie grecque et l'orthodoxie musulmane et dans quelle mesure ils y ont
failli.

Chahrastani donne une liste d'une vingtaine de personnages [1] qui ont mérité, dans la littérature arabe,
le titre de philosophe, antérieurement à Avicenne.
On reconnaît dans cette liste des noms que nous avons
vus figurer au chapitre des traducteurs, ceux de Honéïn fils d'Ishâk, Tâbit fils de Korrah et Yahya fils d'Adi.
Ces sages n'étaient pas musulmans. Les deux plus
illustres musulmans que, avec eux, mentionne Chahrastani sont Yakoub fils d'Ishâk el-Kindi et Mohammed
Abou Nasr el-Farabi. El-Kindi et el-Farabi sont les
deux grands dynastes dont les noms dominent la
période progressive de la philosophie arabe qui s'é-
tend sur les deux siècles précédant Avicenne.

Malgré l'énorme réputation que s'acquit en Orient
Yakoub fils d'Ishâk el-Kindi, et malgré l'écho que
cette renommée trouva en Occident, nous connaissons
en somme de lui fort peu de chose et nous craignons
qu'il nous soit impossible de restituer sa figure avec
quelque intensité. El-Kindi fut surnommé le philosophe des Arabes, *faïlasouf el-Arab*, titre qu'il dut à sa
situation de fondateur de la lignée philosophique
chez les musulmans et à la pureté de ses origines ara-

1. Chahrastani, éd. Cureton, II, 348.

bes. Il était issu d'une famille illustre, et il appartenait à la grande tribu de Kindah, de la race de Kah-
tan. L'histoire de sa maison, dont s'est occupé l'orientaliste Flügel[1], nous montre son sixième ancêtre paternel,
venant, à la tête de soixante-dix cavaliers, faire accession à l'islam dans la dixième année de l'hégire, et se
rangeant dès lors parmi les compagnons du prophète.
Avant ce temps la famille de Kindah habitait l'Yémen.
Les aïeux plus proches de notre auteur émigrèrent en
Chaldée ; son père fut émir de Koufah sous les khalifes Mehdi et Réchîd ; son grand-père l'avait été de diverses villes, et il possédait ses principaux domaines
à Basrah ; l'on pense que c'est là que notre philosophe
naquit. El-Kindi, jeune, alla étudier à Bagdad, on ne
sait sous quels maîtres ; mais il n'y a aucun doute que
ce fut sous des maîtres chrétiens. De brèves indications biographiques, fournies surtout par el-Kifti et par
Ibn Abi Oseïbiah, nous le font voir ensuite entrant dans
l'intimité des khalifes, et l'on nous apprend qu'il s'attacha à leur service en qualité de lettré. Il fut en particulière faveur auprès de Motasim et d'Ahmed l'un
des fils de Motasim, auquel il dédia plusieurs de ses
ouvrages. A la fin de sa vie il fut en proie à des atta-
ques et à des persécutions que lui attirèrent sans
doute la jalousie ou le fanatisme. L'astronome Abou
Machar le haït, puis se réconcilia avec lui et devint son
admirateur et son disciple ; les mathématiciens fils de

1. Flügel, *Al-Kindî* dans les *Abhandlungen* de la *Deutsche Morgen-
ländische Gesellschaft*, 1857.

Mousa fils de Châkir le desservirent aussi. On croit que
sa mort arriva vers l'an 260 sous le règne de Mota-
mid [1].

El-Kindi fut un traducteur important, un encyclopédiste d'une fécondité rare.

Flügel a recueilli la liste de ses ouvrages qui se
montent au chiffre énorme de 265, embrassant une vaste
portion des sciences de ce temps. Il traduisit le livre ν'
de la *Métaphysique* d'Aristote; il commenta les premiers et les seconds *Analytiques*, le *de Sophisticis
elenchis*, l'ouvrage apocryphe intitulé l'*Apologie* d'A-
ristote; il abrégea la *Poétique* d'Aristote et celle d'A-
lexandre d'Aphrodise, les *Herméneia*, l'*Isagoge* de Porphyre. Il écrivit un traité sur les *Catégories*. Les titres
de ses ouvrages témoignent d'un travail considérable
fait en vue de l'interprétation et de l'adaptation des ouvrages grecs. On peut croire qu'il s'efforça d'en extraire et d'en clarifier la substance, d'en simplifier et
d'en ordonner les doctrines. Un de ses traités a pour
objet l'*Ordre des livres d'Aristote,* apparemment l'ordre
dans lequel ils doivent être étudiés.

El-Kindi s'intéressa à la philosophie politique. Il
écrivit une théorie des nombres harmoniques dont
Platon parle dans sa *République*. Il fut bon polémiste,
ce qui peut encore expliquer qu'il eut beaucoup d'ennemis.

Son œuvre plus spécialement scientifique est fort

1. *Die philosophischen Abhandlungen des Jaqûb ben Ishâq Al-Kindî*,
éd. Albino Nagy, Introduction, p. x.

importante. Il aurait traduit la *Géographie* de Ptolémée,
dont une version syriaque existait antérieurement [1].
Il recensa les *Éléments* d'Euclide et il écrivit sur les
œuvres de ce géomètre et sur l'*Almageste* de Ptolémée.
Ses écrits sur les mathématiques et sur l'astronomie
sont nombreux. Il s'intéressa à la météorologie, à
propos de laquelle il eut à combattre les idées des Manichéens sur la constitution du ciel, sur la théorie de
la lumière et des ténèbres. Il s'attaqua d'ailleurs aux
Manichéens dans un écrit particulier. La médecine ne
lui fut pas étrangère, bien qu'il ne semble pas l'avoir
pratiquée. Enfin il connut la musique, et il enseigna,
avec la théorie, la pratique de cet art. Les aptitudes
scientifiques d'el-Kindi constituent certainement un des
traits caractéristiques de son génie; il paraît avoir
prêté une attention égale aux sciences de la nature et
aux sciences spéculatives. Il les considéra sans nul
doute comme un fondement nécessaire ou comme une
partie intégrante de la philosophie. Un de ses ouvrages
a pour titre : *Sur ce qu'on ne peut comprendre la philosophie sans être mathématicien.* Contrairement à d'autres
grands encyclopédistes, on n'aperçoit pas qu'il ait attaché beaucoup de prix à la mystique.

Le docteur Albino Nagy a récemment édité des traductions latines de trois opuscules d'el-Kindi [2]. Deux

1. Wenrich, *op. laud.*, p. 230.

2. Édition citée ci-dessus, faisant partie des *Beiträge zur Geschichte
der philosophie der mittelalters*, publiés par Cl. Baeumker et G. F. von
Hertling, *Band* II, *Heft* V, Münster, 1897.

de ces opuscules qui portent les titres *de Quinque essen-
tiis* et *de Intellectu* traitent de théories familières à la
scolastique arabe, et il est intéressant de montrer en
quel état se présentaient ces théories au troisième siècle
de l'hégire sous la plume de notre philosophe. Les cinq
essences qu'on appellerait mieux, d'un terme plus
neutre, les cinq choses, sont celles, est-il dit, qui se
trouvent dans toutes les substances, à savoir la matière
et la forme, le mouvement, le temps et le lieu. Le style
d'el-Kindi dans ces traités est ferme, très concis et non
sans beauté. Voici en entier son paragraphe sur la matière : « La matière est ce qui reçoit et n'est pas reçu,
ce qui retient et n'est pas retenu. Quand la matière est
ôtée, tout ce qui est outre est ôté ; mais quand ce qui
est outre est ôté, la matière n'est pas ôtée. Toute chose
est de matière. Elle est ce qui reçoit les contraires sans
corruption ; et la matière n'a point de définition du
tout. »

La forme est de deux sortes : celle qui constitue le
genre ; celle-là ne fait pas partie des principes simples
dont nous parlons, — et celle qui sert à distinguer une
chose de toutes les autres par la substance, la quantité,
la qualité et le reste des dix prédicats ; c'est là la forme
qui constitue toute chose. « En chaque matière est une
puissance par laquelle les choses naissent de la matière, et cette puissance est la forme. Par exemple, de la
chaleur et de la siccité, lorsqu'elles concourent, naît le
feu ; la matière est dans la chaleur et dans la siccité ;
la forme est le feu ; la puissance est ce qui rend la ma-

tière feu... Disons donc que la forme est la différence
par laquelle une chose se distingue d'une autre dans la
vision, et la vision est la connaissance de cette chose. »
Cette définition ne témoigne pas encore d'une compréhension complète de la pensée d'Aristote, d'une possession achevée de l'idée scolastique; on sent là une
théorie en voie de se faire; il est juste au reste de noter
que le latin de cette traduction est mauvais.

Notre auteur distingue six espèces de mouvements,
conformément à la tradition péripatéticienne : les mouvements de génération et de corruption en substance,
d'augmentation et de diminution en quantité, d'altération en qualité, et le mouvement dans le lieu, rectiligne ou circulaire. Comme Aristote, la définition du
lieu le trouble : « Les philosophes, dit-il, n'ont pas été
d'accord sur cette question, à cause de son obscurité
et de sa subtilité. Il en est qui ont dit qu'il n'y a pas
de lieu du tout, d'autres que le lieu est un corps, comme
Platon, d'autres qu'il est sans être un corps. » Et, pen-
sant suivre l'opinion d'Aristote, il réfute celle qui veut
que le lieu soit un corps, et il admet que « le lieu est
la surface qui se trouve hors du corps »; en tant que
surface, le lieu est une matière à deux dimensions. Le
lieu, remarque el-Kindi en physicien, n'est pas détruit
quand on enlève le corps; l'air vient dans le lieu où l'on
a fait le vide, et l'eau vient où s'en va l'air.

La notion du temps a également amené des diver-
gences parmi les philosophes. Les uns ont dit qu'il
était le mouvement en lui-même, d'autres qu'il ne

l'était pas. Nous, affirme notre auteur, nous voyons que
le mouvement est divers dans les diverses choses, au
lieu que le temps se trouve en toutes selon une seule
espèce et un seul mode. Donc le temps n'est pas le mouvement. Il faut, pour définir le temps, dire que l'instant
est ce qui réunit le passé et le futur, bien que l'instant
ne subsiste pas par lui-même. « Le temps n'est en aucune chose, si ce n'est dans l'avant et dans l'après, et il
n'est rien que le nombre. Il est le nombre qui compte
le mouvement, » et ce nombre est de l'espèce des nombres continus.

Dans la façon dont sont exposées ces notions, dans ce
style même, on perçoit l'influence directe de la métaphysique d'Aristote; et, malgré que la pensée soit encore un peu embarrassée et faible, l'on constate dans
cet écrit un noble effort vers l'ordre et la clarté.

La psychologie d'el-Kindi, telle qu'elle apparaît dans
le très bref traité *de l'Intelligence,* est bien au même
point que sa métaphysique. La doctrine est déjà assez
clarifiée et fortement condensée; mais elle présente
encore sur plusieurs points un peu d'opacité et de lour-
deur. L'auteur prétend rapporter l'opinion d'Aristote
et de Platon, que par conséquent il suppose une. Il
distingue quatre espèces, ou degrés, d'intelligence,
trois dans l'âme et une hors de l'âme. De ces trois espèces qui sont dans l'âme, la première est en puissance,
la seconde est en acte de façon que l'âme exerce quand
elle veut cette intelligence, comme le scribe exerce
l'art d'écrire; la troisième est cette intelligence actuel-

lement mise en usage, comme l'écrit du scribe. Quant à l'espèce qui se trouve hors de l'âme, c'est l'intellect agent. Nous verrons le grand rôle de cette dernière espèce d'intellect dans la philosophie de Farabi et dans celle d'Avicenne. El-Kindi en parle déjà avec une certaine vigueur : « Rien, dit-il, de ce qui est en puissance ne sort en acte, si ce n'est par quelque chose qui est en acte. L'âme donc est intelligente en puissance; mais elle le devient en acte par l'intelligence première (l'intellect agent). » Quand l'âme, regardant l'intellect agent, s'unit à la forme intelligible, alors cette forme et l'intelligence sont la même chose dans l'âme; mais l'intelligence qui est toujours en acte hors de l'âme, l'intellect agent, n'est pas la même chose que l'intelligible, et cette identité n'a lieu que dans l'âme.

El-Kindi eut des disciples, et son influence personnelle paraît avoir été grande. De ces disciples deux méritent une mention. L'un est Ahmed fils d'et-Tayib Serakhsi dont Maçoudi cite des traités de géographie et un abrégé de logique[1]. Hadji Khalfa lui attribue un commentaire des *Vers dorés* de Pythagore. Il fut d'abord précepteur puis devint familier du khalife Motadid; mais ayant un jour commis l'imprudence de trahir un secret que lui avait confié ce prince, celui-ci le fit décapiter en 286. Il était érudit remarquable et écrivain de talent.

L'autre disciple notable d'el-Kindi est Abou Zéïd, fils

---

1. Maçoudi, *le Livre de l'Avertissement.*

de Sahl el-Balkhi. Assurément beaucoup moins grand
que son maître, Abou Zéïd de Balkh a eu, tout au moins
par rapport à nous, une meilleure fortune. Un de ses
principaux ouvrages nous a été conservé, et il vient
d'être publié et traduit en français par M. Clément
Huart[1]. A la lumière de ce texte, la physionomie d'Abou
Zéïd est redevenue vivante. Né dans un village de la
province de Balkh, ce philosophe alla dans sa jeunesse
étudier dans l'Irâk, où le poussait le désir de s'affilier à
la secte des Imamiens ; mais y ayant fait la connaissance du célèbre el-Kindi, il s'attacha à lui et il se
consacra à la philosophie et à la science. Devenu extrêmement érudit, tout en étant demeuré modeste et cir-
conspect, il s'attira l'estime des puissants. Le prince de
Balkh fut son principal protecteur. Grâce à son amitié,
notre savant parvint à la fortune, et il acquit à Balkh
d'importants domaines que ses descendants conservèrent
pendant plusieurs générations. Ses œuvres qui portent
principalement sur la philosophie et la géographie
datent du premier quart du quatrième siècle.

Abou Zéïd voyagea en Égypte et en Perse. Esprit ouvert et curieux, non sans un peu de naïveté, il s'informa
de beaucoup de systèmes, et nous le voyons se rendre
« à Bilâd-Sâbour, pour y faire une enquête sur le
compte d'un homme dont les doctrines paraissaient con-

---

1. *Le livre de la création et de l'histoire d'Abou Zéïd Ahmed ben Sahl
el-Balkhi,* éd. et trad. Clément Huart, t. Ier encore seul paru, Paris, Leroux, 1899. Cet ouvrage fait partie des *Publications de l'École des langues
orientales vivantes.*

traires à celles des autres hommes, et qui prétendait être
Dieu lui-même[1] ». Il connut des Karmates, des Manichéens, des Mazdéens, des Indiens; la simplicité de son
cœur préserva son orthodoxie contre la séduction de
leurs doctrines. Son *Livre de la Création et de l'histoire*
renferme de piquants renseignements sur les sectes an-
tropomorphes, dualistes, panthéistes, sur les Harraniens,
les Motazélites et d'autres. Que l'on remarque, par
exemple, cette doctrine dont il ne nomme pas les
adeptes : « (p. 77) On prétend encore que Dieu n'a ni
corps ni attribut, qu'on ne peut ni le connaître ni savoir
quelque chose de lui, et qu'il n'est pas permis de le
mentionner. Au-dessous de lui est la Raison universelle,
et sous la Raison l'Âme universelle et sous l'Âme la matière, sous la matière l'éther puis les forces naturelles ;
et on juge que tout mouvement ou force, sensible ou
croissant, provient de lui. » Cette doctrine, d'origine
gnostique, est celle à peu près qui fut adoptée par la célèbre secte des Ismaéliens qui, au moment où Abou Zéïd
écrivait, venait de naître.

Notre philosophe répond à des théories panthéistes
voisines de celle-là : « (p. 75) Une preuve, dit-il, que
Dieu n'est ni l'âme ni la raison, ni l'esprit, comme le
croient certains, c'est que les âmes sont divisibles et que
les formes et les individus les séparent; » or il n'y a
point d'objet qui se partage dont on n'imagine qu'il
puisse se rassembler, et se rassembler c'est un accident

1. Cl. Huart, *op. laud.*, Introduction, p. xiv.

de la substance. Les uns vivent, les autres meurent ; et il faut ou que l'âme soit anéantie par la mort de son possesseur, ou qu'elle retourne à l'âme universelle, ou qu'elle transmigre en un autre. Or l'anéantissement, le retour, ce sont encore des accidents de la substance. — Cette manière de philosopher est certainement originale.

Abou Zéïd s'occupa de la théorie des attributs divins, tant agitée par les Motazélites, et de celle de la prédestination. Sa croyance sur ces deux points demeura orthodoxe ; sa conclusion est bien humble : « (p. 100) Les choses les plus justes sont les moyennes. On a dit : celui qui réfléchit sur le destin est comme celui qui regarde le centre du soleil ; plus il le fixe, plus il est ébloui. Celui qui se borne à ce qui est écrit dans le Livre, « j'espère qu'il sera des Élus. »

Abou Zéïd doit donc nous apparaître plutôt comme un musulman très intelligent que comme un philosophe, au sens que nous avons expliqué. A nos yeux sa physionomie est plus semblable à celle des Motazélites qu'à celle des philosophes, bien qu'il ait combattu ceux-là et qu'il ait été classé parmi ces derniers. La multitude des systèmes auxquels il a touché nous remet en mémoire cette masse confuse de pensées, ce cahos philosophique au-dessus duquel monta la grande tradition scolastique. Il était utile de le mentionner pour nous donner une fois de plus cette vision. Mais, selon l'ordre que nous suivons, il ne marque pas un progrès, et après nous être un instant arrêté près de lui, nous devons l'oublier dans l'ombre de son maître el-Kindi.

Mohammed fils de Mohammed fils de Tarkhân Abou Nasr el-Fârâbi, le plus grand philosophe musulman avant Avicenne, était d'origine turque. La ville de Fârâb, où il naquit, aujourd'hui Otrar, est située sur le Yaxarte ou Syr Darya. Farabi fut élève d'un médecin chrétien, Yohanna fils de Hilân qui mourut à Bagdad sous le règne de Moktadir; il recueillit beaucoup de fruit de son enseignement. On dit aussi qu'il étudia en la compagnie d'Abou Bichr Matta, un traducteur dont nous avons parlé, et qu'il s'habitua auprès de lui à ramasser sa pensée dans des phrases brèves et profondes. Il se rendit à la cour de Séïf ed-Daoulah fils de Hamdân, et il paraît avoir vécu paisiblement sous sa protection, sous l'habit des Soufis. Ce prince l'estima et lui donna un rang éminent parmi les siens. Quand Séïf ed-Daoulah eut pris Damas, Farabi se rendit avec lui dans cette ville, où il mourut en l'an 339. D'après Ibn Abi Oséïbiah, il aurait fait un voyage en Égypte l'année qui précéda sa mort.

Les Orientaux ont comblé Farabi d'éloges. El-Kifti dit de lui : « Il devança tous ses contemporains et les dépassa dans l'argumentation et dans l'explication des livres de logique; il dissipa leur obscurité, découvrit leur mystère, facilita leur compréhension, et il condensa ce qu'ils contiennent de plus utile dans des écrits irréprochables pour le sens, clairement rédigés, où il releva les fautes qui étaient échappées à Kindi. » Et Abou'l-Faradj, généralisant d'un coup l'éloge, dit : « Ses livres de logique, de physique, de théologie et de politique atteignirent la limite de ce qu'on peut désirer et le sommet de l'excellence. » Mais, puisque nous possédons plusieurs ouvrages importants de Farabi, il sera préférable que nous en jugions par nous-mêmes.

La liste complète des œuvres de ce philosophe serait longue. Steinschneider a fait de sa bibliographie une étude fouillée, minutieuse, chargée d'érudition [1]. De même qu'el-Kindi, Farabi est beaucoup plutôt un interprète et un commentateur des auteurs grecs qu'un véritable traducteur.

Il écrivit une *Introduction à la logique*, un *Abrégé de logique* selon la méthode des théologiens [2], une série de commentaires à l'*Isagoge* de Porphyre, aux *Catégories*, aux *Herméneia*, aux *premiers* et aux *seconds Analytiques*, aux *Topiques*, à la *Sophistique*, à la *Rhétorique* et à la *Poétique*, le tout constituant un *Organon* complet divisé en neuf parties. Il commenta l'*Éthique à Nicomaque*, et composa sur la politique des œuvres importantes, comme nous le redirons; l'une est une somme des *Lois* de Platon; une autre a pour titre : *de l'Obtention de la félicité*. Il traita maintes questions métaphysiques dans des écrits divers dont quelques-uns subsistent dans nos bibliothèques : *l'Intelligence et l'intelligible*, *l'Ame*, *la Force de l'âme*,

---

1. Moritz Steinschneider, *Al-Farabi des arabischen philosophen leben und schriften*, dans les *Mémoires de l'Académie impériale des sciences de Saint-Pétersbourg*, t. XIII, n° 4, Saint-Pétersbourg, 1869.

2. Steinschneider, *op. laud.*, p. 18.

*l'Unité et l'Un, la Substance, le Temps, le Vide, l'Espace et la Mesure.* On lui doit un commentaire au livre *de l'Ame* d'Alexandre d'Aphrodise. La conciliation entre Platon et Aristote le préoccupa, nous le verrons. Il écrivit sur le *But de Platon et d'Aristote*, et sur *la Concordance entre Platon et Aristote;* il prit la défense d'Aristote contre ses interprètes ; il écrivit *contre Gallien, contre Jean Philoponus*, en tant qu'ils interprètent mal Aristote, et il formula une *Intervention entre Aristote et Galien.*

L'œuvre scientifique de Farabi n'est pas très considérable par rapport à son œuvre philosophique. Il donna cependant encore des commentaires à la *Physique* d'Aristote, à la *Météorologie*, aux traités *du Ciel* et *du Monde*, un Commentaire à l'*Almageste* de Ptolémée, un traité sur *le Mouvement des sphères célestes*, même un essai sur l'explication des propositions difficiles des *Éléments* d'Euclide. Il s'occupa de sciences occultes, écrivit sur l'*Alchimie*, la *Géomancie*, les *Génies* et les *Songes*. Il ne fut pas médecin. On lui doit enfin dans le domaine de l'art de très importants traités musicaux qui ont été étudiés par Kosegarten[1]. Farabi était un admirable musicien. Sa virtuosité excitait l'admiration de Séïf ed-Daoulah, et la littérature en a gardé le souvenir.

Farabi aima dans ses écrits la forme aphoristique; l'on dit qu'il mit peu de soin à les réunir. Ces cir-

1. J. G. L. Kosegarten, dans son introduction à *Alii Ispahanensis liber cantilenarum magnus*, Greifswald, 1840.

constances sont aujourd'hui défavorables à leur intelligence ; tel traité publié par Dieterici[1], n'est qu'une
collection de brefs paragraphes, sans ordre et sans
lien, dont l'obscurité s'augmente encore de l'usage qui
y est fait de la terminologie des mystiques. Nous essaierons néanmoins de tirer des écrits édités de Farabi quelques passages caractéristiques, qui puissent
donner une idée assez précise de cette haute et puissante figure.

Farabi fut grand logicien[2]. On le surnomma le second maître, *el-moallim et-tâni*, Aristote étant le premier. Dans un traité intitulé *Épître du second maître
en réponse à des questions qui lui avaient été posées*,
il tranche certaines difficultés qui devaient préoccuper
les logiciens d'alors. Voici ce qu'il décide touchant les
Catégories : (§ 19 *du traité*) Les dix prédicats ne doivent pas être considérés comme simples absolument.
Chacun est simple relativement à ceux qui sont au-dessous
de lui, et il n'y en a que quatre qui soient simples purs :
la substance, la quantité, la qualité et la position. L'a-
gent et le patient dérivent de la substance et de la qualité ; le temps et le lieu, de la substance et de la
quantité ; la possession a lieu entre deux substances,
la relation entre chaque groupe de deux prédicats pris

1. Les traités étudiés ci-dessous ont été édités par F. Dieterici, *Alfârâ-
bî's philosophische Abhandlungen*, Leyde, Brill., 1890.
2. Prantl a consacré dans son Histoire de la Logique (*Geschichte der
Logik im Abendlande*, t. II, p. 301-318) un article à la logique de Farabi
principalement d'après des extraits tirés des œuvres d'Albert le Grand.

dans les dix. — (§ 15) Il y a des degrés dans la simplicité de ces prédicats. Par exemple la quantité et la
qualité reposent directement sur la substance et n'ont
besoin pour être réalisés que de cette substance qui
les supporte ; au contraire la relation a besoin de plusieurs choses : de deux substances, d'une substance et
d'un accident ou de deux accidents. — (§ 18) On demande, étant donné que l'action et la passion se trouvent toujours ensemble, si elles doivent être classées
sous le prédicat d'annexion. Non, dit Farabi. Quand une
chose se trouve toujours avec une autre, il ne s'ensuit pas que ces deux choses soient dépendantes d'une
dépendance d'annexion. Par exemple, la respiration ne
se trouve qu'avec le poumon, le jour qu'avec le lever
du soleil, l'accident qu'avec la substance, la parole
qu'avec la langue ; or toutes ces choses ne doivent
pas être classées dans la dépendance d'annexion,
mais dans celle de nécessité. Il y a nécessité essentielle,
comme celle de l'existence du jour quand se lève le
soleil, et nécessité accidentelle, comme celle du départ de Zéïd quand entre Amrou. Il y a nécessité complète quand chacune des deux choses existe par le
fait de la présence de l'autre, et nécessité incomplète
quand cette dépendance est unilatérale. — C'est là une
fine analyse de l'idée de relation.

(§ 24) On demande si l'égal et l'inégal sont propres de
la quantité, le semblable et le dissemblable propres
de la qualité. Le propre, répond Farabi, ne peut être
qu'une chose unique, comme le rire, le hennir, le s'as-

seoir. Cependant si nous appelons description ce qui fait
connaître l'essence de la chose, chacun des deux termes
égal et inégal pris séparément est propre de la quantité
et les deux pris ensemble sont descriptifs de la quantité.
Il en est de même du semblable et du dissemblable
par rapport à la qualité.

La théorie des contraires donne lieu à des remar-
ques également pénétrantes. — (§ 17) Le contraire est-
il le manque de son contraire? Le blanc est-il le manque
du noir? Non, le blanc est quelque chose et n'est pas
seulement le manque du noir; mais le manque du noir
est contenu dans l'existence du blanc, et dans tout contraire est contenu le manque de son contraire. — (§ 37)
On dit que la science des contraires est une; cette proposition est-elle vraie? Il faut distinguer, répond Farabi. Si l'on veut parler de la science de telle chose
en particulier qui a un contraire, cette science n'est
pas identique à celle de son contraire; la science du
juste n'est pas celle de l'injuste, la connaissance du
blanc n'est pas la connaissance du noir. Mais si l'on entend la science de cette chose en tant qu'elle a un contraire, alors cette science est une avec celle de son contraire, car les deux contraires en ce sens sont en réalité
deux relatifs. — (§ 38) Il faut distinguer les opposés et
les contraires. Les opposés sont deux choses qui ne
peuvent exister dans un même objet en un même temps
sous le même rapport, comme la qualité de père et
celle de fils; les opposés font partie des relatifs. Les
contraires sont tels que le pair et l'impair, l'affirma-

tion et la négation, la possession et le manque.

La réponse que voici est remarquable par sa forme mathématique. On demande combien de choses sont nécessaires pour la connaissance d'un inconnu. Deux choses sont nécessaires et suffisantes ; s'il y en a plus de deux, on s'aperçoit par un examen attentif que celles qui sont en sus ne sont pas nécessaires à la connaissance de l'objet cherché ou qu'elles rentrent dans les connus déjà donnés.

Voici encore une question curieuse, qui ne laisse pas d'être grave et que Farabi traite en deux mots avec un évident bon sens. — (§ 16) Ce jugement : l'homme existe, est-il à attribut ou sans attribut? Les philosophes anciens et modernes, dit notre auteur, sont divisés là-dessus. Il suffit de distinguer. Sous le rapport naturel, c'est-à-dire objectif, si l'on considère les choses en elles-mêmes, ce jugement est sans attribut, car l'existence d'un objet ne diffère pas de cet objet, au lieu que l'attribut est distinct de la chose à laquelle il se rapporte ; mais, au point de vue logique, ce jugement est à attribut, puisqu'il est constitué par deux termes et qu'il peut être vrai ou faux.

La question des universaux nous fait passer de la logique à la métaphysique. Farabi, sur ce sujet, émet en peu de mots quelques vues profondes. — Comment, demande-t-on (§ 14), faut-il concevoir l'ordre des substances qui sont supportées les unes par les autres? Il répond : Les substances premières sont les individus; ils n'ont besoin de rien d'autre qu'eux pour être. Les

substances secondes sont les espèces et les genres qui
ont besoin, pour être, des individus. Les individus sont
donc antérieurs en substantialité et ont plus de droit
au nom de substance que les genres. Mais, ajoute notre
auteur, avec ce goût pour les solutions contrastées qui
semble le caractériser, à un autre point de vue, les universaux, parce qu'ils sont fixes, permanents, subsistants,
ont plus de droit au nom de substance que les individus
périssables. Et interrogé alors (§ 10) sur le mode d'existence des universaux, il dit : Les universaux n'existent
pas en acte; ils n'existent que par les individus, et leur
existence est alors accidentelle, ce qui ne signifie pas
que les universaux sont des accidents, mais seulement
que leur existence en acte ne peut être que par acci
dent. — (§§ 39 et 40) Il y a deux espèces d'universaux
auxquels correspondent deux espèces de particuliers.
Le particulier de la substance n'est pas dans un objet
donné, dans une matière, et on ne connaît pas par des
données son essence. Les particuliers de cette espèce ne
peuvent être connus que par leurs universaux, et ces
universaux n'existent que dans ces particuliers. Le particulier de l'accident est connu par des objets donnés,
ainsi que l'universel de l'accident qui est lui-même
dans des données.

L'on peut juger maintenant suffisamment du style
de la logique d'el-Farabi, qui, dans les détails, hardie,
aiguë et personnelle, témoigne dans l'ensemble d'une
profonde connaissance de l'*Organon* et de l'*Isagoge*.

Pour étudier la psychologie de notre auteur, nous

disposons d'une œuvre maîtresse, le traité publié par Dieterici sur *les Sens du mot intelligence*. Cet opuscule, dont la rédaction est relativement développée, a eu une grande importance au moyen âge ; la traduction latine en a été imprimée plusieurs fois à la Renaissance sous le titre *de Intellectu* ou *de Intellectu et Intelligibili*[1] ; Munk en a donné une analyse[2].

Dans cet ouvrage qui traite de la même question que le traité *de l'Intelligence* d'el-Kindi, mais avec beaucoup plus de précision et d'ampleur, Farabi s'occupe de définir les différents sens dans lesquels a été employé le mot intelligence (arabe *'aql,* grec νοῦς) par le vulgaire et par les philosophes.

L'homme intelligent pour le vulgaire, c'est l'homme de mérite, de jugement sûr, qui sait ce qu'il doit faire de bien et éviter de mal. On ne dirait pas d'un homme habile dans le mal qu'il est intelligent ; mais on dirait qu'il est astucieux, fourbe.

Les théologiens, en un autre sens, disent de l'intelligence qu'elle approuve telle proposition, qu'elle en rejette telle autre; ils désignent par là la faculté qui perçoit les vérités d'évidence commune. En un sens un peu différent, Aristote a parlé dans les *Analytiques* de la faculté par laquelle l'homme atteint directement la certitude des prémisses générales et nécessaires; c'est,

1. Cette traduction a été jointe aux éditions latines d'Avicenne, 1495, 1500, 1508. Cf. Steinschneider, *op. laud.*, p. 90.

2. Munk, *Mélanges de philosophie arabe et juive.* Paris, 1859, p. 448 et suivantes.

dit Farabi, la partie de l'âme en laquelle se produit la
connaissance première et qui saisit les principes des
sciences spéculatives. Il y a aussi une intelligence des
vérités morales, mentionnée par Aristote dans le livre
de l'*Éthique;* c'est la partie de l'âme où se produit
l'expérience morale par laquelle, avec le temps et au
moyen de certains principes premiers, on s'accoutume
à discerner dans les choses volontaires celles qui doivent être faites et celles qui doivent être évitées. Enfin
vient l'intelligence dont il est question au livre de
l'*Ame* et qui est pour nous l'intelligence proprement
dite.

Farabi, comme el-Kindi et avec plus de netteté, la divise en quatre degrés, qui sont : l'intelligence en puissance, l'intelligence en acte, l'intelligence acquise et l'intellect agent. Il y a cependant encore dans la théorie,
ou du moins dans sa nomenclature, un certain flotte-
ment qu'il est intéressant de faire remarquer : « L'intelligence qui est en puissance, dit en propres termes
notre auteur, c'est quelque âme ou une partie d'âme ou
une des facultés de l'âme, ou une chose quelconque, —
ce vague est curieux, — dont l'essence est préparée
ou disposée de façon à extraire les quiddités ou les
formes de tous les êtres de leur matière, pour en faire
des formes de soi-même. » Ces formes extraites des
objets deviennent formes pour l'intelligence en puissance qui passe alors à l'état d'intelligence en acte;
et ces formes sont les intelligibles en acte qui sont
identiquement l'intelligence en acte. Sur ce point la

théorie était déjà nette chez el-Kindi; mais il importe d'expliquer la manière dont Farabi a conçu l'existence des intelligibles, puis le rôle de l'intellect agent.

Quand ces formes qui étaient dans des matières à l'extérieur de l'âme sont devenues intelligibles en acte, « leur existence en tant qu'intelligibles en acte n'est pas la même que leur existence en tant que formes dans la matière ». Leur existence en elles-mêmes, nous dirions objective, est liée aux diverses catégories de temps, de lieu, de site, de quantité, de mode; en devenant intelligibles en acte, elles se soustraient à plusieurs de ces prédicats. « Quand les intelligibles en acte se produisent, ils deviennent des êtres du monde et comptent, en tant qu'intelligibles, dans la somme des êtres. »

« Quand l'être qui est intelligence en acte comprend, ce qu'il comprend n'est pas un être extérieur à son essence, mais c'est son essence même. » On appelle intelligence acquise (*el-mostafâd*), — c'est le nom du troisième état de l'intelligence, — l'intelligence en acte dans le moment où elle comprend les intelligibles qui sont ses formes. Ces intelligibles ont une existence en eux-mêmes, « et de la même manière que nous disons que ce que nous comprenons actuellement est en nous, de cette manière nous devons dire de ces formes intelligibles qu'elles sont dans le monde ». L'intelligence acquise est comme un substratum pour ces intelligibles qui sont ses formes actuelles; mais elle est elle-même comme une forme relativement à l'intelligence en acte, tandis que l'intelligence en acte est pour elle comme un substratum et une matière. L'intelligence en acte est à son tour forme, relativement à l'intelligence en puissance, et celle-ci est à sa base comme matière. Après cela, on descend vers les formes corporelles et matérielles.

Il y a donc une série dans laquelle les formes montent à partir de la matière première qui est au fond, en se séparant peu à peu de la matière ; et les formes les plus pures de matière sont prééminentes. Au-dessous de l'intelligence en puissance, on trouve les autres puissances de l'âme qui sont inférieures à ce degré d'intelligence, puis la nature et les formes des éléments qui sont les plus viles des formes dans l'existence. Au-dessus de l'intelligence acquise, on trouve les intelligences séparées des corps, et, au premier rang, l'intellect agent.

« L'intellect agent, dit Farabi, dont Aristote a parlé dans le livre III du traité de l'*Ame*, est une forme pure, non dans une matière... C'est elle qui fait passer cette essence qui était l'intelligence en puissance à l'état d'intelligence en acte, et qui rend l'intelligible en puissance intelligible en acte. Le rapport de l'intellect agent à l'intelligence en puissance est comme le rapport du soleil à l'œil, lequel est voyant en puissance tant qu'il est dans les ténèbres, » et qui, dès que paraît la clarté, devient voyant en acte. De la même manière, il découle de l'intellect agent une sorte de clarté sur l'intelligence en puissance, qui lui fait voir les intelligibles qui exis-

taient en puissance et qui deviennent dès lors intelligibles en acte. « L'intellect agent est une espèce d'intelligence acquise; les formes des êtres sont en elle
sans s'en séparer jamais; » mais elles y existent selon
un autre ordre que celui qu'elles ont dans l'intelligence
en acte. Notre intelligence en effet procède du connu a
l'inconnu, et souvent le connu est le plus vil, et le plus
parfait est le plus ignoré de nous. L'intellect agent procède en ordre inverse : il comprend d'abord le plus parfait. Les formes qui sont divisées dans la matière sont
unies dans l'intellect agent.

Il était juste de faire honneur à Farabi de cette belle
théorie. Personne assurément avant lui, chez les Arabes,
ne l'avait exposée avec autant de profondeur et autant
de maîtrise. Il est aisé de voir d'ailleurs que, bien qu'il
la rapporte à Aristote, elle n'est pas proprement péripatéticienne, mais qu'elle porte les marques évidentes
de la pensée néoplatonicienne.

Farabi aima, comme Platon, la philosophie politique,
et Dieterici a édité de lui un traité étendu intitulé *la
Cité modèle*[1]. C'est une véritable encyclopédie philosophique, un peu trop brève comme telle et où la politique ne tient qu'une place infime. On serait déçu si l'on
cherchait dans cet ouvrage un essai d'application des
idées antiques à l'état musulman. Farabi, pas plus que
les autres philosophes, ne nous a donné le spectacle de
cette tentative hardie; il s'est borné à nous présenter, en

1. F. Dieterici. *Alfārābī's Abhandlung der Musterstaat*, Leyde, Brill,
1895.

quelques pages élevées et calmes, une description de
ce que doit être la cité modèle, sans engager des discussions scabreuses contre ses maîtres païens.

Farabi est en politique ce que nous appellerions un
monarchiste et un clérical. Son opinion est que les
hommes doivent avoir un gouvernement monarchique
et une croyance religieuse. Sa monarchie peut d'ailleurs se résoudre, d'une façon assez imprévue, en une
république aristocratique. Après avoir posé en principe,
comme Platon, que les hommes sont faits pour vivre
en société, notre philosophe remarque que l'état le
plus parfait serait celui qui comprendrait toute la terre
habitée. Cette idée d'enfermer toute la terre dans une
organisation politique unique, peut, de la part d'un
philosophe arabe, surprendre quelques lecteurs. Nous
sommes accoutumés à croire qu'une semblable conception n'a pu se faire jour dans quelques esprits qu'à
la suite des progrès les plus récents, et qu'elle n'exprime autre chose que le terme possible et encore loin-
tain de l'évolution politique dans le monde. Il n'en est
pas ainsi; et sans rappeler que l'idée d'universalité politique était contenue dans la conception impériale ro-
maine, puis dans celle de l'Église catholique, je me con-
tenterai de noter, en passant, qu'elle était impliquée
aussi dans la conception théocratique musulmane, et
qu'elle a été beaucoup plus répandue dans le moyen
âge oriental qu'on ne serait tenté de le croire. Farabi,
au reste, ne s'y arrête pas; et il se borne à décrire l'organisation parfaite d'une cité. Son exposé n'est pas

exempt de quelque naïveté. La cité qu'il nous montre est une cité de saints gouvernée par des sages, par conséquent un modèle peu susceptible d'application pratique. Pour sentir ce qu'il y a de beau dans sa théorie, il faut la relier, comme il le fait lui-même, avec la théorie générale du monde. De même que le monde est un tout harmonique, ordonné sous l'autorité suprême de Dieu, de même que les astres et le monde sublunaire s'enchaînent et se suivent l'un l'autre, que l'esprit humain est composé des degrés successifs d'intelligence que nous expliquions tout à l'heure, que le corps humain est un tout organisé auquel le cœur préside, de même la cité doit être un tout réglé à la ressemblance de ces nobles modèles.

On institue dans la cité une hiérarchie de gouvernants dominés par un chef suprême ; les qualités que Farabi requiert de ce souverain semblent vraiment excessives. Ce chef, « qu'aucun autre homme ne gouverne aucunement », cet imam, maître de la cité parfaite, qui devrait être — c'est Farabi qui le redit — « maître de toute la terre habitée », doit posséder les qualités suivantes : une grande intelligence, une excellente mémoire, l'éloquence, le goût de l'étude, la tempérance, l'élévation de l'âme, l'amour de la justice, l'obstination sans faiblesse, la fermeté dans l'accomplissement du bien. Ce sont au reste à peu près les mêmes qualités que Platon requiert de ses gouvernants. Mais Farabi doutant, après Platon, qu'on puisse trouver tant de vertus réunies en un seul homme, résout cette difficulté avec une ingéniosité naïve : si l'on ne trouve pas ces qualités en un seul, dit-il, mais qu'on rencontre les unes dans un homme, les autres dans un autre, on mettra ces deux hommes à la tête de la cité ; si on ne les trouve réunies toutes ensemble que dans trois hommes, on y mettra ces trois hommes ; s'il en faut davantage, on en mettra davantage. Et c'est ainsi que son système aboutit à la république aristocratique.

Nous nous abstiendrons de résumer la métaphysique de Farabi. Les principales théories qui la constituent, celles de l'être nécessaire, de la procession de la multiplicité, de la hiérarchie des êtres, n'appartiennent pas en propre à ce philosophe, et nous aurons tout le loisir de les étudier dans la suite sous la direction d'Avicenne qui les a présentées avec un développement magnifique. Il est plus important pour nous d'achever de caractériser le système de Farabi, en montrant comment ce système a dans presque toutes ses parties essentielles des tendances et un aboutissement mystiques.

La politique, dont nous nous occupions il n'y a qu'un instant, a chez notre philosophe une fin mystique. Le but de la cité parfaite sur la terre est de procurer aux âmes des citoyens le bonheur après la mort. Et je ne puis résister au plaisir de citer le passage où Farabi nous montre ces âmes bonnes parvenant en possession de leur fin.

« Quand une troupe d'hommes a passé, dit-il, que leurs corps sont anéantis et que leurs âmes sont délivrées et heureuses, d'autres hommes leur succèdent dans

leurs rangs, prennent leur place et font ce qu'ils faisaient. Quand cette autre troupe a passé aussi et est déli-
vrée, ceux qui la composaient vont aussi vers la félicité,
aux rangs des premiers passés, et chacun rejoint celui
qui lui est semblable par l'espèce, la quantité et le mode.
Ces âmes se joignent entre elles à la manière dont se
joint un intelligible à un intelligible... Les voluptés des
anciens trépassés s'augmentent par l'adjonction de ceux
qui les rejoignent, car chaque âme comprend son essence et le semblable de son essence beaucoup de fois;
donc la qualité de sa compréhension s'accroît; et cet
accroissement est pareil à l'accroissement du talent du
scribe par le temps qu'il passe à écrire. La jonction des
âmes les unes aux autres correspond, pour le progrès
du bonheur de chacune, à la répétition des œuvres du
scribe par laquelle il progresse en facilité et en talent. »
Cet accroissement est indéfini.

La théorie de la causalité chez Farabi est fort étrange.
Nous la tirons du traité qui a pour titre *les Gemmes
de la sagesse,* de l'édition de Dieterici. « (§ 48) Tout ce
qui n'était pas, puis est, a une cause. Le néant n'est
pas cause de la venue dans l'être. Si la cause n'était
d'abord pas cause, puis le devient, elle requiert pour
le devenir une autre cause; et l'on aboutit ainsi à un
principe à partir duquel s'ordonnent les causes des
choses selon la science qu'il en a. » Cela n'est encore,
sous une forme concise, que la fameuse théorie de la
cause première, parfaitement connue de tous les philosophes arabes. Mais immédiatement la pensée de Farabi

fait un bond : « Or, ajoute-t-il, nous ne trouvons pas
dans le monde de la génération d'impression produite
ni de libre choix nouveau, si ce n'est d'après une cause;
d'où l'on s'élève à la cause des causes; et l'homme ne
peut commencer aucune action sans s'appuyer sur des
causes extérieures qui ne sont pas de son choix, et ces
causes s'appuient sur l'ordre, et l'ordre s'appuie sur le
décret, et le décret s'appuie sur le jugement, et le jugement jaillit du commandement, et toute chose est décrétée. » Où sommes-nous? Évidemment nous avons
franchi en trois lignes l'intervalle entre la philosophie
grecque et la mystique orientale. Mais encore, sommes-
nous parvenus à un système fataliste? Il serait malaisé
de le savoir. L'auteur pourtant s'explique : « (§ 49) Si
quelqu'un pense qu'il fait ce qu'il veut et choisit librement, qu'il recherche si son choix est produit en lui
après n'y avoir pas été, ou non produit. S'il est non produit, il s'ensuit que ce choix l'accompagne depuis l'origine de son existence; et il faut alors qu'il soit attaché
à ce choix sans pouvoir s'en distraire; donc son choix
est déterminé en lui par quelque autre que lui. Et si ce
choix est produit, tout produit requiert un producteur; et alors son choix est d'après une cause qui le
détermine et un producteur qui le produit. Ce producteur, c'est lui, l'homme, ou un autre que lui; si
c'est lui-même, ou bien il fait ce choix en raison d'un
autre choix libre et cela s'enchaîne sans fin, ou bien ce
choix s'effectue en lui autrement que par choix, et
alors il est porté à ce choix par un autre que lui. Cet

homme est ramené ainsi à des causes extérieures à lui, qui ne sont pas de son choix; et il aboutit au choix éternel qui a déterminé l'ordre de tout selon ce qu'il est. Donc tout ce qui est de bon ou de mauvais dépend des causes qui jaillissent de la volonté éternelle. »

Ce raisonnement si vigoureux conclut-il en définitive au déterminisme? En vérité, je n'oserais l'affirmer. Je ne vois dans aucune autre partie de l'œuvre de Farabi qu'il ait nié la liberté humaine. Il a partout le langage et le ton d'un homme qui croit à la morale et à l'acte libre. Au fond ce troublant système est à la fois déterministe et ne l'est pas. Aux yeux du philosophe, j'en demeure certain, l'homme est libre; mais pour lui aussi l'acte libre a une cause; et peut-être ici il conviendrait de donner au mot de cause un autre sens, un sens moins absolu que celui qu'il a dans la vie physique; toute cause, fût-ce en ce nouveau sens, est aussi causée, et la cause des causes est Dieu. Il y a donc là une contradiction ou du moins une opposition mystérieuse; l'intention de Farabi est apparemment de ne la résoudre qu'en mystique.

La psychologie de cet auteur s'épanouit aussi en mysticisme : « (§ 27 *du même traité*) Tu es composé de deux substances, l'une ayant figure, forme, mode, quantité, mouvement et repos, corporelle et divisible, l'autre distincte de la première par l'absence de ces qualités, séparée d'elle par l'essence, pouvant être atteinte par l'intelligence et non par l'imagination. Tu as été réuni du monde de la création et du monde du commandement, car ton esprit est du monde du commandement de ton seigneur et ton corps est de sa création. » Il est remarquable dans ce paragraphe combien la division bipartite de l'homme en esprit et en corps est tranchée ; le plus souvent, chez les philosophes, c'est la division tripartite qui est mise en lumière, en esprit, âme et corps. « (§ 39) L'esprit humain est comme un miroir, et l'intelligence spéculative est comme son poli. Les intelligibles se dessinent en lui par effusion divine, comme les corps dans les miroirs polis. » Si le poli de ton esprit étant pur et aucun obstacle ne s'interposant, « tu te tournes vers le monde du commandement, tu joins le royaume supérieur et tu atteins la félicité suprême ». — « (§ 41) L'esprit humain est ce qui va à la rencontre des intelligibles, substance non corporelle, indivisible, insaisissable, qui n'entre pas dans l'imagination et que le sens n'atteint pas, parce qu'elle est du domaine du commandement. » Mainte autre formule exprime cette opposition entre le sens et l'esprit, dont voici la plus condensée : « (§ 44) Le sens s'occupe de ce qui est du monde de la création, l'intelligence s'occupe de ce qui est du monde du commandement ; » et cette formule est suivie de cette conclusion plus mystique encore : « Ce qui est au-dessus de la création et du commandement est voilé aux sens et à l'intelligence, et ce n'est voilé que parce que c'est découvert. »

Dieu est connaissable selon Farabi : « (§ 45) L'essence unitaire ne peut être atteinte par aucune voie ; mais elle peut être connue par ses qualités. La meilleure voie à son endroit consiste à reconnaître qu'elle est inaccessible. » La théorie de Dieu est profonde : « (§ 8) L'être nécessaire n'a ni genre, ni espèce, ni différence... Il est le principe d'où tout découle. » Il est intérieur et extérieur, manifeste et caché à la fois. « (§ 53) Il est extérieur dans son essence, et, à force d'être extérieur, il est intérieur ; » c'est-à-dire : l'éclat de sa manifestation est tel qu'il aveugle et qu'il en est caché. « Tout ce qui apparaît, apparaît par lui ; » tout est visible en lui, comme dans la lumière du soleil. Après sa manifestation par son essence, il a une seconde manifestation par ses signes ; « cette seconde manifestation est en connexion avec la multiplicité, et jaillit de la première manifestation qui est l'unité ». Voici quelques formules touchant la connaissance en Dieu : « (§ 54) On ne peut pas dire que la Vérité première saisit les choses qui sortent de son décret du fait de ces choses mêmes, comme les choses sensibles sont perçues par le fait de leur présence et de l'impression qu'elles font en nous... Elle saisit les choses par son essence, car lorsqu'elle regarde son essence, elle regarde la puissance très haute qui est en elle, et en la puissance elle voit ce qui est décrété ; elle voit donc le tout, et sa science de son essence est cause de la science qu'elle a d'autre chose... La science qu'a la Vérité première de l'obéissance de son serviteur, obéissance qu'elle a décrétée, est cause de la science qu'elle a qu'il obtiendra sa miséricorde. » — « (§ 55) En la science de Dieu est la multiplicité infinie, en rapport avec la multiplicité infinie des connus et conformément à sa puissance et à son décret infini. Il n'y a pas de multiplicité dans l'essence, mais postérieurement à l'essence, car la qualité est après l'essence, non selon le temps, mais selon le rang. »

En tout ceci l'on voit que Farabi s'écarte de la théorie philosophique d'après laquelle Dieu ne connaît pas le monde; et qu'il se laisse verser dans l'opinion mystique où l'être de Dieu peut tout, décrète tout, voit tout et connaît tout. Farabi dépasse en quelque sorte le problème scolastique; à chaque instant il passe les bornes de la philosophie pour entrer dans la mystique. Voyez ceci encore : « (§ 13) Tu regardes l'unité et elle est la puissance; tu regardes la puissance et elle appelle la science seconde qui enveloppe la multiplicité. Là est l'horizon du monde de la souveraineté que suit le monde du commandement où le *Kalam* court sur la tablette. L'unité devient multiplicité où l'ombre du lotus céleste porte et où sont projetés l'esprit et le verbe. Là est l'horizon du monde du commandement que suivent le tabernacle et le trône [1], les cieux et tout ce qu'ils renferment, tout être chantant les louanges de Dieu. Puis les cieux tournent selon le principe, et là est le monde de la création, d'où l'on

---

1. Sur le *Kalam*, plume qui écrit les destinées des êtres, le lotus qui ombrage le paradis, le tabernacle et le trône où siège Dieu, voir notre mémoire *Fragments d'eschatologie musulmane*, dans les *Comptes rendus du congrès scientifique des catholiques*, Bruxelles, 1894.

retourne au monde du commandement par lequel tout redevient un. »

Farabi a mêlé la nomenclature coranique à la nomenclature philosophique ; mais il a en réalité abandonné le Coran et la philosophie, pour entrer dans des régions où nous ne pouvons le suivre, présentement au moins. Nous nous détournerons de ces doctrines, et nous accepterons de lui ce reproche presque pascalien : « (§ 11) Tu t'éloignes de l'unité ; l'éternité t'épouvante. »

Il nous reste à dire quelques mots d'un ouvrage de Farabi qui semble devoir être très intéressant, à en juger par son titre, qui l'est assurément par son intention, mais dont la lecture est un peu décevante : nous voulons parler de son traité sur la *Concordance de la philosophie de Platon et d'Aristote*. Comme nous l'avons déjà indiqué, Farabi ne croit pas qu'il y ait plusieurs philosophies, mais une seule, et il n'admet pas en principe de différence entre les opinions des deux maîtres grecs. C'était sans nul doute la croyance traditionnelle à cette époque que leurs philosophies concordaient ; mais, en étudiant leurs œuvres authentiques ou apocryphes, un certain nombre de savants contemporains de notre auteur avaient cru remarquer que cette concordance n'existait pas sur plusieurs points, et c'est à eux que Farabi répond dans ce traité.

Il constate d'abord que Platon et Aristote ont compris tous deux la philosophie de la même manière, comme la science des êtres et de leurs états, que tout le monde, dans les diverses langues, est d'accord pour les placer conjointement en tête de la philosophie, et que par conséquent ils doivent s'accorder; c'est évidemment la thèse traditionnelle. Il indique ensuite, au point de vue logique, quelques causes d'erreurs possibles dans l'interprétation de leurs œuvres. Parmi les différences que l'on signalait entre Platon et Aristote étaient celles-ci : que Platon s'était tenu à l'écart des affaires temporelles, tandis qu'Aristote les avait aimées et avait recherché la fortune et les honneurs; que Platon avait parlé par allégories et par mythes et exigé pour l'intelligence de ses livres la pureté du cœur, au lieu qu'Aristote avait classé et ordonné les idées et les avait expliquées pour l'usage de tous; que Platon avait placé en tête des substances, les plus excellentes, les plus proches de l'esprit et les plus éloignées des sens, au lieu qu'Aristote avait enseigné que les individus étaient les premières substances, — simple différence de point de vue, selon Farabi; — que, encore, en un certain passage du *Timée*, Platon avait paru ne pas regarder comme nécessaire la conclusion d'un syllogisme, dont les prémisses étaient : « l'être est plus excellent que le non-être; la nature aspire au plus excellent », alors que, d'après Aristote, la conclusion d'un tel syllogisme eût été nécessaire; — sans parler d'autres différences sur les chapitres de la physique, de la logique et de la politique.

Farabi résout avec finesse ces contradictions alléguées, sans pourtant émettre de vue assez originale pour mériter que nous nous y arrêtions. Mais, à propos de la théorie de la connaissance, il interprète l'hypothèse de la réminiscence platonicienne en un sens empiriste qui vaut d'être noté. Aristote, dit-il, a montré dans les *Analytiques* que les connaissances ne viennent dans l'âme que par la voie des sens; ainsi les connaissances viennent d'abord sans qu'on les cherche et la science n'est pas une réminiscence; mais, au moment où l'on devient conscient de la science, il s'est déjà formé d'une manière insensible des connaissances dans l'âme, et, à cause de cela, l'âme, apercevant ces connaissances, croit qu'elles sont permanentes en elle et a l'illusion qu'elle s'en ressouvient. Cependant, en réalité, « l'intelligence n'est autre chose que l'expérience, et, par la multiplication des expériences, se perfectionne l'intelligence. C'est cela même, insiste notre auteur, qu'a entendu Platon lorsqu'il a dit qu'apprendre est se ressouvenir. Celui qui réfléchit et cherche fait effort pour s'emparer de ce que l'expérience a déjà· mis en son âme, et c'est comme s'il se ressouvenait ». Il faut avouer que voilà une tentative de conciliation singulièrement hardie.

Sur la question de l'éternité du monde, les contemporains de Farabi, dit celui-ci, pensaient qu'Aristote avait cru le monde éternel et Platon au contraire. Farabi n'admet pas que telle ait été l'opinion d'Aristote. Il prétend qu'on lui a attribué cette croyance à cause d'un exemple des *Topiques* et d'une proposition du traité *du Ciel;* mais que l'enseignement véritable d'Aristote a été que le temps est le compte du mouvement de la sphère et produit avec ce mouvement; il a donc dû croire que le Créateur a fait paraître le monde tout d'un coup sans le temps, et que du mouvement du monde s'est produit le temps.

Le reste du traité est à peu près sans valeur pour nous, les thèses qui y sont attribuées à Aristote étant tirées de l'ouvrage apocryphe intitulé la *théologie d'Aristote*.

L'on voit maintenant, je l'espère, quelle est l'ampleur, et l'originalité de l'œuvre de Farabi, œuvre qui contient des oppositions que nous, moins hardi que ne l'a été notre philosophe à l'égard de ses modèles grecs, nous ne nous chargeons pas de résoudre. Empiriste et mystique, politique et ascète, logicien et poète, Farabi fut une nature véritablement puissante et singulière. Il est, à mon sens, plus attrayant qu'Avicenne, ayant plus de feu intérieur, capable d'élans plus brusques et de coups moins prévus. Sa pensée fait des bonds comme celle d'un lyrique; sa dialectique est aiguë, ingénieuse et contrastée; son style a des mérites de concision et de profondeur rares, que rehausse encore une sorte de lustre poétique. A notre point de vue Farabi a sans doute rendu de grands services à l'étude de la philosophie; mais il a sauté par-dessus le problème scolastique, et il semble bien qu'au lieu de rechercher une alliance solide et rationnelle entre la tradition grecque et la théologie de l'islam, il ait simplement accolé des opinions tout à fait disparates, dont il se réservait de découvrir l'inexplicable lien dans les hauteurs de la mystique.

Le titre d'encyclopédiste convient certes aux philosophes dont nous venons de parler. Encyclopédistes, ils l'ont été, et par la nature de leur esprit et par celle de leurs travaux. Cependant, en mettant ce titre en tête de ce chapitre, nous avons eu plus particulièrement en vue une société de philosophes vulgarisateurs et propagandistes qui s'est donné d'une façon plus expresse la tâche de constituer, à l'usage du public, l'encyclopédie des sciences : nous voulons parler des frères de la pureté. Précisément parce que les frères de la pureté ont été des vulgarisateurs, nous ne leur accorderons pas une très haute importance, et nous traiterons d'eux assez brièvement. Nous sommes d'ailleurs encouragés à ce laconisme par cette circonstance qu'un orientaliste allemand, dont nous avons déjà cité le nom, Frédéric Dieterici, a consacré à ces philosophes une série de travaux amplement développés qui forment sur ce sujet toute une littérature[1].

---

1. Dieterici a édité des extraits des traités des frères de la pureté : *Die Abhandlungen der Ichwân es-Safâ in Auswahl*, Leipzig, 1883-1886. Il a en outre consacré principalement à ces traités les ouvrages suivants : *Die Philosophie der Araber im X. Jahrhundert n. Chr.*, 1re partie, le Macrocosme, Leipzig, 1876 ; 2e partie, le Microcosme, Leipzig, 1879. — *Die Logik und Psychologie der Araber im zehnten Jahrhundert n. Chr.*, Leipzig, 1868. — *Die Propædeutik der Araber im zehnten Jahrhundert*, Berlin, 1865. — *Die Anthropologie der Araber im zehnten Jahrhundert*, Leipzig, 1871. — *Die Naturanschauung und Naturphilosophie der Araber im X. Jahrhundert*, Leipzig, 2e éd., 1876. — *Die Lehre von der Weltseele bei den Arabern im X. Jahrhundert*, Leipzig, 1872. — *Der Streit zwischen Mensch und Thier, ein arabisches Märchen*, trad. Berlin, 1858 ; éd..(2e), Leipzig, 1881.

On ne connaît pas d'une façon très précise l'origine de cette société. On sait seulement que, vers le milieu du quatrième siècle de l'hégire, au moment où le khalifat de Bagdad touchait à son déclin, quelques philosophes se rassemblèrent à Basrah, en un terrain éloigné du centre de l'empire, ouvert à diverses influences, propre à devenir un centre de spéculation libre et de propagande hardie. L'on a remarqué que cette organisation d'une société philosophique fermée n'était pas une nouveauté dans l'islam. Le poète Bacchâr fils de Bord avait fait partie naguère d'une société semblable[1] avec Wâsil, fils d'Atâ, le fondateur de la secte motazélite. Les philosophes de Basrah furent appelés *halîf es-safâ* (alliés de la pureté), *nadîm es-safâ* (commensaux de la pureté) et plus communément les frères de la pureté (*ikhwân es-safâ*)[2].

Cette association n'était pas une simple société philosophique; elle était quelque chose de plus; il serait malaisé de dire exactement quoi. Il plane autour d'elle un certain mystère qui ne laisse pas complètement discerner ni son but ni ses pratiques ni ses moyens d'action. Assurément les frères de la pureté avaient d'autres outils de propagande que leurs écrits. Ceux-ci même ne disent pas tout, ni tout ce qu'ils étaient ni tout ce qu'ils voulaient. Ils avaient une action politique; ils formaient, dans les villes où ils s'établissaient, des espèces de loges

---

1. Brockelmann, *Geschichte der Arabischen Litteratur*, I, 213.
2. Goldzieher, *Muhammedanische Studien*, I, p. 9, n. 1.

où seuls les frères pouvaient entrer[1]. Ils n'admettaient
d'ailleurs pas parmi eux uniquement des philosophes.
Tout le monde, en principe, pouvait être reçu dans
l'ordre. Chacun y avait son rôle selon ses capacités. L'un
donnait l'enseignement, l'autre donnait l'argent. Ceux
qui n'avaient ni la puissance de l'esprit ni celle de la
fortune étaient voués à des œuvres plus humbles. C'était
en somme une société universelle composée d'éléments
inégaux reliés entre eux par une administration dont les
ressorts nous échappent et par un esprit que nous connaissons un peu. On trouverait sans peine dans notre
temps l'exemple de quelque société semblable.

Dans leur propagande, les frères de la pureté se présentaient, peut-on croire, tout d'abord comme des mo-
ralistes. Ce qu'ils offraient à leurs recrues, c'était les
moyens de purifier leurs âmes, c'était la vérité religieuse, c'était la science, au sens moral et presque mystique du mot, c'est-à-dire celle qui enseigne le salut.
Qu'une société se permît dans l'islam d'annoncer de
sa propre autorité un évangile de salut, et qu'elle y
attirât les âmes par des voies secrètes, cela prouve
évidemment que sa doctrine s'écartait de celle de l'islamisme. Vue dans son ensemble, telle que nous la connaissons par les traités des frères, cette doctrine ne se
distinguait après tout que fort peu de celle des philo-

---

1. Dieterici, *Die Abhandlungen der Ichwân es-Safâ*, p. 609 : « Il faut
que nos frères, dans chaque pays où ils se trouvent, aient une salle particulière pour s'y réunir à des temps déterminés... où personne d'autre
qu'eux n'ait le droit d'entrer, et où ils puissent étudier leurs sciences et
s'entretenir de leurs secrets. »

sophes. Les frères de la pureté peuvent figurer à côté
des philosophes comme les vulgarisateurs de leur œuvre
et comme ses propagandistes dans les milieux populaires. Mais par ce fait même que la philosophie est vulgarisée chez eux, elle présente, relativement à la façon
dont elle se manifeste chez les philosophes de profession, certaines différences d'aspect qu'il est utile de
noter.

La doctrine philosophique est, dans la société, moins
ferme que chez ses représentants indépendants ; elle est
encore plus syncrétique ; elle a plus d'attrait pour les
légendes ; elle verse plus aisément dans le mysticisme ;
les idées mystiques y sont évoquées à chaque instant au
lieu qu'elles n'apparaissaient que comme couronnement
ou comme terme dans la philosophie savante. La science
y est plus mêlée de religiosité ; les frères de la pureté
admettaient concurremment avec les écrits des philosophes ceux de Moïse et des autres prophètes, et ce
petit mot « autres » doit être interprété avec beaucoup de latitude. Enfin la note morale est dominante
dans leur enseignement. Pour chaque décade d'années
il était promis quelque avantage à ceux qui avaient
persévéré pendant ce temps ; celui qui avait persévéré
cinquante ans acquérait à cet âge l'intelligence angélique.

Mais le point le plus curieux à signaler à propos de
cette doctrine, c'est la façon dont les frères de la pureté posèrent le problème scolastique. Ils le posèrent
en effet, et d'une manière absolument formelle, mais

avec une restriction aussi brève qu'importante qui ne
se trouve pas chez les philosophes et par laquelle la
question est faussée. Jamais les philosophes ne pro-
noncèrent aucune attaque directe contre la foi musulmane. La position du problème scolastique comportait
chez eux l'acceptation intégrale de la science et de la loi.
Les frères de la pureté furent, à cet égard, beaucoup
plus hardis ou peut-être simplement plus francs. Ils
pensèrent — nous apprend le soufi Abou Hayân et-
Tauhîdi [1], qui mourut en 380 ou 400 et qui fut lui-
même encyclopédiste, — que la loi religieuse n'était
pas parfaite, qu'elle contenait des erreurs dont elle
avait besoin d'être purifiée et qu'elle ne pouvait l'être
que par la philosophie. Ils croyaient que, si l'on liait
étroitement la loi arabe avec la philosophie grecque,
on arriverait à la véritable perfection doctrinale. C'est
pour atteindre ce but qu'ils rédigèrent leur encyclopédie.

Les écrits des frères de la pureté comprennent cinquante et un traités portant sur l'ensemble des sciences
humaines. Les sciences y sont groupées un peu autrement que les philosophes n'ont coutume de le faire, en
quatre classes renfermant : les sciences des mathématiques et de la philosophie générale, celles de la nature
et des corps, de l'âme et de l'esprit, de la loi et de
Dieu. Ces traités furent rédigés probablement par plusieurs membres de la société parmi lesquels on nomme

1. G. Flügel, *Ueber Inhalt und Verfasser der arabischen Encyclopädie
Resâil Ikhwân es-Safâ; Z. D. M. G.*, t. XIII, 1859, p. 22.

Abou Soléïman el-Mokaddasi. Un mathématicien espagnol Maslamah de Madrid (mort en 395 ou 398), ayant voyagé en Orient, en rapporta dans sa patrie la collection des traités et il en refit peut-être une rédaction nouvelle à laquelle il préposa son nom ; à cause de cela, cette encyclopédie lui fut quelquefois attribuée.

Les traités s'adressaient aux frères. Ils étaient censés renfermer la science synthétique et complète, et ils devaient fournir au lecteur la substance mêlée de tous les autres livres. « D'une façon générale, y est-il dit [1], il ne faut pas que nos frères dédaignent aucune des sciences ni qu'ils critiquent aucun des livres des sages, ni qu'ils méprisent aucune croyance, parce que notre doctrine et notre croyance englobent toutes les croyances et rassemblent toutes les sciences. »

Aux indications que nous venons de donner, il suffira d'ajouter deux ou trois citations pour achever de faire comprendre le caractère de cette encyclopédie, beaucoup moins intéressante comme dépôt de science qu'à cause des tendances philosophiques et sociales qu'elle représente.

Dans l'un des traités se trouve un apologue étendu [2] et dont la rédaction est assez colorée, dans lequel on voit des hommes de diverses nations, Grecs, Indiens, Persans, Tartares, Arabes, disputer avec les animaux sur les avantages relatifs de l'homme et de l'animal, en présence du roi des génies. L'homme, après avoir vu

1. *Abhandlungen der Ichwân es-Safâ*, p. 609.
2. Dieterici, *Der Streit zwischen Mensch und Thier.*

réduits à néant tous les avantages qu'il croyait pouvoir tirer du raffinement de ses plaisirs sensibles, de la perfection de ses métiers et de ses arts, est conduit à reconnaître qu'il n'a pas sur l'animal d'autre supériorité réelle que celle de sa moralité. Cette conclusion est exprimée en ces termes[1] : « Maintenant, mon frère, demeure convaincu que ces qualités par lesquelles l'homme remporta la victoire sur les espèces animales en présence du roi des génies, consistent dans la garde de ces sciences et de ces connaissances, que nous, d'une façon aussi brève et aussi directe que possible, nous avons réunies dans ces cinquante et un traités. » Voilà bien l'indication d'un système de propagande à base morale.

Il est amusant de trouver dans ces écrits certains aspects inférieurs de théories philosophiques en elles-mêmes très hautes, qui sous ces formes grossières ont joui d'une grande vogue jusque vers notre temps. Par exemple, la profonde théorie pythagoricienne des nombres y apparaît telle que parfois encore de nos jours on la présente aux jeunes enfants. Le créateur a ordonné les êtres selon la série des nombres[2] et à chaque espèce d'être convient un nombre déterminé. Telles choses s'associent par deux : la matière et la forme, la cause et l'effet, le jour et la nuit, le mâle et la femelle ; telles s'associent par trois : les trois dimensions de l'espace, les trois divisions du temps, passé, présent et avenir, les trois modes des choses, possible, impossible et né-

---

1. Dieterici, *op. laud.*, p. 217.
2. *Abhandlungen*, p. 437 et suivantes.

cessaire ; telles par quatre : les quatre natures physiques, le chaud, le froid, le sec et l'humide, les quatre
éléments, les quatre humeurs du corps humain, les
quatre saisons, les quatre points cardinaux, etc. C'est
de la philosophie tout à fait populaire.

Une autre théorie, qui fut aussi très répandue au
moyen âge et dont l'origine est très élevée, c'est celle
du macrocosme et du microcosme. Le monde est un
grand homme. La sphère extérieure forme son corps,
les parties du monde sont ses membres. Le monde est
animé, comme l'homme, par l'âme universelle ; comme
l'homme se gouverne par son intelligence, le monde est
régi par l'intellect universel. Les forces de la nature
sont ses facultés motrices. L'homme à l'inverse est un
petit monde. Son corps est le chef-d'œuvre de la nature ;
son imagination, son intelligence saisissent l'ensemble
des êtres et enferment en elles un résumé de toutes les
choses.

Ces comparaisons ne sont au premier abord que belles ;
mais si on y insiste, elles ne laissent pas de donner lieu
à des considérations assez savantes. Les frères de la pureté y ont insisté, et en un sens très néoplatonicien[1] :
Dieu a l'être et l'excellence parfaites ; il connaît toutes
les choses avant qu'elles soient ; il peut les appeler à
l'être quand il veut. En sa sagesse il répand la plénitude et l'excellence, comme le soleil répand la lumière.
Le commencement de cette effusion qui émane de lui

---

1. Dieterici, *Die Lehre von der Weltseele*, p. 24.

s'appelle la raison créatrice. C'est une substance simple, lumière pure, de la plus grande perfection ; les formes de toutes choses sont en elles, comme les formes de l'objet connu sont dans l'esprit connaissant. Un second degré d'effusion produit l'âme universelle, substance spirituelle et simple. De l'âme sort une autre émanation que l'on appelle la matière universelle. La première forme que reçoit cette matière originelle est celle de l'é-tendue. La matière seconde qui en résulte devient ma-tière des corps. A ce point s'arrête l'émanation. Puis l'âme s'unit aux corps, leur donne excellence et beauté. La première forme que l'âme crée dans les corps est celle de la sphère céleste. Le plus épais et le plus téné-breux des corps est la terre. Dieu, pour ainsi dire, laisse faire cette création ; mais il la veut et la connaît en acte.

Enfin voici un appel des frères à leurs adeptes [1], qui fournit un très curieux exemple du syncrétisme de leur doctrine : Monte, disent-ils, comme Noé, le vais-seau du salut. Nous te sauverons des vagues de la mer de matière, pour que tu n'y sombres pas. Viens dans le royaume des cieux qui fut montré à Abraham notre père. Ne voudrais-tu pas apparaître avec Moïse au côté droit de la montagne du Sinâ? Ne voudrais-tu pas être pur des impuretés de la chair, comme Jésus qui est si près de Dieu? Ne voudrais-tu pas sortir hors des ténèbres d'Ahriman pour voir Jezdan? Ou bien encore ne vou-

---

1. Dieterici, *le Macrocosme*, p. 91.

drais-tu pas être introduit dans les temples d'Ad et de
Tamoud, pour y voir les sphères célestes dont parle
Platon, et qui ne sont pas les sphères des étoiles, mais
des intelligences?

Nous sommes arrivé au terme de la première partie de
notre œuvre. Nous nous sommes mû le long de quatre
siècles, suivant le mouvement de la pensée philosophique dans le monde musulman. Nous avons vu que le
travail de ce temps a principalement consisté dans la
position du problème scolastique et dans le dégagement
progressif de ses solutions. Maintenant nous nous ar-
rêterons et, nous établissant sur un sol stable, nous
examinerons à loisir la première grande solution que
reçut ce problème de la main d'Avicenne.

# CHAPITRE V

## AVICENNE. — SA VIE ET SA BIBLIOGRAPHIE

Le lecteur qui a bien voulu nous suivre jusqu'ici, doit être débarrassé maintenant d'un certain préjugé avec lequel il se peut qu'il ait abordé cette histoire. Quelques personnes en effet ont dû supposer, en nous entendant parler de grands philosophes arabes, que ces hommes n'étaient grands que par rapport à leur temps et à leur race, mais qu'il serait téméraire de prétendre les comparer aux philosophes et aux savants illustres nés dans d'autres milieux. Or il est déjà visible que des érudits comme ceux que nous avons nommés, des Sergius de Rasaïn, des Honéïn fils d'Ishâk, des Tâbit fils de Korrah, des Kindi et des Farabi, pour n'en rappeler que quelques-uns, sont dignes, tant par la puissance et l'originalité de leur nature que par le nombre et la valeur de leurs travaux, d'être classés parmi ceux qui, sans égard au milieu ni au temps, ont le mieux mérité de l'esprit humain. Mais lorsque nous aurons parlé d'Avicenne, il ne sera plus possible, je pense, de conserver aucun doute sur le rang auquel de tels hommes

doivent être placés; après qu'on se sera rendu compte
de la physionomie extraordinaire de ce personnage, de
la précocité de ses talents, de la promptitude et de l'é-
lévation de son intelligence, de la netteté et de la force
de sa pensée, de la multiplicité et de l'ampleur de ses
œuvres composées au milieu des agitations incessantes
de sa vie, de l'impétuosité et de la diversité de ses passions, on demeurera convaincu que la somme d'activité dépensée dans une telle existence, dépasse énor-
mément celle dont seraient capables, même encore de
nos jours, des types humains moyens.

Nous connaissons la vie d'Avicenne par une source
excellente, qui a peu d'analogues dans la littérature
arabe. C'est une biographie que le philosophe lui-
même rédigea et qui fut recueillie et achevée par son
disciple el-Djouzdjâni. Ibn abi Oseïbia nous a conservé
ce précieux document[1]; nous ne pouvons mieux faire
que de le reproduire en majeure partie. Mais afin de
lire ce récit sans trop de trouble, il convient de se re-
placer d'abord dans l'histoire générale de l'Orient musulman à l'époque d'Avicenne.

La vie de notre philosophe s'étend sous les règnes
des khalifes Tây, Kâdir et Kâïm. Les noms de ces sou-
verains sont dépourvus d'éclat, relativement à ceux des
Mansour, des Réchîd et des Mamoun. C'est qu'en effet,
nous sommes arrivés à l'époque de la décadence du
khalifat abbaside. L'autorité centrale des khalifes de

---

1. *Les classes des médecins*, éd. Müller, 2ᵉ partie, pages 2 à 20.

Bagdad s'affaiblit, et de divers côtés se lèvent des aventuriers qui fondent des dynasties rivales. Déjà, sous le règne de Mottaki, les princes Hamdanites de Mosoul, Nasir ed-Daoulah et Séïf ed-Daoulah, dont les armes glorieuses se tournèrent, en dehors du monde musulman, contre les Byzantins et contre les Russes, avaient disputé aux émirs turcs la garde du khalife avec le titre d'émir el-omarâ. Nous avons vu Farabi s'attacher à la personne de Séïf ed-Daoulah.

Sous Mostakfi, les Bouyides, fils d'un pauvre pêcheur des bords de la Caspienne qui prétendait descendre du roi de Perse Sassanide Sâbour Dou'l-Aktâf, entrèrent à Bagdad à la tête de troupes du Deïlem en 334 ; Mostakfi fut déposé et aveuglé et remplacé par Mouti. Le chef bouyide Moizz ed-Daoulah s'étant arrogé le titre nouveau de sultan, fit adjoindre son nom, dans les prières publiques, à celui du khalife. Les princes Bouyides penchèrent pour les croyances des Rafédites : ils instituèrent et firent célébrer à Bagdad même, au jour d'Achoura, en l'année 352 et les années suivantes, la fête chiite de la commémoration de Hoséïn, fils d'Ali. Appuyés sur les émirs Deïlémites, les sultans Bouyides jouèrent pendant quelques années, à côté des khalifes, le rôle de maires du palais. Ils contraignirent le faible Mouti, devenu paralytique, à abdiquer. Tây régna dix-huit ans, presque inconnu ; il fut à la fin déposé et emprisonné ; Kâdir, mis à sa place, régna quarante et un ans, sans que sa personnalité marquât dans l'histoire ; enfin sous son successeur Kâïm, la dynastie des Bouyides, usée

par des querelles intestines, sombra ; mais ce ne fut que
pour être remplacée par la dynastie plus fameuse des
Turcs Seldjoukides. Pendant le temps de leur domination, les membres de la famille Bouyide s'étaient dis-
persés dans l'empire. En 365, Rokn ed-Daoulah, le frère
de Moizz ed-Daoulah, étant devenu vieux, avait partagé
les pays soumis à son autorité entre ses enfants. A l'un
il avait donné la Perse et le Kerman, à un autre Rey
et Ispahan, à un troisième Hamadan et Dînawer[1] ; nous
allons voir Avicenne se transporter de l'une à l'autre
de ces résidences.

A Bokhâra, régnait la dynastie des Samanides dont
la puissance datait de la fin du troisième siècle de l'hégire. Mansour fils de Nouh le Samanide, surnommé le
maître du Khorâsan, mourut en 365 et eut pour successeur Nouh fils de Mansour. Celui-ci fut le premier protecteur d'Avicenne.

Dans le sud de l'empire des khalifes avait paru, dès
le règne encore glorieux de Moktafi, la secte étrange
des Karmates. Nous en avons parlé dans un autre ouvrage[2]. L'élan des Karmates était déjà arrêté à l'é-
poque d'Avicenne ; mais la grande et fameuse secte des
Ismaéliens, à laquelle se rattachait celle-là, avait con-
quis alors le pouvoir politique en Égypte et fondé,
sur les ruines de dynasties passagères, l'importante
dynastie des Fâtimides.

---

1. V. Abû'l-Mahâsin, éd. Juynboll, II, 491.
2. *Le Mahométisme ; le génie sémitique et le génie aryen dans l'islam*,
p. 150 et suivantes.

L'état de l'empire musulman au temps où nous sommes placés, peut donc être représenté comme celui d'une féodalité indisciplinée et orageuse, où, sous un pouvoir central énervé et désorganisé, une foule de pouvoirs vassaux s'élèvent tour à tour, dominent dans une portion de l'empire, puis s'éclipsent. Des races et des croyances s'entre-choquent, progressant ou reculant selon la fortune des aventuriers politiques qui les incarnent. D'une façon générale, l'esprit arabe décline ; l'ancien esprit persan a des réveils, mais il ne parvient pas à se dégager tout à fait du chaos, empêché qu'il en est par des ressauts de barbarie que produit surtout l'élément turc[1]. Cependant la science poursuit ses destinées, au hasard des protections éphémères que lui accordent de-ci de-là quelques personnages princiers. C'est dans un tel milieu, dont la vie d'Avicenne reflète le caractère trouble et tempétueux, que ce philosophe donna pour la première fois une expression claire, ordonnée et complète de ce système grandiose et calme que nous nommons la scolastique.

Abou Ali el-Hoséïn fils d'Abd Allah fils de Sînâ, vulgairement appelé Avicenne[2], raconte ce qui suit :

Son père qui était originaire de Balkh était venu dans

1. On aura une idée précise de l'histoire orientale de ce temps, en lisant le beau travail de M. F. Grenard, *la Légende de Satok Boghra Khân et l'histoire, Journal Asiatique,* janvier 1900. Les princes turcs, pris individuellement, furent parfois protecteurs de la science ; le jugement que nous portons ici est général et s'applique à la race.

2. Le nom d'Avicenne est une corruption de l'arabe Ibn Sînâ, par l'intermédiaire de l'hébreu Aven Sînâ. Avicenne est connu aussi sous le surnom d'ech-Cheïkh er-Raïs, le seigneur, le chef.

le pays de Bokhâra au temps de Nouh fils de Mansour ;
il habitait le bourg de Kharmeïtan, dans le voisinage
de Bokhâra, où il exerçait la profession de changeur ;
il avait épousé une femme d'Afchanah. Cette femme lui
donna deux fils, dont notre philosophe était l'aîné. Il
naquit l'an 375 dans le mois de Safar. Après la naissance
de ces enfants, les parents d'Avicenne se transportèrent
à Bokhâra.

Avicenne tout jeune fut confié à un maître pour apprendre le Coran et les éléments des belles-lettres. A
dix ans, il avait déjà fait tant de progrès qu'il excitait
l'admiration. Il vint vers ce temps-là dans la ville de
Bokhâra des missionnaires ismaéliens d'Égypte, qui
enseignaient la théorie de leur secte touchant l'âme et la
raison ; le père d'Avicenne embrassa leur doctrine ;
quant à notre philosophe, il nous dit « qu'il entendait
et qu'il comprenait ce que ces gens disaient, mais que
son âme ne le recevait pas ». Ces missionnaires enseignaient aussi des sciences profanes, la philosophie
grecque, la géométrie et le calcul indien. Avicenne apprit cette espèce de calcul d'un marchand de légumes.
Il étudia aussi avec succès la jurisprudence et la controverse sous un ascète du nom d'Ibrâhîm.

Après cela vint à Bokhâra un individu du nom d'en-
Nâtili qui posait en philosophe. Le père d'Avicenne,
très ami des sciences à ce qu'il semble et zélé pour l'a-
vancement de son fils, fit loger ce personnage dans sa
maison, dans l'espoir que le jeune homme apprendrait
beaucoup de lui. Avicenne étudia sous sa direction les

principes de la logique ; mais quant aux détails de cette
science, cet homme n'en avait pas connaissance, et toutes
les fois qu'une question se posait, le disciple la résol-
vait mieux que son maître. Avicenne se mit alors à étudier par lui-même ; il lut les traités de logique et il en
examina attentivement les commentaires. Il fit de même
pour la géométrie d'Euclide. Il en apprit les cinq ou six
premières propositions avec Nâtili, puis il acheva le
livre seul. Il passa ensuite à l'étude de l'*Almageste* qu'il
nous dit avoir compris avec une facilité merveilleuse.
Nâtili le quitta et s'en alla à Korkandj. Avicenne lut
encore les *Aphorismes des philosophes* puis divers commentaires sur la physique et la théologie, et, selon son
expression, « les portes de la science lui furent ouvertes ».

Il désira alors apprendre la médecine, et comme
« cette science, affirme-t-il, n'est pas difficile », il y fit
de très rapides progrès. Après s'y être initié dans les
livres, il se mit à visiter les malades, et il acquit des
traitements empiriques plus d'expérience qu'on ne saurait dire. Les médecins commencèrent à venir étudier
sous sa direction. Il n'avait en ce temps-là que seize
ans.

Parvenu à ce point, il consacra un an et demi à la
lecture ; il ne fit plus, durant ce temps, autre chose que
de lire et de relire les livres de logique et de philosophie. « Toutes les fois que j'étais embarrassé dans une
question, raconte-t-il, et que je ne trouvais pas le terme
moyen d'un syllogisme, je m'en allais à la mosquée, et

je priais et suppliais l'auteur de toutes choses de m'en
découvrir le sens difficile et fermé. La nuit, je revenais à
ma maison ; j'allumais le flambeau devant moi, et je me
mettais à lire et à écrire. Quand j'étais dominé par le sommeil ou que je me sentais faiblir, j'avais coutume de boire
un verre de vin qui me rendait des forces, après quoi je
recommençais à lire. Quand enfin je succombais au
sommeil, je rêvais de ces mêmes questions qui m'avaient
tourmenté dans la veille, en sorte qu'il arriva que, pour
plusieurs d'entre elles, j'en découvris la solution en
dormant. »

Le jeune philosophe approfondit ainsi la série des
sciences logiques, physiques et mathématiques, jusqu'au
point où l'homme peut atteindre ; et il n'y fit plus, dit-il,
de progrès depuis lors. Puis il se tourna vers la métaphysique. Mais malgré cette extrême facilité et cette
prodigieuse puissance de travail dont il se vante, non
sans insistance, la *Métaphysique* d'Aristote lui resta
longtemps inaccessible. « Je lus ce livre, dit-il, mais je
ne le compris pas, et la donnée m'en resta obscure au
point que, après l'avoir relu quarante fois, je le savais
par cœur et ne le comprenais pas encore. Je désespérai
et je me dis : Ce livre est incompréhensible. Un jour,
je me rendis à l'heure de l'*asr* chez un libraire, et j'y
rencontrai un intermédiaire qui avait en mains un volume dont il faisait l'éloge et qu'il me montra. Je le lui
rendis d'un air ennuyé, convaincu qu'il n'y avait pas
d'utilité dans cet ouvrage. Mais cet homme me dit :
Achète-le-moi ; c'est un livre à bon marché ; je te le

vends trois dirhems ; son possesseur a besoin d'argent.
Je le lui achetai. C'était un ouvrage d'Abou Nasr el-Farabi sur les intentions d'Aristote dans le livre de la métaphysique[1]. Je rentrai chez moi et je m'empressai de le
lire. Aussitôt tout ce qu'il y avait d'obscur dans ce livre
se découvrit à moi, car déjà je le savais par cœur. J'en
conçus une grande joie, et le lendemain, je distribuai
aux pauvres des aumônes abondantes pour rendre
grâces à Dieu. »

En ce temps-là le sultan de Bokhâra était toujours
Nouh fils de Mansour. Ce prince étant tombé malade,
Avicenne fut appelé et le guérit. Il devint ensuite l'un
de ses familiers. Avicenne demanda à Nouh la permis-
sion d'entrer dans sa bibliothèque. C'était, nous dit-il,
une bibliothèque incomparable, formée de plusieurs
chambres qui contenaient des coffres superposés, rem-
plis de livres; dans une chambre étaient les livres de
droit, dans une autre la poésie, et ainsi de suite. Avicenne découvrit là des livres extrêmement rares qu'il
n'avait jamais vus auparavant et qu'il ne retrouva plus
depuis. Cette bibliothèque brûla quelque temps après.
Des envieux prétendirent que le philosophe l'avait lui-
même incendiée pour être assuré de posséder seul les
connaissances qu'il y avait acquises.

Avicenne n'avait pas encore dix-huit ans qu'il avait
achevé de parcourir le cycle des sciences. « A ce mo-

1. Farabi a écrit sur les intentions, buts ou tendances (*aǧrâd*) d'Aristote
et de Platon dans plusieurs de leurs livres. V. Steinschneider, *Al-Farabi*,
p. 124 et 133.

ment-là, affirme-t-il, je possédais la science par cœur ;
maintenant elle a mûri en moi ; mais c'est toujours la
même science ; je ne l'ai pas renouvelée depuis. » Il
commença à écrire à l'âge de vingt et un ans. Il écrivit
ordinairement à la requête de différents personnages,
pour la plupart peu connus. L'un de ses voisins nommé
Abou'l-Hoséïn el-Aroudi lui demanda un livre général
sur la science ; il le fit et l'appela du nom de cet
homme : *la Philosophie d'Aroudi ;* un autre, Abou Bekr
el-Barki, lui demanda un commentaire philosophique,
et il rédigea le traité *du Résultant et du résulté,* ainsi
qu'un traité sur *les Mœurs.*

A l'âge de vingt-deux ans, notre philosophe perdit
son père, et sa situation changea. Il entra dans la vie
politique et fut investi de quelques charges par le sultan. Mais la nécessité, dit-il, le força à quitter Bokhâra
et à émigrer à Korkandj. Là, Abou'l-Hoséïn es-Sahli,
qui était ami des sciences, remplissait les fonctions de
vizir auprès de l'émir Ali fils de Mamoun. Avicenne sé-
journa dans cette petite cour sous l'habit de jurisconsulte. Puis la nécessité, selon son expression, le força
encore à quitter Korkandj. Il passa à Nasâ, à Bâwerd,
à Tous et dans d'autres villes, et il parvint enfin à
Djordjân. Son intention avait été de se placer sous la
protection de l'émir Kâbous ; mais tandis qu'il était en
la compagnie de ce personnage, il arriva que celui-ci
fut fait prisonnier et mourut.

Avicenne se transporta à Dihistan où il fut gravement
malade ; il revint à Djordjân et il fit la connaissance d'A-

bou Obéïd el-Djouzdjâni qui s'attacha à lui. A ce moment il composa sur sa situation un poème où se trouvait ce vers : « Je ne suis pas grand, mais il n'y a pas
de ville qui me contienne ; mon prix n'est pas cher,
mais je manque d'acheteur. » La situation qu'Avicenne
dépeint ainsi symbolise fort bien ce qu'était à cette
époque celle même de la science.

Ici s'arrête l'autobiographie. Avicenne la rédigea
vraisemblablement à la demande d'el-Djouzdjâni, et
c'est à ce dernier, qui fut dès lors le témoin oculaire
des errements du philosophe, que nous devons la suite
du récit.

Il y avait à Djordjân un homme du nom de Mohammed ech-Chîrâzi, qui avait du goût pour les sciences.
Cet homme acheta une maison au cheïkh, c'est-à-dire
à Avicenne, dans son voisinage, et chaque jour le
cheïkh lui donna des leçons d'astronomie et de logique. Avicenne composa pour lui, dans cette résidence,
une partie de ses ouvrages.

Ensuite le philosophe passa à Rey où il fut au service de la dame de Rey et de son fils Madjd ed-Daoulah. Il traita ce prince qui souffrait de mélancolie. Il demeura à Rey jusqu'après le meurtre de Hilâl fils de
Bedr et la défaite de l'armée de Bagdad. La nécessité
le fit alors passer à Kazwîn et de là à Hamadan où il
se mit au service de Kadbânawéïh et fit fonction d'in-
tendant.

Sur ces entrefaites l'émir de Hamadan, Chems ed-
Daoulah, qui était malade, le fit appeler. Il le traita et

le guérit après quarante jours de soins assidus ; l'émir
le récompensa magnifiquement et le mit au nombre
de ses familiers. Le philosophe prit part, quelque
temps après, à une petite expédition que Chems ed-
Daoulah dirigea du côté de Kirmissîn. Il revint, battu,
à Hamadan. On lui demanda ensuite de se charger du
vizirat et il accepta. Mais les soldats se révoltèrent
contre lui, et redoutant son châtiment, ils assiégèrent
sa maison, se saisirent de lui et le jetèrent en prison.
En même temps ils s'emparèrent de tous ses biens, et ils
cherchèrent à obtenir sa mort de Chems ed-Daoulah. L'é-
mir s'y refusa ; mais pour leur donner quelque satisfaction, il consentit à l'éloigner du pouvoir. Le cheïkh se ré-
fugia dans la maison d'un de ses amis, Abou Sad fils de
Dakhdouk, et il y resta caché quarante jours. Au bout
de ce temps, l'émir étant tombé malade fit rechercher Avicenne, et il lui confia le vizirat une seconde
fois.

El-Djouzdjâni choisit ce moment pour demander au
cheïkh de rédiger un commentaire général des livres
d'Aristote ; Avicenne répondit qu'il n'avait pas le temps,
mais que cependant, si Djouzdjâni ne désirait de lui
qu'un exposé direct de ses opinions sans la réfutation
des opinions adverses, il s'y mettrait ; et il commença
à rédiger la physique du *Chifâ*. Or déjà Avicenne
avait écrit le premier livre de son *Canon* sur la
médecine. Il mena de front la composition de ces
deux énormes ouvrages. Tous les soirs, il réunissait
dans sa maison des érudits et des étudiants ; el-

Djouzdjâni lisait un passage du *Chifa*, un autre assistant en lisait un du *Canon,* et l'on continuait ainsi alternativement jusqu'à ce que chacun eût lu à son tour; après quoi l'on buvait. On écrivait pendant la nuit parce que le temps de la journée était occupé par le service de l'émir. Ainsi se passait la vie du cheïkh à Hamadan. Mais son protecteur Chems ed-Daoulah, étant reparti en expédition contre un émir voisin, fut pris de colique en route et mourut.

Quand Chems ed-Daoulah fut mort, son fils fut proclamé à sa place; on demanda à Avicenne de se charger encore du vizirat; mais il refusa, et il alla se cacher dans la maison du droguiste Abou Gâlib où il continua ses travaux. Il composa là tous les chapitres de la physique et de la métaphysique du livre du *Chifâ*, à l'exception des deux traités des animaux et des plantes. Il écrivait cinquante folios par jour. Ne se sentant plus assez en sûreté à Hamadan, il adressa en secret une lettre à Alâ ed-Daoulah, l'émir d'Ispahan, pour lui demander de se rendre auprès de lui. Tâdj el-Mélik, qui était devenu tout-puissant à Hamadan, eut connaissance de cette lettre; il en fut mécontent et il mit des gens à la recherche du cheïkh. Celui-ci, ayant été dénoncé par quelques-uns de ses ennemis, fut pris et envoyé dans une forteresse appelée Ferdadjân. En y entrant, il récita un poème, où était ce vers : « Mon entrée est certaine, comme tu vois; tout le doute est dans la question de ma sortie. »

Il resta dans ce château quatre mois. A ce moment,

Alâ ed-Daoulah fit une expédition à Hamadan; Tâdj el-
Mélik, accompagné du fils de Chems ed-Daoulah, s'en-
fuit, et il vint chercher asile dans ce château même où
était enfermé Avicenne. Alâ ed-Daoulah retourna peu
après à Ispahan; Tâdj el-Mélik quitta alors son abri et
rentra à Hamadan, ramenant avec lui le cheïkh. Celui-
ci avait composé plusieurs ouvrages dans sa prison.

A la suite de ces événements, Avicenne, de plus en
plus désireux de quitter Hamadan, sortit secrètement
de cette ville, avec Djouzdjâni, son frère et deux do-
mestiques, tous cinq déguisés en soufis. Après un
pénible voyage, ils atteignirent Ispahan. Le philosophe fut bien reçu par Alâ ed-Daoulah; il trouva à
sa cour les dignités et l'honneur dont un homme
tel que lui était digne. Il se remit à travailler la nuit
et à tenir des séances philosophiques, selon la méthode qu'il avait suivie à Hamadan. L'émir lui-même
présidait ces séances, les nuits de vendredi. Avicenne
composa beaucoup de livres dans la compagnie d'Alâ
ed-Daoulah. Il acheva le *Chifâ* une année où il se rendit avec ce prince à Sâbour Khâst; en route il produisit encore plusieurs ouvrages, notamment le *Nadjât*.

Le philosophe continua à demeurer jusqu'à sa mort
sous la protection d'Alâ ed-Daoulah. Un jour il fit remarquer au prince que les observations astronomiques
des anciens se trouvaient suspendues dans l'empire
musulman, par suite des troubles et des guerres, et
qu'il serait bon de les reprendre. Alâ ed-Daoulah lui

accorda aussitôt une subvention à cet effet. Le cheïkh chargea Djouzdjâni de présider à l'installation des instruments ; mais les observations durent être abandonnées à cause de la fréquence des distractions et des voyages.

Avicenne composa encore dans cette période divers ouvrages, notamment celui qui porte le nom de son protecteur, le *Hikmet el-Alâi*, ouvrage en persan sur la philosophie. Djouzdjâni remarque avec étonnement que pendant les vingt-cinq années qu'il fut au service d'Avicenne, il ne lui vit jamais lire un livre nouveau de suite ; il se reportait immédiatement aux passages difficiles, et d'après eux il jugeait l'ouvrage. Cette méthode ne nous surprendrait plus aujourd'hui.

Notre philosophe, dit pittoresquement son biographe, « avait puissantes toutes les puissances de l'âme ; mais sa faculté dominante était la faculté érotique. Elle l'occupait souvent », et ces excès usèrent son tempérament. La cause de sa mort fut une colique qui lui arriva ; il désirait tant en guérir qu'il prit huit lavements en un jour. Une partie de ses intestins fut ulcérée et une dysenterie se déclara. La prostration vint, qui suit la colique, et il tomba en un état de faiblesse qui ne lui permit plus de se lever. Il continua cependant à se traiter jusqu'à ce qu'il pût de nouveau marcher. Mais il ne se garda pas bien ; il se livra à divers excès, et il fit beaucoup de mélanges dans ses traitements, ce qui l'empêcha de recouvrer tout à fait la santé. Il allait tantôt mieux et tantôt retombait.

On prétend qu'il avait ordonné un jour de mettre deux *dânik* de céleri dans une potion avec laquelle il se traitait, et que le médecin qui le soignait en mit pour cinq dirhems. L'acidité du céleri augmenta son mal. En outre son domestique jeta dans une de ses drogues une grande quantité d'opium. Ce domestique l'avait lésé en quelque chose, et il redoutait son ressentiment au cas où le cheïkh aurait guéri.

Alâ ed-Daoulah partit pour Hamadan; il emmena avec lui le cheïkh. Celui-ci fut repris de colique en chemin; arrivé à Hamadan, il se sentit à bout de forces et il comprit qu'il ne pourrait plus repousser la maladie. Alors il renvoya ses médecins et il se mit à dire : « Le gouverneur qui était dans mon corps n'est plus capable de le régir; maintenant tout remède est inutile. » Puis il tourna ses pensées vers son Seigneur. Il fit des ablutions, se repentit de ses péchés, distribua d'abondantes aumônes, affranchit ses esclaves, et tous les trois jours il marquait un sceau. Au bout de peu de jours il expira.

Sa mort arriva l'an 428 et sa vie avait été de 58 ans. Quelqu'un fit sur lui ces vers : « Le cheïkh er-Raïs n'a tiré aucune utilité de sa science de la médecine ni de sa science des astres. Le *Chifâ* ne l'a pas guéri de la douleur de la mort; le *Nadjât* ne l'a pas sauvé. »

La destinée qu'eut la mémoire d'Avicenne en Orient et en Occident, et l'influence qu'exerça sa philosophie, ne sont pas présentement de notre ressort, puisque dans cet ouvrage, nous considérons son système comme un point d'arrivée et non pas comme un point de départ. Mais nous ne pouvons résister au plaisir d'indiquer un des aspects que prit sa physionomie aux yeux des Orientaux, d'autant que cet aspect légendaire doit avoir son origine dans quelques traits de son caractère réel. Dans les littératures populaires de l'Orient et en particulier dans la littérature turque, il existe un Avicenne fantastique, espèce de sorcier bouffon et bienfaisant, dont l'imagination du peuple a fait le héros d'aventures singulières et de farces burlesques. Tout un recueil de contes turcs lui est consacré, et voici, d'après une chrestomathie turque [1], l'une de ces plaisanteries auxquelles ce profond et joyeux philosophe est censé s'être livré.

Il y avait une fois un roi à Alep, et, dans ce temps-là, la ville était ravagée par une énorme quantité de rats, dont les habitants se plaignaient sans cesse. Un jour, tandis que le roi causait avec Avicenne, la conversation tomba sur les rats. Le roi demanda au docteur s'il ne connaîtrait pas un moyen de les faire disparaître. « Je puis faire en sorte, répondit celui-ci, qu'en quelques heures il n'en subsiste plus un seul dans la ville ; mais c'est à la condition que vous alliez vous placer aux portes de la cité, et que, quoi que vous voyiez, vous ne riiez pas. » Le roi accepta avec plaisir ; il fit seller son cheval, se rendit à la porte et attendit. Avicenne de son

---

1. Ch. Wells, *The litterature of the Turks*, p. 114.

côté alla dans la rue qui conduisait à la porte, et il se
mit à lire une incantation. Un rat vint ; Avicenne le prit
et le tua ; il le mit dans un cercueil, et il appela quatre
rats pour le porter. Puis il continua ses incantations et
les rats, frappant leurs pattes l'une contre l'autre, commencèrent à marcher. Tous les rats de la cité vinrent
assister aux funérailles ; ils s'avancèrent en rang vers la
porte où se tenait le roi, les uns précédant le convoi, les
autres suivant. Le roi regardait ; mais quand il vit les
rats qui portaient le cercueil sur leurs épaules, il ne put
se retenir et éclata de rire. Aussitôt tous les rats qui
avaient franchi la porte moururent ; mais ceux qui étaient
encore dans la ville se débandèrent et s'enfuirent. Avicenne dit : « O roi, si tu t'étais retenu de rire encore
quelques instants, il n'aurait plus subsisté dans la ville
un seul de ces animaux, et tout le monde eût été sou-
lagé. » Le roi se repentit ; mais que faire ? Repentir
tardif est de nul profit.

Ainsi Avicenne connut, du moins de façon posthume,
la grosse popularité et les petits côtés de la gloire.

Les ouvrages qu'Avicenne composa et ceux qui existent encore dans nos bibliothèques, sont nombreux. El-
Djouzdjâni a donné la bibliographie de ce philosophe au
cours du récit qu'il nous a laissé de sa vie, et Ibn Abi
Oseïbia l'a revue. Il n'importe pas que nous transcri-
vions les titres des ouvrages mentionnés par Djouzdjâni,
ni que nous dressions la liste de ceux qui se trouvent
dans toutes les bibliothèques de l'Europe. Ce serait un

travail aussi aisé que fastidieux, et sans intérêt immédiat pour nos lecteurs. Nous devons seulement indiquer
quels sont, parmi ces livres, les plus importants, quels
sont ceux qui ont déjà fait l'objet de travaux de la part
des savants occidentaux, desquels on peut aujourd'hui
se servir pour connaître la philosophie de l'auteur, et
nous ajouterons à ces renseignements des détails suffi-
sants pour que l'on puisse se former une idée assez
précise de l'activité littéraire de ce grand homme.

Il y a dans l'œuvre d'Avicenne des traités généraux
sur la philosophie. Le plus considérable de ses écrits
en ce genre, est son volumineux ouvrage intitulé le
*Chifâ,* c'est-à-dire la guérison. Nous avons vu qu'Avicenne le composa à diverses reprises, dans ses différentes résidences. Quand il l'eut achevé, il en fit un
abrégé qu'il intitula le *Nadjât,* c'est-à-dire le salut. Le
*Chifâ* embrasse l'ensemble des quatre parties de la
science, logique, mathématique, physique et métaphysique. Il a été de bonne heure traduit en latin, du
moins en partie; on paraît avoir rendu alors inexacte-
ment le mot de *Chifâ* par celui de *Sufficientiae*[1]. Dans
une vaste édition latine d'Avicenne, publiée à Venise
en 1495, on remarque une partie métaphysique développée qui est apparemment celle du *Chifâ.* Ce traité

1. Le mot en question dans le sens de remède, guérison, est vocalisé
*chafâ* dans le grand dictionnaire arabe-latin de Freytag, et *chifâ* dans les
dictionnaires de l'université de Beyrouth, édition française de 1893 et
édition anglaise de 1899. Les éditeurs romains du *Nadjât,* de 1593, ont
donné à ce livre un fort beau titre vocalisé dans lequel entre le mot qui
nous occupe et où ils ont précisément omis cette voyelle scabreuse.

intitulé *Metaphysica Avicennae sive ejus prima philosophia* est divisé en dix livres et subdivisé en chapitres.
La traduction, qui est due à François de Macerata,
frère mineur, et à Antoine Frachantianus Vicentinus,
lecteur en philosophie au collège de Padoue, ne semble
pas dépourvue de mérite. Il serait louable aujourd'hui
d'étudier la philosophie d'Avicenne dans le *Chifâ*, dont
les manuscrits ne manquent pas; mais cette étude
longue et pénible exigerait de ceux qui s'y livreraient
beaucoup de désintéressement, à une époque où la
philosophie, et surtout la scolastique, est peu en honneur. Il est possible, avec moins de temps et de peine,
de s'initier à la pensée d'Avicenne, dans le résumé qu'il
a lui-même fait du *Chifâ*, le *Nadjât*. Le *Nadjât* est un
fort beau livre, très net et plein de vigueur. Il est fa-
cilement accessible dans l'édition qui en a été donnée à
Rome, en 1593, à la suite de celle du *Canon*. La partie
logique du *Nadjât* a été traduite en français au dix-
septième siècle par Pierre Vattier[1]. Le *Nadjât* a été
commenté par Fakhr ed-Dîn er-Râzi (mort en 606 de
l'hégire)[2].

A côté de ces deux ouvrages, il faut placer le *Livre
des théorèmes et des avertissements (Kitâb el-ichârât wa't-
tanbîhât)* que nous désignerons par le nom d'*Ichârât*.
C'est, dit el-Djouzdjâni, le dernier des ouvrages qu'A-

---

1. *La logique du fils de Sina,* Paris, 1658. Ce Vattier, qui était un
écrivain distingué et un habile traducteur, a rendu *Chifâ* (lu *Sapha*) par
« nouvelle lune » et *Nadjât* par « émersion ».

2. V. le catalogue des manuscrits de Sainte-Sophie de Constantinople,
n° 2431.

vicenne composa et le plus excellent; son auteur y attachait beaucoup de prix. Malgré un jugement aussi autorisé, je me permettrai d'exprimer une préférence pour le *Nadjât* relativement aux *Ichârât*. Le plan des *Ichârât* est moins parfait que celui du *Nadjât*, la logique y tient une trop grande place à notre gré, et la rédaction du *Nadjât* est plus concise et plus rigoureuse. Les *Ichârât* n'en sont pas moins un important ouvrage; il a été mis à la portée des arabisants par l'édition du chanoine Forget, Leyde, 1892. Il en existe un commentaire par Naṣîr ed-Dîn et-Tousi (mort en 672)[1]. Le *Nadjât* a passé en bonne partie dans le livre de Chahrastani.

D'autres traités généraux d'Avicenne sur la philosophie sont : *la Philosophie d'Aroudi* (*el-hikmet el-aroudiet*), son premier ouvrage, dont nous avons fait mention; cet ouvrage existe à la bibliothèque d'Upsal[2]; — *la Philosophie d'Alâ* composée pour Alâ ed-Daoulah, qui existe au British Museum[3]; — le *Guide à la sagesse* (*el-hidâiet fî'l-hikmet*) composé dans la prison de Ferdadjân et qui a été souvent commenté[4]; — les *Notes sur la science philosophique* (*et-talîkât fî'l-hikmet el-filsafiet*); — et une petite épître fort agréable sur les *Fontaines*

1. Ce commentaire existe à la Bibliothèque Nationale de Paris, n° 2366 du fonds arabe, à la bibliothèque de Leyde, 1452 à 1457.

2. V. le *Catalogue* de Tornberg, p. 242, n° 364.

3. V. le Catalogue persan du British Museum, p. 433; or. 16.830. — Le titre de cet ouvrage est *Dânich nâmeh alâi;* il est divisé en sept parties : logique, métaphysique, physique, géométrie, astronomie, arithmétique, musique. Une huitième partie sur les mathématiques serait perdue. — Cf. le catalogue de la Nouri-Osmanieh de Constantinople, n° 2682.

4. V. le Catalogue de Sainte-Sophie, n° 2432.

*de la sagesse* (*Oyoun el-hikmet*) dont il existe des copies à Leyde et en d'autres lieux ; cette épître a été avec plusieurs autres imprimée en Orient[1]. — Nous relevons de plus dans les listes de Djouzdjâni un titre qu'accompagne une glose assez singulière : C'est celui du *Kitâb el-ansâf*, le *Livre des moitiés*. C'est, dit le biographe, un commentaire sur l'ensemble des livres d'Aristote, où un partage est établi entre les Orientaux et les Occidentaux ; ce livre périt dans le pillage du Sultan Masoud. Nous ne savons ce que signifie cette répartition géographique à laquelle Djouzdjâni fait allusion.

La logique, qui a beaucoup préoccupé Avicenne, a fait de sa part l'objet de travaux importants. On distingue trois logiques d'Avicenne, une grande logique (*Kitâb el-modjaz el-kébîr fî'l-mantik*), — une moyenne logique (*Kitâb el-aousat*) composée à Djordjân pour Abou Mohammed ech-Chîrâzi[2], — et une petite, qui est celle du *Nadjât* que traduisit Vattier. — En outre Avicenne composa sur la logique un curieux poème qui a été édité et traduit par Schmölders[3]. L'on y peut joindre aussi l'épître sur *les Divisions des sciences* (*fî takâsîm el-hikmet wa'l-oloum*) publiée à Constantinople[4].

1. Dans un recueil intitulé : *Épîtres sur la philosophie et la physique Resâil fî'l-hikmet wa't-tabî'iât*); Constantinople, 1298 de l'hégire.

2. Un *Kitâb el-aousat* se trouve à Constantinople à la bibliothèque de la mosquée cathédrale Ahmédieh, n° 213 du Catalogue.

3. Dr. Augustus Schmölders, *Documenta philosophiae Arabum*, Bonne, 1836, p. 26 à 42.

4. Dans la collection des *Resâil fî 'l-hikmet*. — Cf. le Catalogue de la Bodléienne, vol. I, p. 214, n° 980.

En psychologie, nous rencontrons dans nos bibliothèques de très nombreux *Traités de l'âme* attribués à
notre philosophe ; il est difficile de savoir par ce seul
titre si ces traités sont des extraits des ouvrages généraux sur la philosophie, notamment du *Nadjât,* ou s'ils
sont des compositions indépendantes. Landauer a publié
d'après un manuscrit de Leyde et un manuscrit de
l'Ambrosienne de Milan, une psychologie d'Avicenne[1] ;
une ancienne traduction latine de ce traité, conservée
à Florence, porte une dédicace au sultan Nouh fils de
Mansour, ce qui indiquerait qu'il s'agit d'une œuvre de
la jeunesse d'Avicenne. Un traité *de l'Ame* du philosophe, traduit en latin par André de Bellune, existe en
manuscrit à la bibliothèque Bodléienne d'Oxford (II,
n° 366), et a été imprimé avec d'autres opuscules d'Avicenne, à Venise, en 1546. — Dans la plupart des cata-
logues des bibliothèques de l'Europe on trouve des
*épîtres sur l'âme* (*risâlet fi'n-nefs*), par exemple à Sainte-
Sophie, n° 2052, à Leyde, 1464, 1467, etc., à l'Escurial,
656, 663, au British Museum (seconde partie du catalogue, page 209) et en d'autres lieux. Il existe d'Avicenne un petit poème sur l'âme (*el-Kasîdah fi'n-nefs*)
qu'Ibn Abi Oseïbia a reproduit incomplètement à la suite
de la vie du philosophe, et parmi d'autres fragments
poétiques. Ce poème fut célèbre en Orient et plusieurs
fois commenté ; nous l'avons édité, traduit et analysé
dans le *Journal Asiatique*[2]. El-Djouzdjâni cite en outre

---

1. *Die Psychologie des Ibn Sînâ* dans *Z. D. M. G.,* 1876, B. p. 335.
2. *La Kaçîdah d'Avicenne sur l'âme ; J. As.,* 1899, t. II, p. 157.

différents travaux psychologiques de notre auteur, tels
que : *les Vues sur l'âme (Monâzarât ff'n-nefs)*, controverse
avec Abou Ali en-Neïsâbouri ; — *des Chapitres sur l'âme
(fosoul ff'n-nefs)* ; — et l'épître sur *les facultés humaines
et leurs perceptions (ff'l-Kowa el-insânïet wa 'drâkâtihâ)*
imprimée à Constantinople dans la collection des *Resâil
ff'l-hikmet.*

Avicenne a peu écrit spécialement sur la morale. Une
épître de lui *sur les Mœurs (risâlet el-akhlâk)* existe dans
une bibliothèque de Constantinople[1]. — Sa métaphysique est amplement développée dans ses traités généraux de philosophie, et ses écrits métaphysiques spéciaux sont rares et apparemment de faible importance.
— En revanche ses écrits mystiques ont un intérêt assez
considérable.

M. Mehren a étudié une série de traités mystiques
d'Avicenne[2] : le *Hây ben Yakzân* qui fut composé dans
la forteresse de Ferdadjân et qui eut beaucoup de célé-

---

1. Bibliothèque de Kœuprili Mehemmed Pacha, n° 726 du Catalogue.
2. Voici les titres des ouvrages de A. F. Mehren sur la mystique d'A-
vicenne. — *L'oiseau*, traité mystique d'Avicenne rendu littéralement en
français et expliqué selon le commentaire persan de Sawedji, extrait du
*Muséon*, Louvain, 1887. — *L'allégorie mystique Hây ben Yaqzân*, traduite et en partie commentée, extrait du Muséon, 1886. — *Traités mystiques d'Abou Ali al-Hosaïn ben Abdallah ben Sina*, texte arabe avec l'explication en français; Leyde : I. *L'allégorie mystique Hây ben Yaqzân*,
1889; II. *Les trois dernières sections de l'ouvrage al-icharat wa-t-tan-
bihat ;* indications et annotations sur la doctrine soufique, et *le traité
mystique et-tâir, l'oiseau*, 1891; III. Traité sur *l'amour;* traité sur *la
nature de la prière;* missive sur *l'influence produite par la fréquenta-
tion des lieux saints et les prières que l'on y fait;* traité sur *la déli-
vrance de la crainte de la mort*, 1894; IV. *Traité sur le destin*, 1899.

brité au moyen âge ; Aben Ezra l'imita ; — le *Traité de l'oiseau* (*risâlet et-taïr*), commenté en persan par Safédji ; — la *Réfutation des astrologues* ; — le *Traité sur l'amour* ; — le *Traité sur le destin* (*risâlet el-kadr*) qui fut composé sur le chemin d'Ispahan, lorsque le philosophe s'y rendit en fugitif après avoir quitté Hamadan. — Dans le même ordre d'idées, il convient de citer le mythe de *Salâmân et d'Absâl,* étudié, à la suite d'Avicenne, par Nasîr ed-Dîn et-Tousi[1] ; — un traité sur le *Retour de l'âme* (*Kitâb el-maâd*), composé à Rey pour Madjd ed-Daoulah, — et une *Philosophie de la mort* (*hikmet el-maout*) que le philosophe composa pour son frère et qui existe en persan au British Museum (Add. 16.659).

Djouzdjâni et d'autres auteurs ont parlé d'un ouvrage d'Avicenne, qui doit être un ouvrage principalement mystique, avec l'air d'y attacher un grand prix. C'est celui que l'on nomme ordinairement *la Philosophie orientale* (*el-hikmet el-machrakïet*) et qu'il vaudrait sans doute mieux appeler *la Philosophie illuminative* (*el-hikmet el-mochrikïet*). Djouzdjâni dit que cet ouvrage ne se trouve pas au complet. Ibn Tofail en parle en ces termes dans son *Hây ben Yakzân* qu'il ne faut pas confondre avec celui d'Avicenne[2] : « Avicenne composa le *Chifâ* selon la doctrine des péripatéticiens ; mais celui qui veut la vérité complète sans obscurité doit lire

---

1. V. la collection des *Resâil fi'l-hikmet.*
2. *Philosophus autodidacticus sive epistola Abi Jaafar ebn Tophai de Hai ebn Yokdhan,* éd. et trad. E. Pocok, 2ᵉ éd. 1700, p. 18.

sa *Philosophie illuminative.* » Averroës en fait mention
dans sa *Destruction de la destruction* à propos d'une
discussion sur la nature de l'être premier : les disciples
d'Avicenne, dit-il[1], pensent que « tel est le sens qu'il
a indiqué dans sa *Philosophie orientale;* selon eux, il ne
l'a appelée orientale que parce qu'elle contient les
croyances des gens de l'Orient; la divinité était pour
eux les corps célestes, etc. ».

L'erreur donc qui a fait traduire par orientale l'épithète contenue dans ce titre, est ancienne, puisqu'elle
remonte à des disciples d'Avicenne qui auront voulu
faire dévier sa doctrine dans le sens du paganisme
chaldéen ou du mysticisme indien. Il est bien probable
que ces disciples étaient des interprètes infidèles de
leur maître. Rien ne nous autorise à croire que les
grands écrits philosophiques d'Avicenne ne représentent pas sa pensée véritable, et que sa *Philosophie illuminative* ait contenu une doctrine autre que celle des
traités mystiques que nous connaissons de lui. Un passage du bibliographe Hadji Khalfa explique très clairement et avec une entière vraisemblance, ce qu'il faut
entendre par la philosophie de l'illumination (*hikmet
el-ichrâk*). Il y a, dit-il[2], deux voies pour atteindre à
la connaissance de l'auteur des choses. La première est
celle de la spéculation et de l'argumentation. Ceux qui
la suivent sont appelés théologiens (*motakallimoun*),

---

1. Le *Tehâfut* d'Ibn Rochd, éd. de Boulaq, 1302 de l'hégire, p. 108.
2. Hadji Khalfa, *Lexicon biographicum*, éd. et trad. G. Flügel, t. III,
p. 87.

s'ils croient à la révélation et s'ils s'y attachent, philosophes s'ils n'y croient pas ou s'ils en font plus ou moins abstraction. L'autre voie est celle des exercices de l'ascèse; on donne à ceux qui la suivent le nom de Soufis s'ils sont musulmans fidèles, et s'ils ne le sont pas on les appelle « les sages illuminés (*el-hokamâ el-ichrâkïoun*) ». La philosophie illuminative tient dans les sciences philosophiques, au sens grec du mot, le même rang que le soufisme dans les sciences de l'islam. En d'autres termes, la philosophie illuminative est la mystique grecque; et Flügel n'a sans doute pas eu tort lorsque, traduisant le passage de Hadji Khalfa auquel nous venons de nous reporter, il a ajouté aux mots philosophie de l'illumination, *philosophia illuminationis*, cette glose : *sive neoplatonica*, ou néoplatonicienne [1].

Nous ajouterons quelques indications brèves sur les ouvrages médicaux d'Avicenne et ses écrits divers. Son fameux et énorme *Canon* de médecine, qui existe en manuscrit à Paris (nᵒˢ 2885 à 2891) et ailleurs, a été édité en arabe à Rome, en 1593, et a eu en outre plusieurs éditions latines. Des *chapitres d'Hippocrate sur la mé-*

---

1. Il existe à Sainte-Sophie de Constantinople un ouvrage d'Avicenne intitulé la *Philosophie illuminative*, nᵒ 2403 ; un autre intitulé *Philosophie de l'illumination* par Chehâb ed-Dîn es-Suhrawerdi, nᵒˢ 2400-2402 ; un commentaire de ce dernier par Kotb ed-Dîn ech-Chîrâzi, nᵒ 2426 ; un traité sur les *Secrets de la philosophie illuminative* par Abou Bekr l'Andalou, nᵒ 2383. Fakhr ed-Dîn er-Râzi a écrit un *Kitâb el-mebâhith el-mochrakïet, Livre des questions illuminatives*, qui se trouve à Berlin, catalogue t. IV, p. 403, nᵒ 5064.

*decine*, recensés par notre auteur, se trouvent à la bibliothèque de Sainte-Sophie (n° 3706). Un livre sur les *Remèdes pour le cœur* (*el-adwiet el-kalbiet*) existe à Sainte-Sophie (n° 3799, supplément), à la Noûri Osmanieh (n° 3456), à Leyde (n° 1330). Avicenne composa un certain nombre de poèmes sur la médecine, dont plusieurs qui sont du mètre *radjaz*, sont appelés à cause de cela *ordjouzah ;* par exemple un long poème sur *la Médecine*, qui existe à la Bodléienne (n° 945) et à Leyde, un poème sur *les Fièvres et les tumeurs* (à la Bodléienne, même numéro), une ordjouzah sur *les Ventouses* (à Paris, n° 2562), l'*Ordjouzah el-manzoumah* qui se trouve à Sainte-Sophie (n° 3458) et plusieurs fois à Paris (n°ˢ 1176, 2992, 3038).

Notre auteur écrivit encore sur l'alchimie (*risâlet fi'l-Kîmîâ*) d'après Djouzdjâni[1] ; — sur la musique ; un traité de musique sous son nom est conservé à la Bodléienne (n° 1026) ; — sur l'astronomie ; un traité sur la *Situation de la terre au milieu de l'univers*, se trouve à la Bodléienne (n° 980) et est indiqué par Djouzdjâni comme ayant été composé pour Ahmed fils de Mohammed es-Sahli. A l'occasion des observations astronomiques que Alâ ed-Daoulah commanda au philosophe, celui-ci écrivit un chapitre sur un *Instrument d'astro-*

---

1. Avicenne, au moyen âge, a été célèbre comme alchimiste. Il nous est tombé sous la main un recueil latin de traités d'alchimie intitulé : *Turba philosophorum* ou *auriferæ artis, quam chemiam vocant, antiquissimi doctores*, publié à Basle en 1572. Ce recueil contient deux traités attribués à Avicenne : *Avicennæ tractatulus* et *De congelatione et conglutinatione lapidum*.

*nomie (fi álat rasadiet)*. Avicenne abrégea Euclide et l'*Almageste*.

Enfin l'on dut à Avicenne quelques morceaux de controverse ou de correspondance, dont les plus intéressants furent probablement ses réponses au fameux érudit et voyageur el-Bîrouni [1].

Comme poète persan, Avicenne a été étudié par l'orientaliste Ethé [2].

En face d'une œuvre aussi immense, dont nous ne pouvons pratiquement connaître qu'une faible partie, au moment où nous entreprenons d'en parler avec détail, nous nous sentirions envahi de vertige et d'effroi, si nous ne savions que les grands esprits du moyen âge et de l'antiquité étaient souvent moins préoccupés d'inventer que de recueillir et qu'ils étaient plus sincè-

---

1. Djouzdjâni cite une *Réponse à dix questions d'el-Bîrouni*, une autre *Réponse à seize questions d'el-Bîrouni*. Dans le même genre, il mentionne une *Réponse* d'Avicenne aux questions de son disciple Abou'l-Hasan Bahmaniâr, fils du Marzabân. La bibliothèque de Leyde possède, sous le n° 1476 du catalogue arabe, des lettres d'Avicenne à el-Bîrouni. — Abou Raïhan Mohammed fils d Ahmed el-Bîrouni naquit en 362, dans un faubourg de Khârizm aujourd'hui Khiva. Il fut d'abord le protégé à Khârizm de la maison de Mamoun, maison vassale de celle des Samanides ; il vécut ensuite plusieurs années à Djordjân ou Hyrcania, au sud-est de la Caspienne, à la cour de l'émir Kâbous. Revenu dans son pays natal, il y fut témoin du meurtre de l'émir Mamoun et de la conquête de la contrée par Mahmoud le Ghaznéwide qui l'emmena en Afghanistan, en l'année 408. Il résida dès lors principalement à Ghazna, et il voyagea, surtout dans l'Inde. Sa mort arriva l'an 440. El-Bîrouni est très célèbre comme géographe, chronologiste, mathématicien, astronome, et pour sa grande connaissance de la littérature, des mœurs et des coutumes des Hindous.

2. Ethé, *Avicenne comme lyrique persan*.

rement épris de science que d'originalité. Nous devons, croyons-nous, saluer ici, à propos d'Avicenne, ces grandes personnalités de jadis, dont les œuvres et les vies également encyclopédiques, si elles n'étaient pas toujours un parfait exemple d'ordre moral, étaient du moins comme un résumé et comme un symbole de toutes les activités humaines. Nos temps ne présentent plus de figures comparables; nous nous plaisons à croire qu'il n'en peut plus exister, parce que la science, aujourd'hui trop développée, ne serait plus capable de tenir dans le cerveau d'un seul homme. Cela peut être; mais aussi il serait juste d'avouer que la science a moins d'unité et d'harmonie aujourd'hui qu'autrefois et qu'elle est moins simple qu'elle ne le fut sous la grande discipline péripatéticienne. En outre notre attitude vis-à-vis d'elle est moins humble et moins sincère. Nous avons plus de souci de faire briller notre nom que de réfléchir une grande étendue de science; nous avons plus de zèle pour les carrières que de passion pour l'étude; nous recherchons plus les titres que les connaissances; et pour être des spécialistes plus parfaits que nos ancêtres, nous consentons à être aussi des esprits moins vastes, des natures moins fortes et des âmes moins libres.

# CHAPITRE VI

## LA LOGIQUE D'AVICENNE

La logique n'est plus fort à la mode de nos jours, et c'est dommage à notre avis. C'était jadis une jolie science et l'une des constructions les plus achevées de l'esprit humain. Elle est tombée dans le discrédit à cause de quelques abus qui s'étaient introduits dans la syllogistique. Mais outre qu'il eût été facile de réformer ces abus et de purifier le style de la syllogistique, cette dernière n'était pas toute la logique; elle n'en a jamais été qu'une partie et non la plus intéressante[1]. La logique dans son ensemble constituait depuis l'antiquité une science vaste et vivante, placée à la base de toutes les autres parties de la philosophie, psychologie, physique, métaphysique, morale, voire politique; elle était vraiment l'organe, l'instrument des sciences, la méthode qui en préparait les progrès, la loi qui en écartait les erreurs. Elle-même tenait et dépendait en une certaine mesure de quelques-unes de ces sciences, notamment de la psychologie et de la métaphysique; et cette

---

1. Nous avons eu occasion de donner notre opinion précise sur le *Syllogisme* dans les *Annales de philosophie chrétienne*, 1898.

dépendance mutuelle ne constituait pas en réalité un cercle vicieux, mais plutôt un accord, une mise au point de l'instrument par rapport à son objet, une adaptation par laquelle se réalisait l'unité philosophique, les principes de la logique préparant les résultats des sciences, les sciences contrôlant la logique.

Si telle était l'importance de cette science dans les systèmes anciens, il est indispensable que nous nous en occupions, et, quelque opinion qu'en ait aujourd'hui le lecteur, il doit, s'il veut nous suivre, souffrir d'en entendre parler. Nous ne nous enfoncerons pas d'ailleurs dans un dédale d'arguties. Ce n'est pas non plus ce qu'a fait Avicenne; sa logique est nette, claire et d'un grand style. Elle est une construction de bonne époque. Elle n'a rien des formes compliquées et barbares qu'affecta cette science dans le bas moyen âge. Il n'est donc pas besoin pour rendre présentable la pensée d'Avicenne de la dépouiller de tout un fatras d'ornements de mauvais goût; dans l'œuvre de notre philosophe, ce fatras n'existe pas.

Ces avertissements étant donnés, nous nous bornerons à expliquer dans ce chapitre quel a été le but de la logique, selon l'esprit d'Avicenne, quelles ont été, dans son école, les principales parties de cette science, et quelle conception ce philosophe s'est faite de la science en général.

Voici comme Avicenne explique dans le *Nadjât* le but de la logique[1] : « Toute connaissance et toute science a

1. *Nadjât*, édition de Rome, page 1.

lieu ou par représentation ou par persuasion. La représentation constitue la science première et s'acquiert par la définition ou ce qui en tient lieu, comme lorsque nous nous représentons la quiddité de l'homme. La démonstration ne s'acquiert que par le raisonnement ou ce qui en tient lieu, comme lorsque nous démontrons que le tout a un principe. La définition et le raisonnement sont les deux instruments par lesquels s'acquièrent les connus, lorsque d'inconnus ils deviennent connus par la considération intellectuelle. Chacun de ces deux instruments peut être soit juste, soit imparfaitement juste mais ayant encore une utilité, soit faux avec l'apparence d'être juste. L'entendement de l'homme n'est pas toujours capable, du premier coup, de distinguer ces cas. Autrement il ne se produirait pas de divergence entre les hommes intelligents, et l'on ne verrait jamais l'un d'entre eux se contrédire lui-même.

« Le raisonnement et la définition sont composés, suivant des modes déterminés, d'éléments intelligibles. Chacun d'eux a une matière dont il est fait et une forme qui en achève la composition. De même que toute sorte de matière ne convient pas pour faire une maison ou un trône, et qu'il n'est pas possible de prendre toute sorte de forme pour faire une maison avec la matière de la maison ou un trône avec la matière du trône, de même qu'à chaque chose il faut une matière particulière et une forme particulière, de même tout ce qui peut être connu par la considération intellectuelle a sa matière propre et sa forme propre qui, ensemble, le

constituent. Et de même que le défaut de la maison vient
quelquefois de la matière pendant que la forme est
bonne, et quelquefois de la forme pendant que la matière est intègre, et quelquefois de toutes les deux ensemble, de même le défaut dans la considération intellectuelle vient quelquefois de la matière quoique la
forme soit légitime et quelquefois de la forme bien que
la matière soit convenable et quelquefois de toutes les
deux ensemble.

« La logique est l'art spéculatif qui reconnaît de quelle
forme et matière se fait la définition correcte qui peut
être appelée justement définition, et le raisonnement
correct qui peut être appelé justement démonstration,
de quelle forme et matière se fait la définition passable
qui s'appelle description; de quelle se fait le raisonnement probable qu'on appelle dialectique lorsqu'il est
fort et qu'il produit une persuasion voisine de la certitude, et rhétorique lorsqu'il est faible et qu'il ne produit qu'une opinion prévalente; de quelle encore se fait
la définition vicieuse, de quelle le raisonnement vicieux
qui s'appelle erroné et sophistique, dont on dirait qu'il
est démonstratif ou persuasif alors qu'il ne l'est pas;
de quelle le raisonnement qui ne produit aucune persuasion mais une imagination capable d'être agréable
ou désagréable à l'âme, de l'épanouir ou de la resserrer
et que l'on nomme le raisonnement poétique.

« Voilà quelle est l'utilité de l'art de la logique, dont
le rapport à l'entendement est comme celui de la grammaire à la parole, de la prosodie au vers, si ce n'est

qu'avec un esprit sain et un goût sûr, on peut quelquefois se passer d'apprendre la grammaire et la prosodie,
au lieu qu'aucun entendement humain ne peut négliger,
avant de considérer les choses, de se munir de l'instrument de la logique, à moins qu'il ne soit éclairé de par
Dieu. »

Dans cet éloquent préambule, on doit noter l'importance qu'Avicenne a donnée à la définition et
comment il l'a opposée au raisonnement, en les considérant tous deux ensemble comme les deux moyens
essentiels de l'art de la logique. Cette circonstance
montre combien était vaste l'idée qu'il s'est faite de
cet art, remarque que fortifie encore le soin qu'il a
pris de faire rentrer dans l'objet de la logique l'étude
de tous les divers degrés de certitude et celle de tous
les procédés de persuasion, depuis la démonstration
rigoureuse jusqu'à la suggestion poétique. Dans les *Ichá-*
*rât*, Avicenne, tout en assignant le même but à cette
science, la définit d'une manière plus sèche et plus
brève, où l'on aperçoit mieux les limites dans lesquelles
il entend la renfermer : « Le but de la logique, dit-il [1],
est de donner à l'homme une règle canonique dont
l'observation le préserve d'errer dans son raisonnement. »

Il apparaît, d'après cet énoncé, que selon Avicenne,
la valeur de la logique est beaucoup moins positive
que négative. La logique n'a pas pour fonction de dé-

1. *Ichárât*, éd. Forget, p. 2.

couvrir la vérité ; ce serait là le rôle des facultés actives
des sens et de l'esprit ; celui de la logique est de poser
des lois pour l'exercice de ces facultés et de préserver
celles-ci de l'erreur. La puissance active qui acquiert
la vérité n'est point dans la loi, mais dans l'esprit qui
l'observe, ni dans l'instrument mais dans l'intelligence
qui s'en sert ; et si nous voulions ajouter une image à
celle de notre auteur, nous dirions que ce n'est pas
l'équitation qui porte le cavalier d'un lieu à un autre,
mais le cheval, et que l'équitation sert au cavalier à
conduire le cheval, comme la logique sert à l'homme à
conduire sa raison et à la préserver des chutes. Cette
image du transport se trouve au reste chez Avicenne
lui-même, qui conclut ainsi sa définition des *Ichârât :*
« Donc la logique est une science qui apprend à
l'homme à passer des choses présentes dans son esprit
aux choses absentes qui en résultent. »

Il peut être intéressant, au point de vue de l'histoire
de l'enseignement philosophique, d'insister sur les divisions de la logique dont la citation précédente donne
déjà l'idée. Les différentes logiques d'Avicenne, bien
qu'elles soient rédigées avec une grande clarté, sont
partagées en beaucoup de sections dont l'ordre n'est
pas évident tout d'abord. Vattier, qui avait eu conscience de ce défaut, avait proposé dans sa traduction une
division fort ingénieuse[1]. Remarquant l'importance de
l'opposition établie par l'auteur entre la définition et

---

1. Vattier, *la Logique du fils de Sina*, préface.

le raisonnement, il avait partagé le livre en trois traités : l'un du raisonnement, l'autre de la définition, le troisième de la sophistique ; puis se fondant sur la distinction de la matière et de la forme, il avait établi une subdivision de ces traités selon la matière et la forme du raisonnement, de la définition et du sophisme. Cette ordonnance est assez satisfaisante pour l'esprit ; néanmoins, comme elle n'est point explicite chez Avicenne qui n'eût point été embarrassé de la marquer clairement s'il l'avait désiré, nous ne croyons pas qu'il faille s'y attacher.

Le fait historique que nous désirions signaler, c'est celui de la présence des grandes divisions scolastiques, visibles à travers la rédaction très libre des logiques de cette époque. Un petit traité de la classification des sciences attribué à Avicenne[1], précise cette division avec toute la netteté désirable.

La logique, classée à part des autres sciences dans ce traité, est divisée en neuf parties correspondant à huit livres d'Aristote précédés de l'*Isagoge* de Porphyre. L'objet de ces neuf parties et les livres auxquels elles se rapportent sont énoncés de la façon suivante : La première a pour objet les termes et les éléments abstraits ; il en est parlé dans l'*Isagoge* ; la seconde, l'énumération des éléments abstraits simples, essentiels, applicables à tous les êtres, dont il est parlé au livre des *Catégories ;* la troisième, la composition des abstraits simples pour

---

1. Traité 5 des *Resáil fi'l-hikmet*, page 79.

en former une proposition ; il en est traité dans les *Herméneia ;* la quatrième, la composition des propositions pour en former une démonstration qui donne la connaissance d'un inconnu ; c'est l'objet des *premiers Analytiques ;* la cinquième, les conditions que doivent remplir les prémisses des raisonnements ; c'est l'objet des *seconds Analytiques ;* la sixième, les raisonnements probables, utiles quand la preuve complète fait défaut ; c'est ce dont traite le livre des *Topiques* ou de la *Dialectique ;* la septième, les erreurs ; c'est la matière de la *Sophistique ;* la huitième, les discours persuasifs adressés à la foule, et c'est l'objet de la *Rhétorique ;* la neuvième, les discours versifiés, et c'est celui de la *Poétique.*

Porphyre, dont les travaux sur la logique exercèrent une grande influence au moyen âge, institua dans son *Introduction à la logique* ou *Isagoge* une espèce de philosophie du langage qui demeura préfixée à l'Organon d'Aristote et qui paraît avoir assez plu aux Arabes en particulier. Les Arabes furent de très habiles grammairiens ; de fort bonne heure ils eurent le culte de leur langue, et ils l'analysèrent avec un sens philosophique profond. Leur idiome en lui-même prêtait à ce travail. Simple, souple, composée de propositions brèves dont les éléments ont des rôles nettement définis, et que relient entre elles de cent façons diverses tout un jeu de particules, la phrase arabe se trouvait fort bien préparée pour le raisonnement scolastique ; le procédé même de dérivation des mots qui, prenant d'abord l'idée dans la racine, en indique ensuite tous les modes et tous les aspects au moyen d'un petit nombre de lettres adventices ou de flexions, était de nature à aiguiser aussi bien qu'à servir l'esprit philosophique. Les deux grandes écoles des grammairiens arabes, celle de Basrah et celle de Koufah, se fondèrent de fort bonne heure, dès le premier siècle après l'hégire; elles étudièrent les anciennes poésies nationales et le texte du Coran; la révélation coranique, descendue dans la langue des Arabes et qui ne devait pas être traduite, rendait cet idiome vénérable et saint même aux étrangers, et ceux-ci s'empressaient à servir sa gloire. L'on trouve le résultat des travaux de ces premiers grammairiens condensé dans des œuvres un peu postérieures, mais encore très anciennes, telles que la fameuse grammaire du persan Sibawaïhi. Cet érudit mourut en 177 ou 180 de l'hégire. Par conséquent, dès avant le début du grand mouvement philosophique arabe, la langue arabe avait été étudiée philosophiquement, et les grammairiens avaient posé, comme Porphyre, une espèce d'*Isagoge* ou d'*Introduction* aux développements qui allaient suivre.

Il est à peine utile de rappeler comment se présente cette première partie de la logique dans ces vieux systèmes scolastiques. Il s'y agit, on le sait, de la valeur qu'ont les mots par rapport aux sens qu'ils recouvrent; l'on y voit ce que c'est que le terme simple et le terme composé, le terme essentiel et le terme accidentel, le fini et l'indéfini, le particulier et l'universel. On y apprend ce qu'on appelle les cinq termes qui sont le genre,

l'espèce, la différence, le propre et l'accident commun,
et comment on doit répondre aux questions : qu'est-ce
que c'est? et quelle chose est-ce? Ces questions condui-
sent à la doctrine des catégories et à celle des causes;
mais ces doctrines ne sont que très superficiellement
effleurées dans ce début; et mieux vaut attendre, pour
en parler, que nous les retrouvions ailleurs.

L'étude des propositions, qui sont destinées à former
les éléments des raisonnements, se rattache encore à
l'analyse grammaticale. Cette étude a été faite avec
grand soin et longuement développée par Avicenne, en
particulier dans les *Ichârât*[1]. C'est là qu'on trouve une
explication de ce que notre auteur a dans l'esprit lorsqu'il parle de la matière des jugements et de leurs modes.
La matière du jugement, c'est ce qui est vrai en réalité
du rapport de l'attribut au sujet, le mode c'est ce qui est
pensé de ce rapport. Matière et mode sont ou nécessaires, ou impossibles ou possibles. Ainsi le terme d'a-
nimal donné comme attribut à homme forme un
jugement dont la matière est nécessaire, parce que,
absolument et en tout temps, l'homme est un animal;
mais si j'énonce le jugement sous cette forme : il se
peut que l'homme soit animal, alors le mode du jugement est possible, tandis que sa matière ne cesse pas
d'être nécessaire. Cet exemple tendrait à prouver que
l'introduction des notions physiques et métaphysiques
de matière et de forme en logique est quelque peu su-
perflue.

1. Chapitres 3 à 6 du livre.

Au cours de son étude sur les jugements, Avicenne a signalé une ou deux particularités curieuses de la langue arabe. Lorsqu'il parle, par exemple, de certaines propositions mal déterminées dont on ne sait pas si le sujet, tel que *homo*, est pris en un sens général ou en un sens particulier, il remarque que ce cas-là ne peut pas se présenter en arabe; en effet dans cette langue on reconnaît infailliblement par la présence de l'article devant le nom, *er-radjoul*, qu'il s'agit de l'homme en général, et par celle de la nunation à la fin du nom, *radjouloun*, qu'il s'agit d'un homme en particulier.

Voici un autre exemple intéressant tiré de cette partie de la logique; il nous servira à montrer la finesse qui règne dans tout cet exposé, sur lequel nous ne voulons pas autrement insister[1] : « Sur la négative universelle et ses modes. Tu sais, d'après les explications qui ont précédé, que dans l'universelle négative absolue d'absolutisme commun la négation doit porter sur chacun des individus désignés par le sujet, sans aucune spécification de circonstance ni de temps. Cela doit être comme si tu disais : chacun des êtres qui est C n'est pas B, sans spécifier le temps ni les circonstances de la négation. Or dans les langues que nous connaissons, la négation n'a pas ce sens et l'on emploie, dans ces langues, pour exprimer la négation universelle, une tournure qui ne donne pas exactement le sens absolu requis. Ainsi l'on dit en arabe : aucune chose de C [n'est] B, ce

1. *Ichârât*, p. 38.

qui signifie qu'aucune chose de ce qui est C ne peut être jamais qualifiée de B, tant que cette chose reste qualifiée de C; et la négation porte sur chacune des choses qualifiées de C, tant que cette qualification dure, mais non plus si elle cesse. De même dans la bonne langue persane, on dit : aucun C n'est B, et cette formule s'applique à la fois au nécessaire et à une espèce d'absolu indiquée par le sujet. Cela a induit beaucoup de gens en erreur. La meilleure manière d'exprimer la négative universelle absolue d'absolutisme commun est de dire : tout C est non B, ou B en est nié, sans spécification de circonstance ni de temps; et pour exprimer la négative essentielle d'absolutisme propre, c'est de dire : tout C, B en est nié d'une négation qui n'est ni nécessaire ni perpétuelle. Dans le mode nécessaire, la différence entre dire : tout C nécessairement n'est pas B, et dire : nécessairement rien de C n'est B consiste en ce que dans le premier cas la négation porte sur chacun des individus C, au lieu que dans le second elle porte directement sur l'ensemble et ne s'applique aux individus qu'en puissance. La distinction serait analogue dans le mode possible. »

La syllogistique, avons-nous dit déjà, est très sobre chez Avicenne. Nous n'avons nulle intention de nous y arrêter. Le lecteur peut aisément se représenter ce qu'est une syllogistique simple, bien ordonnée, rédigée sans embarras ni prolixité aucune, dans laquelle il est fait, comme dans l'exemple ci-dessus, un usage convenable des lettres pour représenter les termes du syllogisme, et qu'illustrent de loin en loin quelques exemples. A l'étude du syllogisme est jointe celle des combinaisons de syllogismes que l'auteur appelle les raisonnements composés. Nous extrayons de ce dernier chapitre une page prise presque au hasard qui en montrera bien le style[1] :

« Le raisonnement composé joint est celui dans lequel on ne supprime pas la conclusion, mais où on l'énonce une fois comme conclusion et une fois comme prémisse, de cette façon : tout C est B, tout B est E, donc tout C est E; tout C est E, tout E est D, donc tout C est D; et ainsi de suite. Le raisonnement composé séparé est celui dans lequel on retranche les conclusions, comme lorsqu'on dit : tout C est B, tout B est E, tout E est D, donc tout C est D. Le raisonnement que les modernes ont ajouté au syllogisme réduplicatif est un raisonnement composé, mais une seule fois, dont voici un exemple : Si le soleil est levé, il fait jour; s'il fait jour, le hibou n'y voit goutte. Or le soleil est levé; donc le hibou n'y voit goutte. »

Tout ce que nous venons de citer ou de dire fait suffisamment sentir le caractère net, concis, subtil et ferme de cette logique d'Avicenne où l'auteur suit très librement Aristote et ses commentateurs, sans jamais se rendre esclave ni de leur plan ni de leur enseignement, mais au contraire les complétant, les combattant, les

---

1. Page 14 de l'édition du *Nadjât* et p. 153 de la traduction de Vattier. Nous ne pouvons pas reproduire purement et simplement le français de Vattier, quoiqu'il soit joli, parce qu'il semblerait un peu vieilli.

corrigeant parfois. Cependant nous craignons bien que
le lecteur ne s'impatiente, et que l'importance de ces
progrès de détail qu'Avicenne a réalisés dans la logique
grecque ne lui échappe, et nous avons hâte de le faire
parvenir à la partie de cette logique restée la plus vivante, celle qui a pour objet l'art de la persuasion en
général et la théorie de la science.

Nous avons vu dans la définition même de la logique
que la science était faite de représentation et de persuasion. Avicenne, qui ne fut pas moins pénétrant psycho-
logue que délié logicien, a montré dans sa logique que
ces deux éléments sont intimement unis, et qu'ils se
mêlent dans une étroite collaboration à tous les degrés
du travail de l'esprit.

« Toute persuasion et représentation, ou s'acquiert
par quelque recherche ou a lieu d'abord[1]. » La persuasion s'acquiert par le raisonnement, la représentation par la définition. Le raisonnement ne peut se faire
sans représentation ; « il a des parties qu'on se persuade
et d'autres qu'on se représente ». La définition aussi
repose sur des représentations. Mais ces persuasions et
ces représentations dont l'esprit se sert à un moment
quelconque de l'étude de la science, reposent elles-
mêmes sur des persuasions et des raisonnements antérieurs ; et la série n'en saurait aller à l'infini, non plus
que celle des effets et des causes. Il faut donc qu'elle

---

1. La théorie suivante est principalement renfermée dans la section du
*Nadjât* intitulée : *Section sur les Sensibles*, page 16 du texte arabe, correspondant aux pages 183 et suivantes de la traduction de Vattier.

aboutisse à des choses « que l'on se persuade et que l'on se représente d'abord immédiatement et que l'on emploie sans intermédiaire ». Ce terme d'où part la logique se rencontre évidemment dans les premières expériences des sens et dans les principes premiers de l'esprit.

Avicenne s'étend peu en logique sur le rôle de la sensation comme principe de la connaissance; il aura l'occasion d'en reparler plus tard. Les quelques mots qu'il en dit ici ont néanmoins de l'intérêt. De même qu'il a remarqué qu'il n'y a pas de raisonnement sans représentation, de même il affirme qu'il n'y a pas de sensible sans raisonnement : « Les choses sensibles sont celles que le sens persuade conjointement avec la raison. » L'on comprend qu'il entend par les sensibles, les données de l'expérience des sens. Il explique le rôle que joue la mémoire dans cette expérience, et comment celle-ci ne peut se produire sans un certain raisonnement : « Quand nos sens ont constaté souvent l'existence d'une chose en une autre, comme la propriété de relâcher le ventre dans la scammonée, cette relation se représente souvent à notre mémoire ; et cette répétition dans notre mémoire produit l'expérience, par le moyen d'un raisonnement qui se noue dans la mémoire même, et qui est tel : si cette relation, par exemple celle du relâchement du ventre à la scammonée, était fortuite et accidentelle et non la conséquence d'une loi de la nature, elle ne se produirait pas dans la plupart des cas sans différence, de telle façon que, lorsqu'elle fait

défaut, l'esprit s'en étonne et recherche la cause de ce
manque. Quand donc cette sensation et ce souvenir sont
joints dans ce raisonnement, l'esprit en reçoit une persuasion qui lui fait juger que la scammonée a la propriété de relâcher le ventre à celui qui en boit. »

Outre la mémoire, l'opinion[1] joue, selon Avicenne,
un rôle important dans le principe de nos raisonnements ; car elle nous fournit, comme les sens, des
représentations « que nous considérons à la façon des
choses sensibles », et d'où proviennent une quantité
d'erreurs.

Les prémisses intellectuelles sont de diverses sortes ;
mais, de toute manière, ne vont-elles pas sans représentations : « La raison commence par des prémisses dans
lesquelles l'imagination la seconde. » Ces prémisses
comportent des certitudes inégales. Il y en a qui sont de
foi, « que l'on se persuade parce qu'elles sont dites par
une personne en qui l'on croit, soit à cause d'une qualité céleste qui lui est propre, soit à cause d'une pru-
dence ou d'une intelligence extraordinaires qui paraissent en elles ». D'autres sont des prémisses de sentiment
commun, « des opinions généralement reçues dont
on se persuade, soit par le témoignage de tout le
monde, comme de ce que la justice est une belle chose,
soit par celui de la majorité des hommes, ou des savants ou de la majorité des savants, quand le vulgaire

_____

1. Il faut prendre garde que ce qui est désigné ici par l'opinion est
la faculté appelée en arabe *el-wahm*, dont le rôle ne pourra être exactement défini qu'en psychologie.

n'y contredit pas ». Analogues à ce genre de prémisses
sont aussi les principes qui reposent sur des habitudes
prises dès l'enfance, ou sur des passions auxquelles on
est sujet, ou « sur une grande quantité d'exemples
équivalant à une induction ». La certitude de telles
prémisses n'a rien d'absolu. Enfin il y a les principes
de raison. « Les principes de raison sont des jugements
ou prémisses qui sont produits dans l'homme par sa faculté intellectuelle, sans aucun motif qui oblige à se les
persuader, autre qu'eux-mêmes... L'esprit s'en trouve
nécessairement persuadé, sans même qu'il s'aperçoive
qu'il vient d'acquérir cette connaissance. » L'un de ces
principes est, par exemple, que le tout est plus grand
que la partie. Le sens a aussi une part dans la formation de cette sorte de prémisses, mais non la principale :
« il aide à former l'idée du tout, du plus grand et de la
partie ; mais la persuasion qu'a l'esprit de la vérité de
la proposition, est primitive ».

Les sciences ont des objets, des questions et des prémisses[1] : des objets dont on démontre, des questions
que l'on démontre, des prémisses par lesquelles on démontre. Nous venons de parler des prémisses universelles. Il en est d'autres, particulières à chaque science ;
ce sont les axiomes de cette science, et en outre certaines suppositions ou certains postulats, que le maître

1. La théorie suivante est principalement extraite des sections du
*Nadjât* sur *les objets, les questions et les prémisses ; les définitions, les
données et les certitudes*, pages 17-18 du texte. Cf. Vattier, p. 205 et
suivantes.

requiert, soit parce que ces suppositions ont été démontrées dans une science voisine ou le seront dans celle
même qu'il enseigne, soit simplement parce que le disciple qui apprend la science n'y trouve rien à contre-
dire. Voici un exemple de ces postulats pour la géométrie : que si une ligne qui en coupe deux autres fait
avec elles, d'un même côté, deux angles dont la somme
soit moindre que deux droits, ces deux lignes se ren-
contrent de ce même côté.

Les objets des sciences sont les choses données dont
on recherche les attributs essentiels. Ce sont, par
exemple, la quantité continue en géométrie, le nombre
en arithmétique, le corps, en tant qu'il se meut ou se
repose, en physique, l'être, et l'un en métaphysique.
Chacun de ces objets a des attributs essentiels qui lui
sont propres : le rationnel et l'irrationnel pour la
quantité continue, le pair et l'impair pour le nombre,
l'altération, l'accroissement et la diminution pour le
corps, la puissance, l'action, la perfection ou l'imperfection pour l'être. La notion des objets des sciences est
fournie par la définition, dont il faut dire quelques
mots.

Les philosophes arabes distinguent la définition et la
description[1]. Avicenne s'explique là-dessus dans les
*Ichârât*[2] : « La définition, dit-il, est un discours qui démontre la quiddité de la chose ; il faut qu'elle englobe

1. Cf. les traités des frères de la pureté; éd. Dieterici, p. 577. Le mot
rendu par définition est *hadd* et le mot rendu par description est *rasm*.
2. *Ichârât*, p. 17.

tous ses caractères essentiels ; elle est nécessairement composée de son genre et de sa différence, parce que les caractères essentiels que cette chose a en commun avec d'autres constituent son genre, et ceux qu'elle a en propre constituent sa différence. Tant qu'un composé n'unit pas le commun et le propre, sa réalité comme composé est incomplète, et toutes les fois qu'une chose n'a pas de composition en son essence, il n'est pas possible de la démontrer par un discours. Donc tout défini est abstraitement composé. » Avicenne dit de la même manière dans le *Nadjât*[1] : « La définition et la démonstration ont leurs parties communes, et des choses dont il n'est point de démonstration, il n'est point non plus de définition. Comment en effet auraient-elles une définition, puisqu'elles ne se distinguent que par les accidents non essentiels, et que leurs accidents essentiels sont communs ? »

La façon dont se fait la description est moins déterminée que celle dont s'obtient la définition. « Lorsqu'une chose, dit notre philosophe[2], est connue par un discours composé de ses accidents et de ses propres qui la caractérisent ensemble, cette chose est alors connue par sa description. La meilleure des descriptions est celle dans laquelle on place d'abord le genre, pour ensuite délimiter l'essence de la chose, comme lorsqu'on dit de l'homme qu'il est un animal marchant sur deux pieds, aux ongles larges et riant par nature, ou lorsqu'on dit

1. Cf. p. 227 de la traduction de Vattier.
2. *Ichârât*, p. 19.

du triangle qu'il est la figure qui a trois angles. Il faut
que la description par les propres et les accidents spé-
cifie clairement la chose. Faire connaître le triangle en
disant qu'il est la figure dont les angles sont égaux à
deux droits, ce n'est pas le décrire, sinon pour les géo-
mètres. »

Les questions que l'on pose dans les sciences sont,
outre celles de savoir ce qu'est une chose et si elle
est, ce à quoi l'on commence à répondre par la définition et par la description, celles encore de savoir où est
cette chose, quand elle est, comment, pourquoi elle est,
et ces différentes questions qui évoquent la théorie des
catégories et celle des causes, nous amènent aux confins
de la logique et au point où cette science touche à la
métaphysique.

Déjà la question des causes était connexe de celle de
la définition. « Les réponses à la demande pourquoi la
chose est, dit Avicenne[1], et à la demande : qu'est-ce
qu'elle est? conviennent ensemble, parce qu'elles se
font toutes deux par ce qui entre dans l'essence de la
chose. Par exemple si on demande : pourquoi la lune
s'éclipse, on répondra : parce que la terre se trouve
entre elle et le soleil et lui ôte sa lumière; et si l'on
demande ensuite : qu'est-ce que l'éclipse de la lune, on
répondra que c'est le défaut de sa lumière survenant
à cause de la terre qui se place entre elle et le soleil. »
La réponse normale à la question pourquoi? dans les

---

1. *Nadjât*, p. 20; Vattier, p. 253.

démonstrations, est la cause prochaine et actuelle. Les causes essentielles d'étendue égale ou supérieure à la chose, entrent dans sa définition; mais les causes de moindre étendue n'y entrent pas, et ne peuvent être invoquées que dans les démonstrations que l'on fournit à propos d'elle. Quelquefois les quatre causes de la scolastique, matérielle, formelle, efficiente et finale, entrent ensemble dans la définition de la chose, par exemple lorsqu'on définit la hache en disant[1] : « qu'elle est un outil de métier, en fer, de telle figure, pour couper le bois »; l'outil est le genre, le métier correspond à la cause efficiente, le fer est la matière, la figure la forme, et l'abatage du bois est la cause finale. D'une façon générale, il faut que la cause ou l'ensemble des causes invoquées, soit de même étendue que l'effet, pour valoir dans les démonstrations logiques.

Les différentes sciences se relient entre elles par leurs objets, et elles se classent les unes au-dessous des autres selon la hiérarchie de ces objets. Comme le problème de la classification des sciences a été populaire au moyen âge, nous achèverons de donner le tableau résumé des sciences tel que l'a dressé l'école d'Avicenne, d'après l'épître d'où nous avons déjà tiré les divisions de la logique[2]. C'est par quoi nous terminerons ce chapitre.

La philosophie, qui est le nom de l'ensemble des sciences (*el-hikmet*), ou si l'on veut la sagesse, se di-

1. Vattier, p. 266.
2. *Resâil ff l-hikmet*, p. 71 et suivantes.

vise en deux parts : la philosophie spéculative et la philosophie pratique. Le but de la première est la vérité; celui de la deuxième est le bien.

La philosophie spéculative a trois parties : la science inférieure dite physique, la science moyenne dite mathématique et la science supérieure dite théologique. La philosophie pratique a également trois parties : la science de ce que doit être l'homme comme individu : c'est l'éthique; celle de la conduite que doit tenir l'homme par rapport à sa maison, à sa femme, à ses enfants et à ses biens : c'est l'économique; celle des gouvernements et de l'organisation des cités parfaites et imparfaites : c'est la politique.

Chacune des trois sciences qui composent la philosophie spéculative se subdivise en un groupe de sciences pures ou premières et en un groupe de sciences appliquées ou secondes.

Les sciences qui se rangent dans la physique pure sont : celle des êtres en général, de la matière, de la forme, du mouvement, et du premier moteur; celle des corps premiers qui constituent le monde, les cieux, les éléments, et de leurs mouvements; celle de la génération et de la corruption; des influences célestes et de la météorologie; des minéraux; des plantes; des animaux; de l'âme et de ses facultés, tant chez les animaux que chez l'homme. A cette dernière partie de la science physique pure, l'auteur rattache le problème de l'immortalité de l'âme.

La physique appliquée comprend : la médecine; l'astrologie, la physiognomonie, l'interprétation des songes, la science des talismans, celle des charmes et l'alchimie.

Dans la mathématique première sont placées quatre sciences : l'arithmétique, la géométrie, l'astronomie et la musique.

A ces sciences correspondent, dans la mathématique seconde, diverses sciences appliquées. A l'arithmétique se rattachent le calcul indien sexagésimal et l'algèbre ; à la géométrie, la mesure des surfaces, la mécanique, la traction des fardeaux, la construction des poids et des balances, celle des instruments gradués, celle des viseurs et des miroirs, et l'hydraulique ; à l'astronomie, l'art de dresser des tables astronomiques et géographiques ; à la musique, la construction des instruments merveilleux, orgues et autres.

La théologie première a cinq parties : 1° la science des notions abstraites qui enveloppent tous les êtres : l'ipséité, l'un et le multiple, le même, le divers et le contraire, la puissance et l'acte, la cause et l'effet ; 2° la connaissance des principes premiers des sciences ; 3° la preuve de la vérité première, de son unité, de sa souveraineté et de ses autres attributs ; 4° la science des substances premières spirituelles qui sont les créatures les plus proches de la vérité première, comme les chérubins, et celle des substances spirituelles secondes qui sont au-dessous des précédentes, comme les anges préposés aux cieux, porteurs du trône de Dieu ou administrateurs de la nature ; 5° la science de la manière dont les substances corporelles célestes et terrestres sont soumises à ces substances spirituelles.

Enfin la théologie seconde comprend la science de la révélation, et celle de la rétribution, c'est-à-dire des joies et des peines de l'autre vie.

# CHAPITRE VII

## LA PHYSIQUE D'AVICENNE

La physique, dans les usages de l'antiquité et du moyen âge, faisait partie de la philosophie, parce que celle-ci était en général, conformément à sa définition antique, la science des êtres et de leurs états. Plus précisément, la physique entrait dans la philosophie, parce qu'elle avait besoin de la métaphysique et que la métaphysique avait besoin d'elle. Aux yeux des anciens philosophes, la physique se trouvait à la fois dans le champ de l'observation et dans celui de la raison; ni l'observation sensible ne se passait du raisonnement, ni la raison ne se passait des sens, et il n'y avait point d'abîme entre leurs deux domaines.

On a été injuste envers les systèmes scolastiques, lorsqu'on les a accusés de se former sur les êtres des opinions à priori, sans se soucier de l'expérience. Si l'on comprend bien l'esprit de ces vieilles doctrines, on verra que rien n'est plus faux. Le raisonnement et l'observation s'y compénètrent; la spéculation y a pour fondement la science positive, et la science s'y ordonne au moyen de la spéculation. Une harmonie y existe entre l'idée et l'objet, entre l'abstrait et le concret, entre l'intelligence et les choses, et le seul principe qui y soit posé à priori est celui même qui affirme l'existence de cet accord et qui réclame du philosophe la foi préalable en la possibilité de l'application de l'intelligence aux choses.

Que l'on examine avec soin la formation de la philosophie du moyen âge, et l'on se rendra compte que ses erreurs sont dues, non pas à ce qu'elle a dédaigné la science positive, mais justement au contraire à ce qu'elle s'est placée dans une dépendance trop étroite d'une science encore imparfaite.

Nous commencerons à éclairer cette thèse dans le présent chapitre, et ce que nous dirons ensuite de la psychologie et de la métaphysique achèvera de l'établir.

La psychologie tient à la physique sans discontinuité, et dans la scolastique d'Avicenne toute une partie de la psychologie, celle qui a pour objet la science des âmes, par opposition à celle des intelligences, rentre sous la rubrique de la physique. En outre la physique se relie à la métaphysique, parce que la chaîne des êtres est continue de la matière à l'intelligence. Enfin il est intéressant de rappeler que des relations mutuelles unissent la physique à la logique. La logique emprunte au monde physique plusieurs des notions dont elle a besoin, celles nommément des catégories et des causes; et la logique d'autre part prête à la physique l'instrument de ses méthodes, le ressort de ses raisonnements, puisqu'il a été admis que les lois de la raison s'appliquent à la nature.

Nous ne nous proposons pas de faire ici un exposé complet de la physique d'Avicenne. C'est d'histoire de la philosophie que nous devons nous occuper et non d'histoire des sciences. Mais comme précisément nous venons d'indiquer que la physique scolastique contient de la philosophie, il faut que nous en extrayions ce qui se lie à notre objet. C'est ce que nous ferons commodément, en examinant quelques-unes des principales notions ou thèses de cette science.

Les grandes notions métaphysiques de matière et de forme ont évidemment une base physique. Elles apparaissent au commencement de la physique du *Nadjât*[1]. « Nous disons que les corps sont composés d'une matière, c'est-à-dire d'un lieu, et d'une forme qui est dedans. Le rapport de la matière à la forme est le rapport du cuivre à la statue. » Les catégories sont aussi des notions suggérées par la physique : « Dans la matière du corps, il y a des formes autres que la forme corporelle. Ces formes sont relatives à la quantité, au lieu et à d'autres choses analogues. S'il en est ainsi, les corps physiques absolument parlant ne sont constitués que de deux principes, la matière et la forme ;

1. *Nadjât*, p. 25.

mais à ces corps s'attachent les accidents qui surviennent du fait des neuf catégories. Il y a une différence entre la forme proprement dite et ces accidents : la forme a pour lieu la matière qui n'a pas par elle-même la nature spéciale du corps, tandis que les accidents ont pour lieu le corps qui subsiste par la matière et par la forme. La nature spécifique du corps a lieu antérieurement selon le principe. »

Le corps a des qualités premières et secondes ainsi définies : les premières sont telles que, si on les enlève, l'objet qu'elles qualifient s'anéantit; les secondes sont telles que leur enlèvement n'a pas pour conséquence l'anéantissement de l'objet, mais nuit seulement à sa perfection.

Avicenne passe de cette notion des qualités à celle de force dont l'analyse est intéressante. « Aucun corps, dit-il d'abord, ne se meut ni se repose de lui-même, » ce qui constitue un énoncé très net du principe d'inertie. Aussitôt après la pensée devient plus profonde : « le corps ne se meut pas non plus par un autre corps ou par une force découlant en lui d'un corps, s'il n'a pas en lui-même une force » convenable. On pourrait interpréter cette idée comme une conception dynamique, suivant laquelle la force serait toujours intérieure à l'objet qu'elle meut, contrairement aux conceptions statiques courantes d'après lesquelles la force semble agir sur des objets extérieurs. Mais Avicenne lui-même s'explique :

Ces forces qui sont inhérentes au corps ne sont autres

que les qualités premières d'où procèdent les qualités
secondes, et des qualités secondes procèdent les actions
du corps. On distingue trois classes de forces. Les premières sont celles qui conservent au corps ses qualités
relatives à la figure et au lieu naturels, et qui l'y font
retourner lorsqu'il en a été écarté ; c'est par exemple
la pesanteur. Cette espèce de forces s'appellent naturelles ; elles sont le principe du mouvement ou du repos essentiels et des autres qualités que le corps possède par essence. — La seconde espèce de forces sont
celles qui mettent le corps en mouvement ou en repos
et lui conservent ses qualités au moyen d'organes et de
manières diverses, soit sans conscience ni liberté de la
part du corps, et ce sont alors les facultés de l'âme vé-
gétative, soit avec conscience, et ce sont celles de l'âme
animale. Dans cette espèce rentrent les facultés de
l'âme humaine qui peut réfléchir sur les êtres et les
examiner ; et par là nous rejoignons la psychologie.
« L'âme est en général une qualité première du corps
qui a la vie par des facultés. » — Enfin la troisième espèce comprend les forces qui accomplissent des actions
analogues sans intermédiaire d'organe et avec une volonté constante, à savoir les facultés des âmes des
sphères ; et, par cette espèce, nous atteignons la métaphysique.

Voici donc une analyse de la notion physique de
force qui nous a fait en quelques mots traverser toute
la philosophie. Cette analyse, d'ailleurs, est belle, et
cette conception toute dynamique de la force serait

encore aujourd'hui de nature à plaire à certains esprits.
En un autre passage[1], Avicenne se rapproche un peu
plus des notions de la statique moderne. Il y insiste
sur cette remarque, qui a aussi son intérêt en métaphysique, qu'il n'y a pas de force infinie, attendu
que les effets des forces sont toujours finis et susceptibles de plus ou de moins; puis il représente les effets
de la force par la traction des fardeaux, le soulèvement
des poids; et il rappelle ce principe de mécanique que
ce que l'on gagne en intensité d'effet, on le perd en
espace parcouru; nous dirions : ce que l'on gagne en
puissance, on le perd en vitesse.

Avicenne a donc une intelligence claire des notions
mécaniques; et l'introduction de l'esprit métaphysique
dans cet ordre de questions a eu pour effet de le porter
à négliger un peu la conception de la force statique
pour s'appesantir sur la conception dynamique, qui
est évidemment plus haute.

Les notions de temps et de mouvement sont connexes,
ou pour entrer plus avant dans l'esprit de l'école
d'Avicenne, la notion de temps est dépendante de
celle de mouvement : « Le temps ne s'imagine qu'avec
le mouvement[2]. Là où l'on ne sent pas le mouvement,
on ne sent pas le temps. » Et notre philosophe appuie
sur l'aspect psychologique de cette idée en évoquant
cette comparaison : « C'est ce que l'on voit dans l'his-

1. *Nadjât*, p. 34. Section « sur ce qu'il ne peut pas exister de force
infinie ».

2. *Nadjât*, p. 31.

toire des Compagnons de la Caverne. » — Cette histoire
est la légende des sept dormants ; l'on sait que d'après
elle, sept jeunes hommes qui s'étaient réfugiés dans
une caverne pour échapper à la persécution de Décius,
s'y endormirent d'un sommeil miraculeux, et se ré-
veillèrent 240 ans plus tard, avec le sentiment d'avoir
dormi une seule nuit. — La même idée est exprimée
d'une manière plus métaphysique dans un passage
d'une épître d'Avicenne sur *les Fontaines de la Sagesse* [1] : « Le temps, est-il dit en cet endroit, n'a rien
à faire avec le repos. Ce n'est que par simultanéité
qu'il le mesure. Comme la coudée mesure les choses
par l'intermédiaire d'un morceau de bois, de même un
seul temps peut être la mesure de beaucoup de mouvements divers. » En réalité, selon ce système, les corps
physiques ne sont pas directement dans le temps ;
ils sont d'abord dans le mouvement lequel est dans le
temps. Cette idée très fine est très explicitement exprimée
dans la phrase qui suit celles que nous étions en train de
citer : « Le corps naturel est dans le temps, non par
son essence, mais parce qu'il est dans le mouvement,
qui est dans le temps. »

L'on juge déjà par le commencement de cette analyse,
de l'aisance avec laquelle étaient maniées ces notions.
Les scolastiques orientaux ont été très libres dans leurs
idées sur le temps ; ils n'ont éprouvé aucune gêne à le

---

1. Première épître de la collection des *Resâil fi'l-hikmet*, intitulée :
« La physique des fontaines de la sagesse, *Et-tabi'iât min oyoun el-
hikmet* ».

considérer comme un produit, comme une créature, et fréquemment leur pensée s'est supposée affranchie de cette condition du temps qui aujourd'hui nous semblerait plus tyrannique.

Voyez avec quelle simplicité en parle Avicenne [1] : « Le temps, dit-il, n'a pas été produit dans le temps, mais il a été produit comme principe, son producteur ne le précédant pas dans le temps ni dans la durée, mais dans l'essence. Si en effet il avait un principe dans le temps, il serait produit après n'avoir pas été, c'est-à-dire après un temps antérieur, » ce qui est contraire à l'hypothèse qu'il a une origine. « Donc le temps est principe, c'est-à-dire qu'il n'est précédé que par son créateur seul. » Quelques personnes peuvent être tentées de trouver ces réflexions transcendantes; mais le lecteur qui voudra bien s'abandonner sans parti pris à la conduite de notre auteur, jugera plutôt qu'elles sont naïves à force d'être rationnelles. Suivons donc l'analyse.

« Ce qui est produit dans le temps est ce qui n'était pas, puis est. Dire que cette chose n'était pas, signifie qu'il y a eu un état dans lequel elle manquait; mais cet état lui-même était. » Quant au temps, il n'est pas produit dans le temps, et il en est de même du mouvement, non pas de tout mouvement, mais du mouvement circulaire des cieux. — Il faut en effet nous habituer à cette idée que, dans ce système, le mouvement des sphères

1. *Nadjât*, p. 31.

célestes ou du moins de la sphère extérieure, est posé comme principe de toute l'activité du monde, d'une manière que nous expliquerons. Le temps n'est qu'une dépendance essentielle de ce mouvement; « le temps est la quantité du mouvement circulaire » ; — c'est la théorie que nous avons déjà rencontrée chez el-Kindi; — et comme ce mouvement est continu, le temps est continu.

Tous les êtres, poursuit Avicenne, ne sont pas dans le temps d'une manière immédiate. « Ce qui existe primairement dans le temps a pour parties le passé et l'avenir et pour extrémité l'instant; il y a des choses qui y existent secondairement : ce sont les mouvements; et d'autres qui ne s'y trouvent qu'au troisième degré : ce sont les mobiles, car les mobiles sont dans le mouvement et le mouvement est dans le temps. » Les instants sont dans le temps comme les unités dans le nombre, et les mobiles sont comme les choses dénombrées. Tout ce qui est continu est divisible et susceptible de recevoir le nombre. Il ne faut donc pas s'étonner que l'on ait divisé le temps. Les choses qui ne rentrent pas dans les trois classes que nous venons de dire ne sont pas dans le temps; ce n'est que par une sorte de transposition qu'on leur en applique la notion; ces choses sont dans une fixité que l'on compare à la fixité qui se trouve au fond du temps et que l'on appelle la durée (*dahr*). Le temps s'écoule dans la durée; et la mesure temporaire est appliquée aux choses qui ne sont pas dans le temps par l'intermédiaire de cette durée fixe. — C'est là, il faut le reconnaître, une analyse pénétrante dont beaucoup aujourd'hui pourraient tirer profit.

Il peut être intéressant encore d'écouter ce qu'Avicenne dit de la vitesse, parce qu'il en parle dans un esprit bien scolastique. Après avoir remarqué[1] que « tout mouvement donné est dans une certaine quantité de vitesse », il se pose la question : à quoi s'applique cette quantité ? « Cette quantité existe dans une matière, parce que ses parties ont lieu l'une après l'autre, donc elles sont produites, et tout ce qui est produit est ou dans une matière ou fait d'une matière. Or cette quantité n'est pas faite d'une matière, parce qu'ici ce n'est pas l'assemblage de la matière et de la forme qui est produit en premier lieu, mais bien l'assemblage de la forme avec une disposition qui est dans la matière. Donc il faut que cette quantité soit dans une matière. Mais toute quantité qui se trouve dans une matière et dans une donnée, est ou quantité de cette matière ou quantité de sa disposition. Or, dans le cas actuel, elle ne saurait appartenir à la matière, parce que, si elle lui appartenait par essence, son accroissement ferait croître la matière, et alors tout ce qui est plus rapide serait plus gros ou plus grand. Cette conséquence étant fausse, l'hypothèse l'est aussi. Donc la quantité de la vitesse appartient à la disposition qui est dans la matière. »

Nous avons traduit ce passage qui est assez curieux par son style; mais la conclusion en est remarquable

---

1. *Nadjât*, p. 30-31.

aussi. Avicenne place en somme le principe du mouvement dans une disposition de la matière du mobile ;
le mouvement est en puissance dans cette disposition,
puis il passe peu à peu à l'acte : « Le mouvement,
dit-il en un autre endroit[1], est ce que l'on conçoit de
l'état du corps lorsqu'il se modifie à partir d'une disposition qui réside en lui ; c'est un passage de la puissance à l'acte qui a lieu d'une manière continue, non
d'un seul coup. » Cette définition nous conduit à une
conception assez analogue à la notion moderne de force
vive, mais plus métaphysique en même temps que
moins mathématique, et elle nous ramène au point de
vue dynamique où nous avons vu qu'Avicenne s'était
de préférence placé dans l'analyse de la notion de
force.

Le lieu est défini chez Avicenne comme chez el-Kindi.
« Le lieu du corps, dit notre auteur[2], est la surface
qu'entoure ce qui avoisine le corps et dans laquelle il
est, » et en un autre endroit[3] : « Le lieu est la limite
du contenant qui touche la limite du contenu ; c'est là
le lieu réel. Le lieu virtuel, c'est le corps qui entoure le
corps considéré. »

Notre philosophe tire d'intéressants effets de la notion du lieu physique ou naturel, qu'il faut distinguer
de la précédente. « Tout corps a un lieu naturel, identiquement un » : C'est le lieu vers lequel il tend dans

1. *Nadjât*, p. 28.
2. *Les Fontaines de la sagesse*, p. 9
3. *Nadjât*, p. 33.

son mouvement naturel. Autrement dit tout corps abandonné à lui-même tend vers un lieu qui est toujours le
même. Le corps a aussi une figure et une position naturelles : « Le corps abandonné à lui-même[1] prend
une certaine position et une certaine figure. Il a dans
sa nature quelque chose qui l'y oblige. » Le corps
simple a pour figure naturelle la figure sphérique.

Il faut remarquer dans cette théorie la notion d'inclination et de tendance dont on n'a pas tiré parti dans la
physique moderne et qui est pourtant philosophique et
simple. Le corps écarté de son lieu ou de sa figure a
une tendance à y revenir par le moyen du mouvement.
« Le corps en état de mouvement a aussi une tendance
par laquelle il se meut, et que l'on sent si l'on lui fait
obstacle. » Plus l'inclination du corps vers son lieu naturel a de force, plus faible est l'inclination autre que
l'on peut lui donner par contrainte. Cette notion de la
tendance ou de l'inclination se généralise dans cette
philosophie, comme se généralise celle de mouvement.
Avicenne l'applique expressément au mouvement vital
qui emporte les êtres, les faisant passer d'une forme à
une autre entre leur génération et leur destruction[2] :
« Tout être sujet à la naissance et à la mort a en lui
une tendance au mouvement rectiligne » qui le porte
à chaque instant de sa forme actuelle à sa forme subséquente. Tout cela est très profondément senti et heu-
reusement formulé. Cette théorie est toujours en con-

1. *Ichârât*, p. 109.
2. *Ichârât*, p. 112.

formité avec la conception dynamique de la force que nous avons déjà louée ci-dessus.

Mais, en une circonstance particulière, l'idée du lieu naturel a trahi Avicenne, et lui a fait rejeter une vue physique proposée de son temps et qui longtemps après devait être reconnue juste. Il s'agit de la doctrine des pressions atmosphériques et hydrauliques. Quelques philosophes, au temps d'Avicenne, entrevoyaient cette doctrine. « Des gens ont pensé, nous dit-il lui-même [1], que le feu se porte en haut, la terre en bas, par contrainte... Cette contrainte serait une pression. Le feu surmonterait l'air, l'air, l'eau, et l'eau, la terre, à cause de la pression du lourd sur le léger s'exerçant par en haut ; le corps échapperait à la pression en se plaçant en sens contraire de celui où elle s'exerce, par rapport au corps pressant... Ces philosophes pensent que tous les corps tendent vers le bas, mais que le lourd refoule le léger. » Il était impossible d'exposer plus nettement que ne le faisaient ces savants du onzième siècle la théorie de la pesanteur atmosphérique et de la pression des fluides, dont la découverte fit la gloire des savants du dix-septième. Nous regrettons pour l'honneur d'Avicenne, d'avoir à constater qu'il méconnut la justesse de cette vue, et qu'il maintint, conformément à l'enseignement d'Aristote, que le léger allait en haut et que le lourd allait en bas comme à leurs lieux naturels.

Enfin de l'idée du lieu naturel la philosophie d'Avi-

1. *Nadjât*, p. 41.

cenne tira cette conséquence un peu singulière à énoncer qu' « il n'est pas possible [1] qu'il y ait un autre monde que celui-ci. » La raison en est que « un même corps ne peut pas avoir deux lieux naturels; qu'alors les corps semblables en formes et en force ont aussi le même centre et les mêmes inclinations naturels. Il ne saurait donc y avoir deux terres au milieu de deux mondes, ni deux feux dans deux sphères enveloppant deux mondes. »

Une question fameuse au moyen âge et jusque dans la science du dix-septième siècle, celle du vide, a été traitée par Avicenne avec des développements qui nous fourniront encore un intéressant exemple de l'état de la méthode scolastique à cette époque. Avicenne prétend démontrer l'impossibilité de l'existence du vide. Voici un abrégé de son raisonnement.

« Je dis d'abord, commence notre philosophe [2], que si l'on suppose un vide vide, il n'est pas rien pur, mais qu'il est essence, quantité, substance. Car pour tout vide vide donné, on peut trouver un autre vide plus petit ou plus grand que lui; il se trouve donc être susceptible de division dans son essence supposée manquante; or il n'en est pas ainsi du rien pur. Donc le vide n'est pas rien. — Ensuite : Tout ce qui est divisible a de la quantité; donc le vide a de la quantité. Toute quantité est continue ou discontinue. Or le vide n'est pas discontinu; en

---

1. *Nadjât*, p. 37.
2. *Nadjât*, p. 28. Cette thèse a son commencement dans la section sur
« le lieu. »

effet tout discontinu est tel ou par accident ou par essence. Tout ce qui est discontinu par accident est continu par nature. Ce qui est discontinu par essence manque de commune limite entre ses parties ; et en ce qui
est tel, chaque partie est indivisible ; et ce en quoi
chaque partie est indivisible, n'est pas susceptible
de recevoir en son essence la continuité : Donc le
vide n'est pas discontinu par essence. Alors il est continu par essence. Et comment cela ? On admet que le
plein peut le recouvrir dans sa quantité. Ce qui peut
être recouvert par le plein peut l'être par le continu ; et ce qui peut être recouvert par le continu est
continu. Donc le vide est continu. — Et encore : Le vide
a une essence fixe, aux parties continues, pouvant être
traversée suivant des directions. Tout ce qui est ainsi
est une quantité susceptible de position. » Avicenne
poursuit cette argumentation, montrant que, si le vide
existe, il a de la distance, qu'il possède les trois dimensions, qu'il est mesurable par essence. Puis il explique
que « le vide n'a pas de matière, » par cette raison que
« tout ce qui est susceptible de discontinuité a une matière, et que le vide n'est pas susceptible de discontinuité. » Après quoi il entame une assez longue discussion sur l'impénétrabilité, qui ne manque pas d'intérêt.

Deux corps solides, par exemple deux cubes égaux
sont impénétrables, c'est-à-dire que leurs dimensions
ne peuvent pas se superposer respectivement les unes
aux autres. Avicenne recherche si cette impossibilité a
lieu entre les matières des deux corps ou entre leurs di-

mensions, ou entre la matière de l'un et la dimension
de l'autre, ou entre les matières et les dimensions à la
fois. Il conclut qu'elle a lieu entre les dimensions. Ce
raisonnement un peu aride est présenté sous une forme
plus coulante dans la petite épître des *Fontaines de la
sagesse* [1]. Il s'agit de rechercher comment les dimensions du corps pourraient pénétrer celles du vide : « Ou
bien les dimensions du corps pénètrent celles du vide ou
bien non. Si elles ne les pénètrent pas, le vide est impénétrable, et alors il est plein, ce qui est contradictoire.
Si elles les pénètrent, des dimensions pénètrent des dimensions; et de la réunion de deux dimensions égales,
résulte une dimension égale à chacune d'elles, ce qui
est encore contradictoire. Les corps sensibles ne sont
pas pénétrables, et ce sont leurs dimensions qui empêchent de les concevoir tels. Celles-ci, en tant que dimensions, ne peuvent pas être pénétrées, non pas parce
qu'elles sont blanches ou chaudes ou qu'elles ont d'autres qualités analogues; mais, par leur essence même,
les dimensions ne se pénètrent pas. Il faut nécessairement que deux dimensions soient plus grandes qu'une
seule, parce que deux unités sont plus qu'une unité,
deux nombres plus qu'un nombre, deux points plus
qu'un point, nous ne disons pas plus grands qu'un point
car le point n'a pas de grandeur, mais il est susceptible
de multiplicité. » Ainsi donc, pour placer un corps dans
le vide, il faudrait supposer qu'au même moment on

1. *Les Fontaines de la sagesse*, p. 7.

anéantit le vide ; et pour employer la conclusion du *Nadjât* [1] : « ou bien le corps donné existe ailleurs que dans les dimensions du vide, ou bien le vide existe et aucun corps n'y peut être placé. »

« Il apparaît d'après ces principes, ajoute Avicenne, qu'il n'y a pas de mouvement dans le vide ; parce que, si une chose se mouvait dans le vide, ou bien ses dimensions pénétreraient celles du vide, et nous avons dit que cela ne se peut, ou bien cette chose entrerait dans le vide en le fendant, et nous avons vu aussi que cela est absurde. Il n'y a donc point de mouvement dans le vide et de même il n'y a point de repos. »

La conclusion de tout le raisonnement est que « le vide n'existe aucunement. Il n'est qu'un nom, comme l'a dit le premier maître ».

Si, après nous être intéressé à la méthode de cette discussion, qui est très serrée et très rigoureuse, nous désirons porter une appréciation sur les idées mêmes qui y sont contenues, nous remarquerons sans peine que le point précis de cette théorie qui heurte nos idées actuelles, est celui où il est affirmé que les dimensions du vide sont impénétrables. Il y a dans cette affirmation une espèce de matérialisation de la notion d'étendue qui nous étonne. Pour nous qui ne parlons plus guère de lieu ni de vide, mais qui parlons sans cesse d'espace et d'étendue, les dimensions de l'espace ont justement cette propriété que l'on y peut superposer

1. *Nadjât*, p. 33.

celles des corps matériels. L'espace est essentiellement pénétrable pour nous; l'étendue matérielle liée aux corps ne l'est pas. Pourquoi la scolastique a-t-elle rejeté cette notion si commode de l'espace vide et pénétrable? Ce ne doit pas être uniquement pour les arguments rationnels donnés ci-dessus; c'est plutôt, je le croirais, parce que, nonobstant certains préjugés, la scolastique était un système foncièrement empiriste et que, selon l'observation empiriste, l'espace vide n'existe pas.

La plupart des théories précédentes trouvent leur achèvement dans la manière dont Avicenne a traité le redoutable et éternel problème de l'infini. Dans cette philosophie ce problème revêtait plusieurs aspects dont les principaux étaient ceux-ci : y a-t-il un vide infini? y a-t-il un passé infini? les corps sont-ils divisibles à l'infini? existe-t-il un nombre infini? La solution générale donnée à ces questions était : l'infini n'existe pas en acte; il existe en puissance.

Farabi avait su, avec une concision saisissante, formuler cette réponse, à propos de la question de l'infinitude du monde[1] : « Toutes les sphères sont finies, et il n'y a pas derrière elles de substance ni quelque chose ni plein ni vide. La preuve en est qu'elles sont en acte et que tout ce qui existe en acte est fini. » Il est impossible de trancher plus résolument un plus difficile problème. Farabi au reste, non plus qu'Avicenne, ne prétend, dans cette solution, à aucune originalité; non

---

1. *Al-Fârâbî's philosophische Abhandlungen*, p. 99; § 36.

content de la rapporter à Aristote, il la fait remonter jusqu'à Socrate : « On raconte, ajoute-t-il de Socrate, d'après Platon, qu'il avait coutume d'exercer l'esprit de ses élèves en disant : si un être est infini, il faut qu'il soit en puissance, non en acte. »

Voici le raisonnement type que propose Avicenne, pour prouver l'impossibilité d'un infini actuel. Ce raisonnement se retrouve plusieurs fois dans son œuvre sous des formes un peu diverses. Nous le donnons d'abord sous une forme géométrique, tel qu'Avicenne l'a formulé dans le passage où il nie la possibilité du vide infini ; et nous prions le lecteur de le suivre avec attention, afin d'en remarquer l'imperfection. C'est ici un document important de l'histoire de l'esprit humain ; cette démonstration aisée mais vicieuse, a mis au développement de la philosophie et des sciences une entrave pesante et durable.

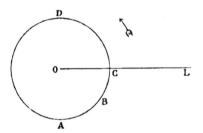

« Soit un mouvement circulaire [1] dans un vide infini, si l'on suppose que le vide infini est possible. Soit le mobile la sphère ABCD de centre O. Supposons dans le vide sans fin la ligne XY. Soit OC une ligne tirée du

1. *Nadjât*, p. 33.

centre vers le côté C et ne rencontrant pas (dans ce
sens) la ligne XY, même si on la prolonge à l'infini.
Quand la sphère tourne, cette ligne arrive à couper la
ligne XY, et elle se meut en la coupant et en étant
coupée par elle. L'intersection a lieu évidemment par
l'arrivée au contact de deux points (un sur chaque ligne).
Soient K et L ces points. Il est visible qu'il y a toujours
un point M qui arrive au contact avant le point K. Or le
point K a été supposé le premier point touché. Donc il y
a contradiction », et l'hypothèse est fausse. — Nous le
voyons sans peine, l'hypothèse fausse est qu'on puisse
marquer sur la ligne fixe un point K qui soit le premier
rencontré par la ligne tournante ; mais Avicenne a cru
que l'hypothèse fausse était celle qu'il avait placée en
tête de sa démonstration, l'existence du vide infini. Ce
raisonnement, s'il était juste, aurait donc pour conséquence non seulement l'impossibilité du vide infini, ce
qui nous toucherait assez peu, mais aussi l'impossibilité
de l'espace géométrique infini et celle de la science
géométrique à l'infini. Celle-ci n'était pas constituée au
temps d'Avicenne, et la philosophie en a souffert. Il
est juste pourtant de remarquer que l'analyse de cette
question dépendait au moins autant de l'esprit philosophique que de l'esprit mathématique, et l'on peut
blâmer ensemble la science d'avoir égaré la philosophie,
et la philosophie de n'avoir pas redressé la science.

Voici une autre forme de la même démonstration :
« Je dis qu'il ne se peut pas qu'il existe une quantité
infinie, continue et susceptible de position, ni un nombre

infini ordonné, et j'entends par ordonné qu'une de ses parties soit antérieure par nature à une autre. » En effet, supposons qu'une quantité soit infinie dans un sens. Il est possible d'en retrancher, par l'imagination, une partie, du côté fini. Cette quantité, prise avec cette partie, a une limite ; prise sans cette partie, elle en a également une. Faisons coïncider en imagination les deux extrémités du côté fini. Cela fait, ou bien les deux quantités s'étendront ensemble, se recouvrant dans toute leur étendue, et la quantité entière sera égale à la quantité diminuée, ce qui est absurde ; ou bien l'une des quantités sera moindre que l'autre, et alors elle sera finie ; mais la différence entre elles est finie ; donc la somme de la plus petite et de la différence sera finie ; donc la quantité entière le sera. Or elle est infinie ; par conséquent l'hypothèse est absurde. »

Il est aujourd'hui évident que toutes ces sortes de raisonnements sont sophistiques. Nous l'avons dit ; il est inutile d'insister davantage. Mais nous saisissons, non sans plaisir, cette occasion de faire remarquer qu'il est bien possible que la plupart des fameuses thèses et antithèses de ce que l'on appelle dans la philosophie kantienne les antinomies de la raison pure, n'aient jamais été démontrées par des raisonnements de plus de valeur. Peut-être qu'aujourd'hui, à une époque où la connaissance mathématique de la notion d'infini est vulgarisée, — elle ne l'était pas au temps de Kant, — si l'on examinait sans parti pris les preuves de ces antinomies, on ne les trouverait pas plus fondées que celles que fournissaient les écoles adverses au temps d'Avicenne. Je ne serais nullement étonné qu'on en arrivât promptement à la conclusion que, en ces matières, ni la thèse, ni l'antithèse ne sont démontrables, et qu'il n'y a point d'antinomies, mais seulement des raisonnements faux. Cependant, pour nous renfermer dans notre rôle d'historien, bornons-nous ici à conclure que, selon que nous l'avons déjà fait remarquer, si la philosophie d'Avicenne a erré, c'est qu'elle a pâti des faiblesses de la science.

Touchant l'infinitude dans le passé, l'enseignement d'Avicenne est affirmatif. Notre philosophe admet la possibilité de séries infinies écoulées, en considérant que ces séries passées n'existent plus que comme en puissance. Cette vue n'est pas évidente du premier coup, et Avicenne a dû se livrer à quelques efforts pour la justifier. Mais, puisque nous avons tout à l'heure évoqué le souvenir de Kant, qu'il nous soit encore permis de remarquer combien est factice la critique de ce philosophe à propos des antinomies ; la thèse que Kant a formulée, de la première antinomie : « le monde a un commencement dans le temps, il est limité dans l'espace », est en elle-même si peu solide et si peu une, que toute la grande école scolastique orientale, à la suite de l'antiquité, n'en a admis que la moitié : « le monde est limité dans l'espace », et y a adjoint la moitié de l'antithèse : « le monde n'a pas de commencement dans le temps ».

Avicenne appuie cette dernière proposition à peu près en ces termes : Les méthodes que l'on emploie, dit-il[1],

---

1. *Nadjât*, p. 34. Section sur « la négation de l'infini. »

pour nier la possibilité de l'infinitude dans le passé, reposent ou sur une argumentation fausse ou sur des prémisses sophistiques. « Pour nous, nous soutenons qu'il y a nombre sans fin et mouvement sans fin ; seulement ils ont une sorte d'existence qui est l'existence en puissance, non pas de cette puissance qui passe à l'acte, mais de celle qui signifie que le nombre peut être augmenté sans fin. » Et ailleurs[1] : « Des parties en nombre infini peuvent exister, n'étant pas ensemble, si par exemple elles se trouvent dans le passé ou dans l'avenir ; elles peuvent exister successivement. De même rien ne répugne à l'existence d'un nombre infini non ordonné en position ni en nature. » Et encore[2] : « l'existence des choses en nombre infini dans le passé ne leur appartient pas dans leur essence ; elles ne la possèdent que successivement, et si on commence à les compter à partir du moment actuel, le compte continue sans fin. »

Avicenne ne précise pas les objections que l'on faisait contre la possibilité de la série infinie passée. Nous pouvons en rappeler une fort ingénieuse d'après Gazali. Supposons qu'une série infinie d'êtres immortels, par exemple des âmes, soient nés successivement dans le passé. Au moment actuel, tous ces êtres existent, et par conséquent un nombre infini existe en acte, ce que l'école d'Avicenne déclare impossible.

Les corps, selon Avicenne, sont divisibles à l'infini en

1. V. la section précédente du *Nadjât*.
2. *Nadjât*, p. 34.

puissance. Notre philosophe rejette l'atomisme comme rationnellement faux.

Il paraît cependant que l'atomisme avait alors des partisans et Avicenne croit utile de citer quelques-unes de leurs objections : « Il y a, dit-il[1], cette objection que la divisibilité à l'infini rendrait le mouvement impossible. » Supposons en effet qu'un mobile parcoure une ligne limitée divisible à l'infini ; cette ligne est divisible par moitiés, la moitié l'est aussi, de même la moitié de sa moitié, et ainsi de suite, et l'on arrive à ce résultat que le mobile parcourt en un temps fini une infinité de moitiés, ce qui est absurde. — Voici une autre objection : Il n'y a pas de multiplicité sans que l'unité ne se trouve en elle. Si donc une multiplicité existe en acte, l'unité y existe en acte. Mais l'unité en acte est indivisible ; donc le corps doué de multiplicité a ses parties premières indivisibles.

Il est clair que ces objections ne valent rien. Celles qu'Avicenne fait de son côté à l'atomisme ne valent pas davantage. Il répond ainsi à la seconde des objections précédentes : Supposons qu'on puisse composer un corps d'un nombre fini de parties ; le corps simple sera celui qui ne sera pas composé de plusieurs parties ; mais le corps simple est divisible. Donc il y a contradiction et l'hypothèse est fausse.

La démonstration favorite d'Avicenne en faveur de la divisibilité à l'infini est celle qu'il tire de la notion du

1. *Nadjât*, p. 26.

contact [1]. « Il y a des savants, dit-il, qui pensent que tout corps a des divisions le long desquelles se touchent des parties qui ne sont pas des corps, dont les corps sont composés. Ces parties ne seraient divisibles ni par brisure, ni par coupure, ni en imagination ou en hypothèse ; et chaque partie intermédiaire en empêcherait deux autres de chaque côté de se toucher. » La réponse d'Avicenne est, en somme, que ou bien cette partie intermédiaire est touchée de la même manière par les parties qui sont à ses côtés, c'est-à-dire qu'elle est pénétrée par elles, que toutes les parties se compénètrent et qu'il ne se forme point de volume, ou bien cette partie n'est pas touchée par la partie qui est d'un côté de la même manière qu'elle l'est par la partie de l'autre côté, et alors elle est divisible. En d'autres termes, ou il y a contact complet et alors pénétration, ou il y a contact partiel et alors division.

Enfin Avicenne, ayant affirmé que le mouvement est divisible à l'infini en puissance, parce qu'il a lieu le long de lignes divisibles à l'infini en puissance, croit réfuter ainsi la thèse adverse que le mouvement est composé de parties indivisibles séparées par des repos [2] : Le mouvement de la flèche ou celui de l'oiseau, qui sont très rapides, étant supposés composés de parties indivisibles, le sont ou sans intercalation de repos ou avec intercalation de repos très petits par rapport aux parties

1. *Ichârât*, p. 90, *Nadjât*, p. 26, *Chahrastani*, p. 397, et l'épître des *Fontaines de la sagesse*, p. 9.
2. *Nadjât*, p. 29.

du mouvement. S'ils sont composés sans intercalation de repos, alors ces mouvements sont égaux au mouvement du soleil ou plus rapides que lui, ce qui est absurde ; et s'ils le sont avec intercalation de repos moindres que les parties de mouvement, l'excès de la vitesse du soleil sur celle de l'oiseau ou de la flèche sera moindre que le double ; or l'on sait qu'il n'y a aucune proportion mesurable entre ces deux vitesses. Donc l'hypothèse est insoutenable. — Une fois de plus, il est évident que l'hypothèse est insoutenable telle que la présente Avicenne, mais qu'elle cesserait de l'être moyennant quelques modifications faciles à imaginer.

Nous avons, sans crainte de fatiguer le lecteur, insisté sur tous ces raisonnements. Nous les croyons importants, non pas certes par eux-mêmes, — ils sont tous faux, — mais parce qu'ils marquent une étape à laquelle s'est longtemps arrêté l'esprit humain. Plusieurs siècles durant, sur ces questions où entrait le concept d'infini mathématique, les philosophes se sont opposé des solutions contradictoires. Kant a prétendu mettre un terme au débat en rejetant ces contradictions sur le compte de la raison. Il eût été plus simple et, à notre avis, infiniment plus juste, de reconnaître, à la lumière d'une science plus avancée, la vanité de toutes ces démonstrations opposées, et de conclure que, dans ce genre de questions, la thèse et l'antithèse sont également acceptables et qu'elles ne sont ni l'une ni l'autre dans la dépendance d'aucune nécessité rationnelle.

# CHAPITRE VIII

## LA PSYCHOLOGIE D'AVICENNE.

La psychologie d'Avicenne forme une très belle et très solide construction, qui doit sembler neuve selon l'ordre historique que nous suivons. Je veux dire qu'on ne la rencontrerait pas achevée avec tous ses caractères essentiels, — l'œuvre de Farabi ne nous étant pas suffisamment connue, — chez aucun des auteurs antérieurs à Avicenne. Nous voudrions, pour être interprète fidèle de notre philosophe, donner de cet ensemble une représentation à peu près complète.

La psychologie comprend chez Avicenne l'étude de l'âme et celle de l'intelligence, deux éléments que nous distinguons mal, mais qui, à ce stade de l'enseignement scolastique, présentaient une différence très claire de genre à espèce. L'âme d'abord est, en thèse générale, une sorte de collection de facultés ou de puissances surajoutées au corps matériel qui est par elles complété et rendu actif. « L'âme, dit Avicenne, est le premier complément au corps naturel, » et auparavant : « Toutes

les actions végétales, animales et humaines proviennent
de forces ajoutées à la corporéité et au mélange des
éléments qui constitue les corps[1]. » En d'autres termes
toutes les actions des corps animés proviennent de facultés. L'on comprend combien cette thèse met en rapport étroit l'idée métaphysique de puissance avec l'idée
psychologique de faculté. De la puissance métaphysique
sort l'acte en général, de même que des puissances de
l'âme sortent les actes des corps ; il y a harmonie parfaite, presque identité entre les deux notions, et l'arabe
n'a d'ailleurs qu'un mot pour exprimer ces deux idées,
le mot *kowah*, force.

L'âme est un genre qui comprend trois espèces : l'âme
végétale, l'âme animale et l'âme raisonnable ou intelligence. Chacune de ces espèces a ses caractères et ses
facultés propres.

L'âme végétale a trois facultés selon Avicenne[2] : les
facultés de génération, d'accroissement et de nutrition.
« La force nutritive est celle qui change un autre corps
en la figure du corps dans lequel cette force réside, et
qui le rend partie inhérente de ce dernier corps à la
place de celui dont il dépendait d'abord. La force d'accroissement est celle qui ajoute au corps où elle réside
un corps qui lui est semblable selon les trois dimensions
et dans les proportions convenables pour qu'il atteigne
la perfection de sa croissance. La force génératrice est
celle qui prend du corps où elle réside une partie qui

1. *Nadjât*, p. 43.
2. *Nadjât, loc. cit.*

lui est semblable en puissance, laquelle, avec l'aide d'autres corps semblables au premier par la nature et le mélange, lui devient semblable en acte. »

Les frères de la pureté avaient compté sept facultés de l'âme animale ; le système des vulgarisateurs était sur ce point moins simple que celui du savant, et ce nous peut être une occasion de reconnaître ici en Avicenne cette puissance de condensation qui paraît être une des qualités maîtresses des principaux philosophes arabes. Les facultés de l'âme végétale dans le système des frères de la pureté sont[1] : une faculté attractive qui suce les sucs de la terre et en retire les éléments convenables à la plante ; une faculté de retention qui saisit et retient ces éléments ; une faculté digestive qui les triture et les mêle, après quoi une faculté distributive les envoie en les répartissant jusqu'aux extrémités de la plante ; une faculté nutritive l'en nourrit ; une faculté d'accroissement l'en augmente ; enfin une faculté formative donne à la plante sa forme et sa couleur.

Les caractères de l'âme animale consistent en ce qu'elle saisit les particuliers et qu'elle se meut volontairement. Elle est jointe chez les animaux à l'âme végétale. L'âme raisonnable, jointe chez l'homme à l'âme végétale et à l'âme animale, a pour caractères qu'elle saisit les universaux et qu'elle agit par libre choix. Les âmes animale et raisonnable ont en propre des facultés de perception et des facultés d'action. L'étude des se-

1. *Die Abhandlungen der Ichwân es-Safâ,* ed. Dieterici, p. 142.

condes constitue la théorie des passions, qui n'est pas très développée chez Avicenne. L'étude des premières constitue, dans l'âme animale, la théorie de la perception et, dans l'âme raisonnable, la théorie de la connaissance ; nous allons nous en occuper.

Pour bien comprendre l'ensemble de la théorie de la perception sensible et de la connaissance intellectuelle dans ce système, il ne faut pas perdre de vue la disposition générale du plan de toute cette philosophie, qui est un plan en échelle. Les règnes végétal, animal et humain s'y superposent dans l'échelle des êtres, reposant en bas sur le règne minéral et sur la matière, touchant en haut le règne angélique et le monde de l'esprit. Les caractères essentiels des trois espèces d'âmes forment une progression qui s'étend depuis la vitalité inconsciente des végétaux jusqu'à l'activité libre et raisonnable de l'homme. La psychologie proprement dite est ordonnée selon le même principe de gradation. Les âmes animale et humaine prises ensemble présentent toute une échelle de facultés, depuis celles qui procurent la sensation brute jusqu'à celles qui ont pour fin l'illumination mystique.

Au bas, donc, de l'âme animale sont les facultés élémentaires des sens ; au-dessus de celles-ci sont des facultés qui retiennent, groupent et interprètent d'une manière immédiate les données sensibles. « La force perceptive, dit Avicenne[1], parlant de l'âme animale, est

1. *Nadjât*, p. 44.

de deux sortes : celle qui perçoit du dehors et celle qui perçoit du dedans. » La perception externe comprend les sens ; la perception interne comprend la mémoire, l'imagination et un premier degré de réflexion.

Il y a cinq sens qui sont ceux que connaît le vulgaire, à moins qu'on ne préfère en compter huit, en divisant en quatre le sens du toucher, de cette façon : « Le toucher est un genre, dit notre philosophe[1], divisible en quatre espèces qui ont communément pour organe la peau et qui perçoivent respectivement : le chaud et le froid, le sec et l'humide, le dur et le mou, le rugueux et le lisse. » Avicenne a étudié la façon dont opèrent les divers sens ; mais cette analyse, qui relève plutôt de l'histoire naturelle que de la philosophie, n'offre pas, je crois, un bien grand intérêt, et il suffira de résumer, à titre d'exemple, ce qu'il dit du sens de la vue[2].

Quelques personnes ont pensé que de la vue sort quelque chose que l'on appelle un rayon (*cho'*), qui va à la rencontre des objets et qui saisit leurs formes du dehors. D'autres croient qu'il y a autour des corps visibles un milieu corporel transparent et que, quand la lumière tombe à travers ce milieu sur l'objet, l'image de celui-ci est renvoyée par une sorte de réflexion dans la prunelle où elle est perçue. Cette seconde théorie nous semblerait, quoique un peu vague, fort raisonnable aujourd'hui. Avicenne réfute la première avec minutie. Il dit, entre autres choses, que, si le rayon émis par l'œil

1. *Nadjât, loc. cit.*
2. Le *Nadjât*, p. 44, contient une section spéciale sur *la vue*.

n'est pas un corps, on ne peut lui appliquer l'idée de mouvement longitudinal, et que, s'il en est un, au moment où il parvient à la sphère des fixes, il serait un corps d'une dimension énorme sortant de l'œil qui est tout petit. Notre philosophe admet qu'il y a, dans la vision, un fantôme (*chabah*) de l'objet, qui se trouve renvoyé par la lumière vers l'œil; mais il ne précise pas davantage cette théorie que nous ne l'avons fait ci-dessus. Dans le traité de psychologie publié par Landauer[1], il rapporte l'opinion qu'il accepte à Aristote et la première, celle qu'il rejette, à Platon.

D'une façon générale, le thème de la théorie de la perception sensible dans cette scolastique est celui-ci[2] : « La perception d'une chose consiste en ce que sa réalité s'imite dans le percevant; » la forme de l'objet perçu est dans le sujet qui perçoit. Cette doctrine est, au reste, exactement la même que celle de la perception intellectuelle.

Une question en découle naturellement : comment ces formes envoyées aux organes se conservent-elles? La réponse générale est, pour les sensibles, que les formes viennent au sens commun; là elles sont mises à la portée de diverses facultés qui leur font subir une série d'opérations. La théorie d'Avicenne, non plus que les perceptions sensibles, ne s'arrête longtemps au sens commun; celui-ci n'a pas par lui-même de rôle bien déterminé; il est à peine une faculté, et il n'a guère

1. *Die Psychologie des Ibn Sînâ*, Z. D. M. G. 1876, p. 392.
2. *Ichârât*, p. 12.

que la fonction, pour ainsi dire administrative, d'être
une espèce de bureau central où passent les perceptions
venues du dehors avant d'être élaborées par les facultés
du dedans. Au point de vue de la localisation anatomi-
que, le sens commun a pour organe l'esprit répandu
dans le système nerveux et surtout dans la partie antérieure du cerveau[1]. Les localisations des facultés sont
échelonnées comme ces facultés mêmes.

Le tableau des facultés de l'âme animale qui agissent, au dedans, sur les données des sens, n'est pas
absolument fixe chez les philosophes arabes ni dans
les œuvres d'Avicenne en particulier. Landauer a étudié une partie de ces variantes[2]; cela nous permettra
de ne pas nous en embarrasser et de ne donner ici que le
dessin que nous jugerons le plus clair. Les rôles res-
pectifs de ces facultés sont d'ailleurs assez délicats à
définir. Elles servent ensemble à opérer un travail in-
complet d'abstraction sur les données des sens, sans les
dépouiller tout à fait de la matière, ce qui est le propre
de l'intelligence; elles servent aussi à les grouper par
une espèce de synthèse imaginative, sans que pourtant

1. *Ichârât*, p. 124.
2. Landauer, *op. laud.*, p. 403. — Landauer a étudié dans ses notes les
rapports entre la théorie d'Avicenne et celle d'Aristote. Nous renvoyons
le lecteur à ces observations qui prouvent que les forces de l'âme selon
Avicenne ne correspondent pas identiquement à ce qu'elles sont chez Aristote. Celle que nous appelons l'opinion (*el-wahm*) correspond en partie à
la δόξα; la cogitative (*el-mofakkirah*) est mise en parallèle par Landauer
avec la force logistique λογιστιχή. L'imaginative (*el-motakhayilah*) répond à la force esthétique αἰσθητιχη. Il est difficile en définitive d'arriver
à des rapports stables dans cette matière un peu mouvante.

dans ce système le rôle de l'imagination soit parfaitement élucidé, et sans que l'imagination y ait une existence nettement distincte ; en outre, elles retiennent les
résultats de cette abstraction et de cette synthèse,
comme le ferait la mémoire.

On peut énoncer que ces facultés internes sont au
nombre de quatre, nommées : la formative, la cogitative, l'opinion et la mémoire.

La formative (*el-mosawirah*) est le trésor de ce que
saisissent les sens. Elle retient la forme sensible, par-
tiellement dégagée des conditions de lieu, de site, de
quantité, de mode, après que l'objet sensible a cessé
d'impressionner les sens. Une goutte qui tombe, un
point embrasé qui tourne avec rapidité nous laissent
voir une droite liquide, un cercle de feu [1]. Nous conti-
nuons donc à percevoir l'objet en un lieu où il n'est
plus ; il y a là un phénomène de conservation de l'image,
un premier degré de mémoire. Le rôle mnémonique de
la formative est cependant plus étendu, sans doute,
qu'on ne le jugerait d'après cet exemple. L'eau, dit
ailleurs Avicenne [2], a la faculté de recevoir l'image et
non pas celle de la retenir ; de même le sens la reçoit ;
mais il faut, pour la retenir, une autre faculté, et c'est
la formative. En termes plus métaphysiques [3], quand
la forme sensible est ôtée de la matière qui la suppor-
tait dans la réalité, elle ne s'évanouit pas du coup, ce

1. *Ichârât*, p. 124.
2. *Nadjât*, p. 45. Cf. *Ichârât*, 122.
3. *Nadjât*, p. 47.

qui rendrait toute connaissance à jamais impossible ;
mais elle se conserve, dépouillée de cette matière, sinon
de toutes les dépendances de la matière, dans une certaine faculté qui est la formative. Cette faculté est
appelée en cet endroit d'un nom qui la rapprocherait davantage de l'imagination : *el-khaiâl*, la fantaisie (*phan-
tasia*)[1]. Avicenne dit de même en un autre passage[2] :
« La chose est sensible tandis qu'elle est perçue ; ensuite
elle devient imaginable. » Nous pouvons donc en somme
nous représenter la formative comme un degré em-
bryonnaire de mémoire et d'imagination. Cette faculté
est localisée dans la cavité antérieure du cerveau.

La formative est suivie par une faculté qui ressemble
à un embryon d'intelligence, bien qu'il ne faille pas
oublier qu'elle n'est, comme tout ce groupe de puissances, qu'une faculté animale. On appelle cette puissance la cogitative (*el-mofakkirah*) et aussi l'imaginative
(*el-motakhayilah*) et encore la collective (*el-mokallidah*).
Le rôle assez mal défini de la cogitative est d'opérer un
premier travail, encore très fruste, d'abstraction, de grou-
pement, d'association, de généralisation sur les données
des sens retenues par la formative. Elle élabore les notions qui vont servir à la faculté suivante, ou opinion,
pour former ses espèces de jugements. Cependant, on
l'entend bien, ni les notions de la cogitative ne sont vraiment des idées, ni les jugements de l'opinion ne sont

---

1. Cf. *Ichârât*, 124, l. ult. et la définition du *Tarifât* reproduite dans
Freytag, *Lexicon arabico-latinum* au mot *Khiâl*.
2. *Ichârât*, p. 122.

vraiment des jugements intellectuels, car les objets sur
lesquels agissent ces facultés ne sont pas des universaux,
mais seulement des particuliers très imparfaitement
dégagés des conditions de la matière. La cogitative a
son siège dans la partie antérieure de la cavité moyenne
du cerveau tout près de l'opinion.

L'opinion (*el-wahm*), localisée dans la partie postérieure de la cavité moyenne du cerveau, a le pouvoir de
grouper dans des espèces de jugements ayant de la généralité, les notions grossièrement abstraites par la cogitative des données des sens. Cette faculté, qui est évidemment la puissance dominante dans l'âme animale a,
comme on s'en rend compte, un rôle et une importance
énormes. Elle coïncide en somme à peu près avec ce
que, chez l'animal, nous appelons l'instinct, et dans
l'homme elle englobe tout cet ensemble d'opinions, de
sentiments, de préjugés qui naissent en nous par l'effet
d'expériences rudimentaires ou d'impulsions incons-
cientes; nous aimerions à l'appeler simplement, si nous
ne craignions de heurter la terminologie scolastique,
« l'intelligence animale ». La brebis, pour tirer un
exemple des écrits d'Avicenne, a une certaine notion du
loup, distincte de la perception d'un loup particulier;
cette notion est, je suppose, pour ce philosophe comme
une espèce de forme sensible assez grossièrement tra-
cée dans l'âme de la brebis par la faculté cogitative [1].

---

1. *Ichârât*, 124 : « La brebis perçoit du loup un abstrait non sensible,
et le bélier perçoit de la brebis un abstrait non sensible, d'une perception
particulière. »

Quant à l'opinion, elle fait naître, à propos de cette notion, certains sentiments, moins semblables à des jugements intellectuels qu'à des impulsions physiques, par lesquels la brebis est avertie, entre autres choses, lorsqu'elle voit un loup, qu'il doit être fui. De la même façon un homme voyant un enfant sent, avant tout raisonnement, qu'il doit le traiter doucement [1].

L'ensemble de ces puissances est complété par une quatrième faculté, la mémoire (*el-hâfizah* ou *ez-zâkirah*) qui conserve les jugements élaborés par l'opinion. La mémoire a son siège dans la partie postérieure du cerveau.

Voici quelques lignes extraites du *Nadjât* qui pourront servir comme pièce justificative pour la théorie que nous venons d'exposer, en même temps qu'elles donneront quelques aperçus de plus sur ce point un peu obscur de l'existence d'espèces d'idées générales dans l'âme animale [2] : « Le sens [externe] tire la forme de la matière avec toutes ses dépendances [de lieu, de site, de quantité, de mode]... La formative et l'imaginative purifient davantage la forme extraite de la matière; il n'est plus nécessaire, pour que ces facultés saisissent la forme, qu'elle soit dans une matière [comme cela était nécessaire pour la perception par le sens externe]; car, quand la matière est absente ou évanouie, la forme subsiste dans la formative, mais non dépouillée des dépendances de la matière. Le sens donc ne séparait pas com-

1. *Nadjât*, p. 45.
2. *Nadjât*, p. 47.

plètement la forme de la matière, et il ne la dépouillait
pas du tout des dépendances matérielles. La formative la
sépare tout-à-fait de la matière; mais elle ne la dépouille
pas du tout des dépendances matérielles, car la forme
dans la formative est selon la forme sensible... L'opinion
produit un degré plus élevé de purification; elle saisit les
abstraits qui, par leur essence, ne sont pas dans des matières, lorsqu'il leur arrive accidentellement d'être placés
dans une matière. Par exemple le bien et le mal, le convenable et le contraire sont des choses qui par elles-mêmes ne sont pas dans une matière [parce qu'elles sont in-
telligibles]; mais il leur arrive d'y être, et alors l'opinion
les atteint et les saisit. Cette espèce de perception est
plus condensée et plus simple que les deux précédentes;
mais la forme n'y est pas encore dépouillée des dépendances matérielles. » L'intelligence seule perçoit la forme
dépouillée de la matière et de toutes ses dépendances.

Nous avons donné la théorie de l'intelligence en parlant de Farabi. Si nous y revenons ici, brièvement, c'est
pour ne pas rompre l'unité de notre exposition, et en
observant au reste que cette doctrine est l'une des plus
importantes, des plus caractéristiques et des plus belles
de toute cette philosophie, et que la manière dont la
présente Avicenne diffère sur quelques points de celle
de son devancier.

« Le sens, dit Avicenne, copiant Farabi, mais sans le
nommer, est du monde de la créature. L'intelligence est
du monde du commandement. Ce qui est au-dessus de

ces deux mondes est voilé au sens et à l'intelligence. »
L'intelligence ou âme raisonnable se divise comme nous
l'avons indiqué déjà, en intelligence pratique et en intelligence spéculative. La première est la faculté mo-
trice qui préside à l'action ; elle est en relation avec ce
qui est au-dessous d'elle, le monde animal qu'elle doit
gouverner. La deuxième est la faculté perceptive que
nous, nous appelons proprement intelligence ; elle est
en relation avec ce qui est au-dessus d'elle, les principes supérieurs auxquels elle doit obéir. L'on reconnaît
toujours la disposition graduée sur laquelle nous avons
attiré l'attention de nos lecteurs.

L'intelligence spéculative à son tour se divise, selon
que Farabi nous l'a antérieurement appris, en une série
échelonnée d'intelligences spéciales, dont les fonctions
sont ordonnées d'après la notion métaphysique de la
puissance et de l'acte ; le thème de la doctrine consiste
à prendre l'intelligence à l'état de puissance et à la faire
passer en acte. Farabi s'était pour cela servi de trois
échelons placés dans l'âme humaine, au-dessus desquels
il avait établi, hors de l'âme, l'intellect agent. Avicenne
a recours à quatre échelons, auxquels il soude en haut
une intelligence mystique que son prédécesseur avait
laissée un peu en dehors de cette théorie. A ces cinq
intelligences, il n'omet pas d'adjoindre l'intellect
agent.

Voici comment notre philosophe procède[1] : La puis-

1. Ce qui suit est rédigé principalement d'après *Nadjât*, 45, section sur
*la force intellectuelle*. Cf. *Ichârât*, 128.

sance, remarque-t-il, est de trois sortes. Elle est d'abord
un état absolu de possibilité d'où rien ne sort en acte ;
telle la puissance qu'a l'enfant d'écrire ; c'est la puissance matérielle. Elle est ensuite une disposition prochaine à l'acte, mais où l'acte ne se réalise pas, par défaut de quelque instrument ou de quelque connaissance ; telle est chez l'enfant la puissance d'écrire, s'il
ne sait pas tout-à-fait bien ou si la plume est absente. On appelle cette puissance « possible », d'autres disent « de possession ». Enfin dans le troisième
état la disposition est complète et il ne manque plus que
la volonté. C'est la puissance d'écrire chez le scribe
lorsqu'il a ses instruments. Avicenne appelle cette espèce « puissance de possession ; » d'autres la nomment
« puissance achevée ».

Or de même qu'il y a trois états de la puissance, de
même l'intelligence qui n'est au fond, comme nous avons
dit, qu'une faculté ou une puissance, a tout d'abord
trois états. Le premier est celui de l'intelligence matérielle, qui n'est qu'une possibilité absolue de connaître. Le philosophe remarque expressément qu'on lui
donne ce nom par comparaison avec la matière première, qui n'est qu'une possibilité absolue de recevoir
des formes ; c'est de la psychologie à base métaphysique.
Le second état est celui de l'intelligence possible ou « de
possession » qui est déjà en acte par rapport à la précédente, car elle a acquis quelque chose : les vérités
premières et nécessaires, telles que le tout est plus grand
que la partie ou deux choses égales à une troisième

sont égales entre elles. Ce degré là n'est pas dans Farabi. Le troisième degré est celui de l'intelligence qui est dans un état de préparation parfaite, et en laquelle peuvent à tout moment se produire les formes des intelligibles acquises après les vérités premières. On appelle ce degré « intelligence en acte », quoiqu'il ne soit encore en réalité que le plus haut degré de l'intelligence en puissance.

Alors l'intelligence étant ainsi prête, la compréhension des formes s'y réalise et cette intelligence devient ce que l'on devrait proprement nommer l'intelligence en acte, mais ce que cette terminologie un peu défectueuse nomme « l'intelligence acquise ».

Au-dessus de ce degré d'intelligence, Avicenne place un cinquième état, commun seulement à quelques hommes; c'est celui que l'on appelle « l'esprit saint ». Cette sorte d'intelligence connaît immédiatement les choses, et avec elle on entre dans le mystique.

On lira peut-être avec plaisir cette comparaison tirée des *Ichârât* qui illustre les rôles successifs de ces intelligences [1] : « D'autres facultés de l'âme sont relatives au besoin qu'elle a de rendre sa substance achevée comme intelligence en acte. La première de ces facultés est une faculté disposée pour recevoir les intelligibles, que quelques-uns appellent l'intelligence matérielle. C'est la niche destinée à recevoir une lampe. Elle est suivie par une autre faculté qui se manifeste en elle

1. *Ichârât*, p. 126.

quand les premiers intelligibles y paraissent, et par laquelle elle est préparée à acquérir les seconds intelligibles, soit par la réflexion qui est comme l'huile d'olive
si elle est faible, soit par l'intuition qui est encore
comme l'huile d'olive si elle est plus forte; cette autre
faculté s'appelle intelligence de possession et elle est
comparable au verre de la lampe. Puis vient la faculté
noble, celle qui atteint au plus haut degré : c'est la faculté sainte; l'huile est presque allumée. Ensuite paraissent une faculté et une perfection. Par la perfection les
intelligibles se produisent en acte, d'une manière com-
parative, dans l'esprit; et c'est comme une lumière sur
une lumière. La faculté produit l'intelligible acquis
dont on s'occupe, comme un spectacle, quand elle
veut, sans avoir besoin d'une acquisition nouvelle; elle
est la mèche de la lampe. La perfection s'appelle l'intelligence acquise, et la faculté s'appelle l'intelligence
en acte. Ce qui fait passer l'intelligence de possession
à l'acte complet, et l'intelligence matérielle à l'état d'intelligence de possession, c'est l'intellect agent; et c'est
le feu. »

L'intellect agent a dans le système d'Avicenne le
même rôle que dans celui de Farabi. « Il est clair, dit
notre auteur, que l'intelligence en puissance ne sort en
acte qu'à cause d'une intelligence toujours en acte. »
Toute espèce de perception ou de connaissance consiste
en ce qu'une forme de l'objet vient se tracer dans le
sujet. Or ces formes sensibles ou intelligibles ne sont
pas toujours en présence du sujet; il faut qu'elles

soient gardées quelque part. Les formes sensibles se
conservent dans la mémoire ; mais les formes intelligibles qui ne peuvent résider que dans une substance
incorporelle, étant par hypothèse sorties de notre
intelligence, ne peuvent plus se retrouver que dans
une substance extérieure à nous. Cette substance est intelligente en acte. Quand l'âme raisonnable se joint à
elle, elle saisit en elle les formes intelligibles, ou telle
ou telle de ces formes selon qu'elle est disposée. « L'âme
raisonnable [1] ne comprend une chose que par sa jonction avec l'intellect agent. »

Avicenne combat les philosophes qui prétendent que
l'âme, dans sa jonction avec l'intellect agent, devient
cet intellect même ; il remarque que cela rendrait l'intellect agent divisible, l'âme s'identifiant à l'une de
ses parties, ou bien que cela supposerait l'âme parfaite, en possession de tous les intelligibles. Il avait
auparavant réfuté cette opinion sous cette forme : que
l'âme comprenant une forme, la devient. Que faut-il
penser, demandait-il, de l'âme lorsque, après avoir
compris A, elle comprend B ? Devient-elle une autre
âme, ou lui est-il impossible de jamais comprendre B,
une fois qu'elle s'est identifiée avec A ?

La fonction propre de l'intelligence, dans la théorie
d'Avicenne, c'est de saisir les universaux ; celle des sens
était de saisir le particulier. Mais l'étude des universaux chez ce philosophe n'aboutit pas à une théorie in-

1. *Ichârât*, p. 179.

dépendante, et cette théorie se présente plutôt comme
un corollaire en divers endroits de sa philosophie. Nous
l'avons rencontrée en logique, nous la retrouverons en
métaphysique où elle est annexée à la théorie des
causes. Ici, en psychologie, nous pouvons la déduire de
tout ce qui vient d'être dit sur les sens et sur l'intelligence.

Les intelligibles existent; cela est affirmé à maintes
reprises dans l'exposé d'Avicenne comme dans celui de
Farabi, et ces intelligibles se confondent en somme avec
les universaux. Le vulgaire se figure, dit quelque part
Avicenne[1], que l'existant, c'est le sensible, et que ce qui
n'est pas sensible n'existe pas. Mais il suffit de réfléchir
un peu pour sentir l'inanité de cette croyance. Un
même terme abstrait, celui d'homme, par exemple, s'applique à deux objets sensibles Zéïd et Amrou. Or ce
terme est ou non saisi par les sens. S'il l'est, il faut qu'il
ait, comme tout sensible, un lieu, une position, une
quantité, une manière d'être déterminés. Mais on voit
bien qu'il n'en est rien; le concept d'homme n'a ni nombre, ni site, ni lieu, ni mode spécial. Donc ce concept
n'est pas sensible, mais intelligible pur; et il en est de
même de tous les universaux.

Les sens amènent à l'âme les particuliers, qui sont
sensibles; l'âme en extrait les universaux, qui sont intelligibles; mais elle ne les comprend en acte que par
sa jonction avec l'intellect agent où les intelligibles rési-

1. *Ichárdt*, p. 138.

dent. Quant aux particuliers, outre qu'ils sont perçus par les sens, ils sont aussi susceptibles d'être compris par l'intelligence, non en tant que particuliers, mais en tant qu'effets de leur cause ; et c'est ici que cette théorie relève de la métaphysique. Cette compréhension constitue la science du particulier, laquelle est une opération intellectuelle et ne doit pas être confondue avec la perception du particulier par les sens. Ainsi, selon un exemple que nous avons vu en logique, et qu'Avicenne lui-même répète, l'éclipse particulière est perçue, en même temps qu'elle est comprise comme effet des mouvements des astres. D'ailleurs les universaux aussi, tout en étant saisis par l'intelligence, sont en même temps compris dans leurs relations avec leurs effets et leurs causes. L'éclipse en général est comprise comme l'effet de l'interposition de la lune entre le soleil et la terre.

En somme la perception sensible est à la base de toutes les opérations de l'âme ; mais l'âme raisonnable après s'être servie du sensible pour se disposer à recevoir en elle les intelligibles, se sépare de plus en plus des sens et se rapproche, selon sa nature, des réalités universelles. « L'âme, dit fort bien Avicenne [1], après s'être servie des sens, revient de plus en plus à son essence », c'est-à-dire qu'elle se dégage de plus en plus de la matière pour s'élever à des jugements purement intelligibles.

1. *Nadjât*, p. 50. ·

Que cette théorie soit belle, cela n'est guère douteux.
Je conviens cependant qu'elle est de nature à irriter les
gens qui tiennent à faire rentrer les esprits ou les systèmes dans des cadres préalablement tracés. Elle unit
fort adroitement des vues que l'on est habitué à considérer comme opposées. Empiriste à son début par le
rôle fondamental qu'elle donne aux sens, et aussi par là
aristotélicienne, elle se déploie en un idéalisme tout
platonicien, car l'intellect agent est bien près d'être
identique au monde des idées. A qui revient en définitive le mérite de cette synthèse, il serait difficile de
l'établir avec précision. Je ne crois pas que nous puis-
sions encore douter maintenant qu'un effort personnel
d'adaptation et de coordination n'ait été accompli sur le
fond de la tradition philosophique par les philosophes
arabes. La principale part dans cet effort appartient bien
selon toute vraisemblance à Avicenne lui-même, à la
suite de son grand devancier Farabi. Quant à la tradition
sur laquelle ont opéré ces penseurs, il apparaît avec une
évidence croissante que c'est celle de l'éclectisme néoplatonicien.

La preuve de la spiritualité de l'âme raisonnable,
ayant pour corollaire celle de son immortalité, est fournie par Avicenne avec abondance, et nous essaierons
de reproduire la substance de ce qu'il dit à ce sujet.
Un premier mode de preuve est tiré de la conscience
immédiate que l'âme a d'elle-même ou plus spécialement de ses puissances. Cet argument est analogue à

celui qui prouve la liberté par la conscience que l'on
en a. En tout état l'âme saisit sa propre essence; elle la
saisit sans intermédiaire, et elle ne confond pas cette
perception avec les perceptions sensibles. Y a-t-il, demande l'auteur dans les *Ichârât*[1], un état où l'on doute
de l'existence de sa propre essence et où l'on ne soit
pas sûr de soi-même? Que l'on soit absorbé dans une
méditation, endormi ou ivre, on se saisit soi-même.
Suppose ton essence séparée de tout, que ses parties ne
soient pas vues, que ses membres ne soient pas touchés,
qu'elle soit en quelque sorte suspendue dans le vide,
elle cessera de s'occuper de toute autre chose excepté
d'affirmer sa propre certitude. Tu saisis ton essence sans
avoir besoin d'aucune autre puissance ni d'aucun intermédiaire; et ce que tu perçois comme étant toi, ce n'est
pas ce que tu vois, ni ce que tu touches, ce n'est pas un
membre de ton corps, ni ton cœur ni ton cerveau; ce
n'est non plus une collection de choses : Ce que tu perçois comme étant toi n'est pas le sensible ni rien qui y
ressemble.

Peut-être, insiste Avicenne, penses-tu que tu saisis
ton essence par le moyen de ton acte. Mais si tu affirmes
l'acte, tu affirmes l'agent, et si tu es certain de ton activité, tu es certain de toi-même comme agent, non par
voie de conséquence, mais immédiatement. Le principe
des forces qui perçoivent et de celles qui conservent et
meuvent l'assemblage des éléments du corps humain

1. *Ichârât*, p. 119-120.

est quelque chose que tu nommes l'âme. C'est une substance qui se répand dans ton corps comme un tronc étale ses branches, et cette substance est toi vraiment.

L'argument que la force intellectuelle saisit sans organe est fourni avec plus de vigueur dans le *Nadjât*. Il a la valeur d'un second mode de preuve; il ne s'agit plus seulement de démontrer que l'âme raisonnable a directement conscience d'elle-même, mais que la substance intellectuelle « comprend par son essence et non par un instrument. » — « Nous disons [1] que si la force intellectuelle comprend par un instrument corporel, de telle sorte que son acte propre ne s'achève que par l'emploi de cet instrument, il faut en conclure qu'elle ne comprend pas son essence et qu'elle ne comprend pas l'instrument et qu'elle ne comprend pas qu'elle comprend, car il n'y a pas d'autre instrument entre elle et son essence, ni entre elle et son instrument, ni entre elle et le fait de sa compréhension. »

En général les puissances qui saisissent par un organe saisissent quelque chose d'extérieur à leur essence et à cet organe même. Toute perception particulière des sens et des autres facultés de l'âme animale se fait par un organe; mais les sens et ces facultés saisissent seulement des choses extérieures; ils ne saisissent ni leurs organes ni leurs essences propres. Seule la force intellectuelle saisit sa propre essence; donc elle comprend sans organe.

1. *Nadjât*, p. 49.

« Ce qui confirme encore cette preuve, continue Avicenne, c'est que les facultés qui perçoivent par l'impression des formes dans les organes, sont sujettes à se fatiguer à la longue, parce que le travail répété use les organes en altérant le mélange d'humeurs qui constitue leur substance et leur nature physiques... Les choses se passent à l'inverse pour la puissance intellectuelle. Elle gagne en force et en facilité par un exercice prolongé, et quand elle reçoit les formes des intelligibles les plus difficiles [1]. » Si la puissance intellectuelle était une faculté du corps analogue aux autres, elle devrait s'affaiblir après l'âge de quarante ans. Sans doute on objecte que dans la vieillesse et dans certaines maladies, l'âme oublie ce qu'elle a compris. Mais cette objection n'a pas de valeur, car si, après avoir prouvé que l'âme agit par son essence, nous admettons de plus qu'elle cesse d'agir quand le corps vient à faire défaut, on ne saurait trouver là de contradiction ni de difficulté.

Un autre mode de preuve consiste à montrer que le lieu des intelligibles est une substance non corporelle. Cette démonstration s'applique à l'âme raisonnable et pourrait s'appliquer aussi à l'intellect agent. Avicenne la donne dans le *Nadjât* sous une forme très mathématique qu'il est curieux de reproduire.

Si le lieu des intelligibles, dit l'auteur [2], est un corps, ou bien il est une partie extrême indivisible de ce corps, ou bien il en est une partie divisible. — Je dis

1. Cf. *Ichârât*, p. 176.
2. *Nadjât*, p. 48-49.

d'abord qu'il n'en est pas une partie indivisible. En effet si l'on considère le point seulement comme un terme qui ne se distingue pas en site de la ligne ou de la quantité à laquelle il appartient, en sorte que rien ne puisse reposer dans le point qui ne soit en même temps dans cette ligne ou dans cette quantité, alors le point n'est qu'une extrémité accidentelle de ce qui est par essence quantité, et il peut seulement y avoir par accident dans le point une extrémité de ce qui est par essence dans la quantité. — Si au contraire, on regarde le point comme distinct de la ligne ou de la quantité, et si l'on admet qu'il est susceptible de recevoir quelque chose séparément, alors le point a deux sens, l'un du côté de la ligne, distincte de lui, dont il forme l'extrémité, l'autre du côté opposé. En ce cas ce point est séparé de cette ligne; et l'on peut considérer que cette ligne a une autre extrémité avant le point, laquelle est encore un point auquel le même raisonnement peut être appliqué. Il s'ensuit que la ligne est composée en acte d'une succession de points en nombre fini ou infini; or on a vu en physique que cela n'est pas. Donc le point n'a pas de site propre; et la forme intelligible ne peut pas être située dans le point indivisible. — Considérons encore, dans la même hypothèse, deux points séparés par un seul autre. Ou bien le point intermédiaire sépare réellement les deux autres, et il faut que chacun des deux touche une partie spéciale de ce point moyen qui alors se divise; cette conclusion est absurde. Ou bien il n'y a pas séparation réelle des points, et alors la forme intel-

ligible que nous avons supposée résidant dans un des
points en particulier, se trouve reposer du même coup
dans tous, et cela est contradictoire. Donc, une fois de
plus, le lieu des intelligibles n'est pas le point corporel
indivisible.

Je dis maintenant que ce lieu n'est pas non plus une
partie divisible d'un corps. S'il l'est, la forme intelligible se divise avec la division du corps. Supposons une
division en deux parties. Si ces deux parties sont semblables, il faut chercher comment, de leur réunion,
peut naître quelque chose de différent. Cette résultante
ne pourrait différer des parties qu'en figure ou en
nombre ; mais la forme intelligible n'a pas de figure ni
de nombre, ou bien elle devient forme imaginaire. —
Si les parties sont dissemblables, examinons comment
la forme intelligible peut avoir des parties dissemblables. Ces parties ne pourraient être que celles de la
définition qui sont les genres et les différences ; mais de
là résulteraient plusieurs impossibilités. D'abord il
faudrait que les genres et les différences fussent divisibles à l'infini en puissance comme le corps ; mais les
parties de la définition d'une même chose sont finies.
Les divisions du corps correspondant à celles de la définition, telle partie à un genre, telle à une différence, il
arriverait, si l'on modifiait le sectionnement du corps,
que l'on couperait par exemple un genre en deux, une
différence en deux, et que l'on mettrait ensemble dans
une section la moitié d'un genre avec la moitié d'une
différence ; cela ne se comprend pas. Et encore, tout in-

intelligible ne peut pas se diviser en intelligibles plus
simples que lui. Il y a des intelligibles qui sont les plus
simples de tous, sans genre ni différence, et qui servent
de principe dans la synthèse intellectuelle. Le corps au
contraire est divisible à l'infini. — Il est donc prouvé
que le lieu des intelligibles n'est pas une partie divisible
d'un corps, et, absolument, qu'il n'est pas un corps.

Je ne sais ce qu'on pensera de cette preuve; peut-
être faut-il avoir l'esprit bien géométrique pour la
goûter. J'avoue que, toute étendue qu'elle est, je l'ai
transcrite avec plaisir et que je lui trouve beaucoup de
saveur. Il est certain au reste qu'Avicenne y attachait
une haute importance. Chahrastani qui la répète, en
en abrégeant la première partie, l'appelle « la preuve
décisive ». Nous sommes donc excusable de l'avoir citée.

Avicenne fait suivre cette longue démonstration
d'une autre beaucoup plus courte qui en est comme un
autre mode. Aujourd'hui que les esprits ne sont plus
habitués à la rigueur de l'argumentation scolastique,
cette seconde forme de la preuve paraîtrait peut-être la
meilleure : On a expliqué que la faculté intellectuelle
purifie les intelligibles des dépendances de la matière,
du lieu, du site, de la quantité, de la qualité. Or cette
essence intelligible existe-t-elle ainsi purifiée dans la
réalité extérieure, ou bien est-ce dans l'intelligence? Il
est clair que c'est dans l'intelligence. Si donc cette essence ne peut être désignée par des termes de lieu, de
site et autres semblables, c'est que l'intelligence, dans
laquelle elle est, n'est pas un corps.

La force intellectuelle, ajoute encore l'auteur, saisit les intelligibles un à un en acte, et en puissance elle en saisit à l'infini. Or il résulte de ce qui a été dit en physique que ce qui est capable de saisir en puissance des choses sans fin, n'a pas son lieu dans un corps ni dans une simple faculté du corps.

L'immortalité de l'âme est la conséquence immédiate de sa spiritualité. Du moment que l'âme raisonnable n'est pas imprimée dans le corps, qu'elle est une substance spirituelle indépendante dont le corps n'est que l'outil, le défaut de cet outil n'atteint pas cette substance. Du moment que l'âme, quand elle est jointe à l'intellect agent, comprend par son essence, sans avoir besoin d'organes, le défaut de ces organes ne saurait lui nuire. Ces conclusions sont évidentes[1]. Aussi Avicenne s'applique-t-il moins maintenant à démontrer l'immortalité de l'âme raisonnable qu'à rechercher par quel mode de dépendance elle est reliée au corps.

Il y a, dit-il[2], trois sortes de dépendance : dépendances d'égalité dans l'être, de postériorité et d'antériorité. Si le corps et l'âme dépendent réciproquement l'un de l'autre d'une dépendance d'égalité, et que cette dépendance soit essentielle, alors chacun d'eux est annexé par l'essence à son compagnon et il n'y a pas en réalité deux substances, mais une substance unique ; ce qui est faux. Si cette dépendance n'est qu'accidentelle,

1. *Ichârât*, p. 176.
2. *Nadjât*, p. 51.

alors l'un des deux ne périt pas par la mort de l'autre, mais il y a deux substances, le corps et l'âme, pouvant exister séparément[1]. — Si la dépendance est une dépendance de postériorité dans l'être, l'âme étant postérieure au corps, alors le corps est cause de l'âme dans l'être. Or il y a quatre causes, comme on sait. Il est absurde que le corps soit cause efficiente, cause agente de l'âme, car le corps, en tant que corps, n'agit pas ; il n'agit que par ses facultés. Il est absurde aussi qu'il soit cause matérielle. Nous avons dit que l'âme est une substance qui n'est pas imprimée dans le corps comme la forme de la statue est imprimée dans le cuivre. Il ne se peut pas non plus que le corps s'imprime dans l'âme par l'effet d'une certaine composition dans laquelle l'âme entrerait, en sorte que le corps serait comme la cause formelle de l'âme. Impossible est-il aussi que le corps soit la cause finale de l'âme ; l'inverse serait plutôt vrai. Le corps ne peut donc en aucune façon être la cause essentielle de l'âme ; mais il peut en être la cause accidentelle ; quand le corps et le mélange des humeurs ont été produits, ils sont adaptés pour être l'instrument et la propriété de l'âme. — Le troisième mode de dé-

1. Dans le traité publié par Landauer, p. 383, Avicenne donne à cet endroit un argument d'ordre physique un peu bizarre : Si les éléments étaient placés en égalité avec les forces, il ne pourrait pas y avoir de mouvement ; le corps ne pourrait se mouvoir en haut, parce que la chaleur l'emporterait, ni en bas, parce que le froid l'emporterait ; le corps ne pourrait pas non plus être en repos dans aucune des positions occupées normalement par les éléments, parce qu'alors la force naturelle relative à la position où il se trouverait serait prédominante. Le corps en somme ne pourrait être ni en mouvement ni en repos, ce qui est absurde.

pendance est la dépendance d'antériorité, l'âme étant antérieure au corps et cause du corps dans l'être. Si cette antériorité est dans le temps, il est absurde que l'âme dépende de l'existence du corps, lui étant antérieure. Si cette antériorité est dans l'essence, cela signifie que de l'essence antérieure découle nécessairement l'essence postérieure. Mais alors le manque du conséquent oblige à poser le manque de l'antécédent. Or le conséquent ne peut manquer s'il n'est pas d'abord arrivé dans l'antécédent quelque chose par quoi celui-ci a manqué. Donc il faudrait, pour que le corps pérît, qu'une cause arrivât tout d'abord qui ferait périr l'âme, et le corps ne périrait pas par des causes qui lui seraient propres. Il est clair que ceci est faux puisque le corps périt par l'altération de ses humeurs ou de sa composition, qui est une cause qui lui est propre. — De tout ceci résulte qu'il n'y a pas de dépendance essentielle de l'âme au corps, mais seulement une dépendance accidentelle venant de principes supérieurs. Et puisqu'il n'y a qu'une dépendance accidentelle, l'âme ne périt pas par la mort du corps.

De plus, l'âme étant une substance simple ne peut pas réunir en elle l'acte de subsister et la puissance de périr. Ces deux conditions, selon Avicenne, se contrarieraient et ne pourraient pas se concilier avec la simplicité de la substance. La puissance de périr ne peut se rencontrer que dans les choses composées ou dans les choses simples qui subsistent dans les composés.

Toutes ces preuves de l'immortalité de l'âme sont

hautement métaphysiques. Il ne paraît pas qu'Avicenne
se soit beaucoup occupé des preuves morales ou mystiques. Cela ne signifie pas qu'elles étaient ignorées
alors. On les trouverait sans doute dans les théologiens.
Les frères de la pureté, dont le système a un caractère
plus moral que celui des philosophes, ont donné un
joli argument populaire en faveur de l'immortalité[1] :
On voit tous les hommes, disent-ils, pleurer sur leurs
morts. Ce n'est pas sur les corps qu'ils pleurent, puisque
les corps sont sous leurs yeux et qu'au lieu de les embau-
mer pour les voir plus longtemps, ordinairement ils les
enterrent. C'est donc à cause d'autre chose qui s'est
enfui loin des cadavres.

Dans le système d'Avicenne, l'âme humaine n'existe
pas avant le corps. Chaque âme est créée au moment de
la génération du corps[2], et elle reçoit, relativement à
lui, une adaptation spéciale. Il est impossible que les
âmes existent avant leurs corps, parce qu'elles ne pourraient être à ce moment-là ni multiples ni unes. Elles ne
pourraient être multiples parce qu'elles ne pourraient
se distinguer l'une de l'autre. Les choses abstraites
pures, en général, ne peuvent devenir multiples que
par d'autres choses concrètes qui les supportent. En
elles-mêmes elles ne diffèrent pas et ne sauraient être
spécifiées. D'autre part les âmes, avant leur entrée dans
les corps, ne sont pas unes ensemble; car les âmes qui
sont dans les corps ou bien seraient des fragments de

1. *Abhandlungen,* p. 608.
2. *Nadjât,* p. 51.

cette âme unique; mais une chose une, sans grandeur
ni volume, n'est pas divisible en puissance; ou bien ces
âmes seraient unes aussi dans les corps, et cela est faux
par l'évidence de la conscience.

Donc les âmes sont produites, multiples, au moment
où naissent les corps; elles subissent une certaine préparation par laquelle chacune d'elles s'adapte au corps
qu'elle doit régir. La manière dont se fait cette préparation paraît rester un peu mystérieuse aux regards d'A-
vicenne.

Au moment où les âmes quittent les corps, cette différence originelle, jointe à la différence des temps de
leur production et de leur départ hors des corps, les
empêche de se confondre et fait qu'elles restent essences
distinctes.

Enfin[1] tout être animé perçoit en sa conscience qu'il
n'y a en lui qu'une seule âme qui sent et agit par son
corps et par laquelle le corps est gouverné librement.
Une autre âme dans le même corps ne sentirait pas par
lui, n'agirait pas sur lui, ne se manifesterait en aucune
façon; et il n'y aurait pas de dépendance entre elle et
ce corps. De cette unité de l'âme individuelle, Avicenne
conclut à l'impossibilité de la métempsycose[2].

Il est évident que dans ces derniers raisonnements,
Avicenne, que je crois sincère, s'efforce de combattre
les tendances panthéistes dans lesquelles son système

---

1. *Nadjât*, p. 52.
2. Dans la *Kacîdah* sur l'âme que nous avons publiée, Avicenne se
prononce aussi contre la métempsycose, mais sans donner d'argument.

eût pu être entraîné. Cet effort est très intéressant, car
il nous fait bien percevoir la limite où, dans l'esprit du
philosophe, l'influence du dogme l'emporte sur celle de
la philosophie. Au delà de cette limite, la philosophie
doit plier devant la théologie ; en deçà, il a fallu que tout
le système fût ordonné de façon que, prolongé jusqu'à
ce point, il n'y vînt pas heurter le dogme. En franchissant sans encombre ce périlleux passage, Avicenne a
montré qu'il avait réussi à établir une continuité entre
la science et le dogme, qu'il les avait convenablement
soudés l'un à l'autre, en d'autres termes qu'il avait fait
œuvre de scolastique.

# CHAPITRE IX

La métaphysique, appelée par les philosophes arabes « la philosophie première » et plus spécialement dans le *Nadjât,* la science divine (*el-ilâhidt*) est la science du monde des êtres supraterrestres et de Dieu. Elle forme dans le système d'Avicenne, un noble tableau dont les lignes maîtresses rayonnent autour de deux grandes doctrines : celle de la procession des êtres et celle de la causalité.

Dans le monde supérieur s'achève l'échelle des êtres, dont nous avons vu les degrés traverser le monde physique et le monde psychologique. Voici, d'après une curieuse épître attribuée à notre auteur, mentionnée par Ibn abi Oseïbiah et publiée dans la collection des *Resâil fi'l-hikmet,* l'épître *Nîrouzieh* [1], comment se déroule l'ordre des êtres entre notre monde et Dieu.

---

1. Page 93 de la collection. Cette épître est un présent de nouvel an (*nîrouz*) offert par Avicenne à l'émir Abou Bekr Mohammed, fils d'Abder-Rahîm, dans la bibliothèque duquel il avait travaillé. Le sujet principal de l'épître est l'explication des lettres alphabétiques qui sont en tête de

Au sommet de tout est l'être nécessaire, principe des
principes, qui n'est pas multiple et que rien ne contient.
Il n'y a pas de rang qu'il ne dépasse, pas d'existence
qu'il ne procure. Il est être pur, vérité pure, bien pur,
science pure, puissance pure, vie pure, et tous ces termes ne désignent ensemble qu'une seule abstraction et
une seule essence.

Ce qui sort tout d'abord de l'être nécessaire est le
monde des idées. C'est une collection qui renferme un
certain nombre d'êtres, exempts des conditions de puissance et de dépendance, pures intelligences, formes
belles, dont la nature ne comporte ni changement ni
multiplication, ni inclusion dans une matière, toutes
orientées vers le premier être, occupées à son imitation,
à la manifestation de son commandement, à la volupté
de son approche intellectuelle, également éternelles
pendant toute la durée.

Au-dessous est le monde des âmes. Ce monde comprend une collection nombreuse d'essences intelligibles
qui ne sont pas complètement séparées de la matière,
mais qui en sont revêtues d'une certaine façon. Leurs
matières sont des matières fixes célestes ; et elles sont
les plus excellentes des formes matérielles. Ce sont
elles qui administrent les corps des sphères et, par leur
intermédiaire, les éléments. Leur nature comporte une
espèce de multiplication, mais non absolue. Toutes ai-
ment passionnément le monde des idées. Chacune a en

plusieurs sourates du Coran. Avicenne suppose que ces lettres représentent les divers degrés des êtres dans l'échelle métaphysique.

propre un nombre qui la relie à une des idées, et elle
agit conformément à l'exemplaire universel que lui fournit son principe immatériel qui découle de l'être premier.

Le monde physique vient ensuite, comprenant les
forces infuses dans les corps, complètement revêtues
de matières. Elles opèrent dans ces corps les mouvements et les repos essentiels, et elles les soumettent à
la vertu des perfections substantielles par le moyen de
la magie.

Enfin se place le monde corporel divisé en éthéré et
en élémentaire, le premier ayant en propre la figure
et le mouvement sphériques, le second caractérisé par
des figures diverses et des mouvements changeants.

La forme ordinaire que revêt la théorie de la procession des sphères chez Avicenne et apparemment dans
toute l'école philosophique arabe, n'est cependant pas
celle qui est présentée par cette belle épître. Sous
son aspect normal, cette théorie est plus sèche, et
le monde des idées, bien qu'il y existe encore, n'y est
pas nommé par son nom ni expressément dégagé. Voici
quelle est cette forme commune :

Au sommet de tout est Dieu, que les philosophes
n'appellent pas par son nom, Allah, mais qu'ils désignent par les termes métaphysiques de l'Un, le Premier,
l'Être nécessaire, la Cause première, la Vérité première.
De Dieu découle un second être un, esprit pur, que l'on
nomme le premier causé. Du premier causé découlent
ensemble l'âme et le corps de la sphère limite du

monde, et une intelligence. De cette intelligence découlent l'âme et le corps de la planète la plus éloignée, soit Saturne, et une troisième intelligence. De cette troisième intelligence découlent l'âme et le corps de la planète subséquente, soit Jupiter, et une quatrième intelligence qui sera celle de la sphère qui suit Jupiter, dans l'ordre des planètes. La procession continue, suivant cet ordre. De l'intelligence de la dernière planète, soit la Lune, découle une dernière intelligence pure qui est l'intellect agent. De l'intellect agent découle le monde sublunaire.

Selon cet énoncé, l'intellect agent et les intelligences pures des astres forment ensemble le monde des idées qui était plus distinct dans le premier système.

Mais nous croyons sentir qu'à l'audition de cette thèse étrange, certains lecteurs auront conçu contre Avicenne une mauvaise impression; et il nous semble qu'ils s'apprêtent à fermer le livre, en nous reprochant d'avoir dépensé beaucoup de science et de subtilité pour surprendre leur admiration et pour la faire retomber en définitive sur le système d'un barbare ou sur celui d'un enfant. Nous avons le devoir de défendre notre héros contre ces sentiments injustes, et aussi celui de soutenir le lecteur à qui un instant de dépit ou de défaillance pourrait faire perdre tout le fruit de sa patience antérieure.

Certes, nous ne prétendons pas que l'idée de fixer les astres sur des sphères de cristal s'enveloppant l'une et l'autre et de donner à ces sphères des âmes et des intelligences, ait en elle-même rien de bien intéressant pour notre temps; mais nous voulons indiquer que, mise à sa place dans l'histoire des croyances humaines, cette idée, par le très long temps qu'elle a occupé l'esprit de l'homme, redevient importante, intéressante et belle, et qu'elle acquiert une espèce de vénérabilité à cause de la profondeur des racines qu'elle plonge dans le passé. La croyance à l'animation des astres n'est point autre chose, en réalité, qu'un cas particulier et remarquable de la croyance à l'animation de la nature, que dans l'histoire des religions on nomme naturisme. Pour l'homme primitif, les esprits gouvernaient les astres, comme ils gouvernaient les vents, les nuées, le cours des eaux ou la croissance des plantes. Mais de bonne heure, aux regards des observateurs de la Chaldée, les esprits des astres se distinguèrent des puissances animiques de la nature terrestre et s'élevèrent au-dessus d'elles par la majesté, la sérénité et l'eurythmie de leurs manifestations. La science la plus primitive constata le contraste entre la nature des êtres inférieurs soumis à la naissance et à la destruction, emportés dans l'inextricable complexité de phénomènes capricieux et changeants, et celle des êtres astronomiques qui, paraissant affranchis de la naissance et de la mort, déroulent solennellement leurs mouvements rythmés dans des espaces immuables. Si le calme et la perennité convenaient aux dieux supérieurs, les astres étaient ces dieux; et puisqu'ils semblaient immortels, c'est que leurs corps divins étaient faits d'une autre matière que nos corps décomposables.

Cela n'est donc pas douteux, la théorie de l'âme des sphères dans la philosophie grecque et dans la philosophie médiévale, est la continuation même de l'astrolâtrie primitive et plus précisément de l'astrolâtrie chaldéenne. Cette croyance, rehaussée par des considérations sur l'harmonie des nombres, avait dominé la philosophie de Pythagore ; elle avait eu un rôle important dans celle de Platon ; les interprètes arabes prétendent la retrouver dans les écrits d'Aristote, bien qu'à nos yeux, elle y soit peu visible ; elle reparut dans le néoplatonisme ; elle s'immatérialisa en quelque sorte dans les émanations gnostiques ; enfin quand se dessina la scolastique orientale, elle se trouva ramenée à son lieu d'origine, dans cette Chaldée au firmament pur où pour la première fois les hommes avaient, avec réflexion, attaché leurs yeux sur les astres. A ce moment, nous l'avons dit, le culte des astres subsistait encore ; les savants Harraniens étaient astrolâtres. Quand donc la théorie, sous sa forme philosophique, revint vers ces contrées, elle y rencontra des esprits qui étaient encore sous l'impression de sa forme religieuse, et, à la faveur de cette circonstance, elle eut sans difficulté accès dans le cerveau des penseurs.

Lorsque plus tard, à l'origine de l'âge moderne, s'opéra la révolution qui transforma l'astronomie, on admira la hardiesse du savant qui avait renversé le système des sphères en déplaçant la terre de son antique lieu et en y substituant le soleil. Mais en vérité,

l'idée nouvelle n'était pas celle qui écartait la terre
du centre du monde, car cette idée, sous forme d'hypothèse, s'était depuis longtemps présentée à l'esprit des
chercheurs. Le fait seul que plusieurs philosophes, et
entre autres Avicenne, écrivirent pour démontrer que
la terre était située dans le milieu de l'univers[1], prouve
que la thèse contraire était pour eux au moins intel-
lectuellement recevable. La véritable découverte de
l'âge moderne est celle par laquelle l'esprit humain,
rompant définitivement avec les habitudes préhistori-
ques du naturisme, cessa de croire à la transcendance
des essences célestes et reconnut que les astres étaient
composés des mêmes substances chimiques que les
corps de notre monde et soumis aux mêmes lois physiques et mécaniques. Avicenne, antérieur à l'âge de
cette découverte, n'est donc passible d'aucun reproche
pour avoir conformé son système à la science de son
temps, et, cette fois encore, le défaut de sa philosophie n'est que la reproduction du défaut de la science.

Maintenant reprenons le cours de notre exposition.

Le grand problème qui se posait tout d'abord dans
la théorie générale de la procession des êtres était
celui de la procession de la multiplicité. Il s'agissait
de savoir comment de l'être un découle le monde
multiple. Ce principe existait que « de l'un ne peut
sortir que l'un », du moins d'une façon immédiate. Il
fallait donc découvrir quelque procédé qui permît de

1. V. plus haut, p. 154. Cf. dans le même sens une note de notre mémoire sur *l'Astrolabe linéaire*, *Journal Asiatique* 1895, I, 466.

tirer le multiple de l'un de façon médiate. C'est dans ce but que fut imaginé le premier causé.

L'invention du premier causé avait une utilité pour ainsi dire mathématique dont il est aisé de se rendre compte. Aucune multiplicité n'existant dans l'un considéré isolément, il eût été à jamais impossible de tirer de l'un seul la multiplicité des choses ; mais une fois le premier causé, qui est lui-même un, étant sorti du premier un, on avait deux uns, et l'on obtenait du coup une certaine multiplicité de rapports. Les notions psychologiques de conscience et de connaissance mêlées aux notions métaphysiques de possible et de nécessaire, déterminaient la nature de ces rapports. Le premier causé se connaissait lui-même et connaissait l'être premier ; cela constituait une dualité. De plus le premier causé était possible par lui-même, nécessaire par l'être premier ; se connaissant lui-même, il se connaissait sous ces deux modes, et l'on obtenait ainsi une triplicité. Cela était suffisant pour donner naissance à la multiplicité cherchée. La théorie prenait donc la forme didactique que voici[1] :

Il n'y a dans le premier être aucune multiplicité ; dans le premier causé, il y a une triplicité qui ne lui vient pas du premier être. La nécessité seule du premier causé vient du premier être ; sa possibilité est en lui-même. La triplicité qu'il renferme consiste, comme

---

1. Ce qui suit est rédigé principalement d'après *Nadjât*, p. 75, section sur *l'ordre d'existence des intelligences, des âmes célestes et des corps supérieurs.*

nous venons de le dire, en ce qu'il connaît le premier
être et qu'il se connaît lui-même comme possible par
lui-même et comme nécessaire par le premier être. Du
fait que le premier causé connaît le premier être
découle une intelligence qui est la première située au-
dessous de lui, soit celle de la sphère de Saturne; du
fait que le premier causé se connaît lui-même comme
nécessaire par le premier être, découle l'existence
d'une âme qui est celle de la sphère limite; du fait
qu'il se connaît comme possible par lui-même découle
l'existence du corps de cette sphère limite. Ce mode
de procession se répète ensuite en descendant l'échelle
astronomique. De l'intelligence de Saturne, en tant
qu'elle connaît Dieu, découle l'intelligence de la sphère
de Jupiter; de la même intelligence, en tant qu'elle se
connaît elle-même, découlent l'âme et le corps de la
sphère de Saturne. La dérivation continue ainsi jusqu'à
ce qu'on arrive à l'intellect agent; là elle s'arrête; il
n'y a en effet aucune nécessité, observe Avicenne,
qu'elle continue indéfiniment.

Dans ce système, on voit bien comme l'intervention
du premier causé pour produire un commencement de
multiplicité est ingénieuse; mais on ne voit pas tout
d'abord comment les diverses faces de la connaissance
du premier causé et des intelligences subséquentes donnent naissance à des corps et à des âmes d'êtres astronomiques. Sur ce point, je reconnais qu'une explication
rationnelle est difficile à fournir; et nous pouvons bien
croire que ce n'est pas notre incompétence ou notre com-

préhension insuffisante du système d'Avicenne qui nous
cause cet embarras, car un autre grand philosophe
arabe, Gazali, voulant critiquer cette théorie, ne juge
pas nécessaire de recourir à aucun argument ni à aucune
démonstration, mais la déclare purement et simplement
incompréhensible. Il a cependant dû exister des motifs
qui ont porté d'aussi puissants esprits qu'Avicenne et
que Farabi à s'attacher à ce système. Avicenne remarque quelque part[1] que chaque intelligence engendre des
substances spirituelles par la partie de sa connaissance
qui ressemble le plus à la forme, et une substance corporelle par la partie de cette connaissance qui ressemble
à la matière ; mais cette analogie subtile n'est encore pas
une démonstration. Les véritables motifs que je crois
discerner comme ayant pu décider nos philosophes à
recevoir ce système, sont : d'abord qu'il pouvait être
considéré comme une réduction des théories de l'émanation aux limites du dogme mahométan, vue intéressante, parce qu'elle montrerait les grands philosophes de
l'orient, même les plus sages, en réaction contre le
simplisme de la conception coranique de Dieu et toujours mus par une sympathie plus ou moins avouée pour
toutes les doctrines qui, opposées à ce simplisme, ten-
daient à dissoudre l'être divin pour le fusionner avec
le monde ; — ensuite que ces mêmes philosophes ont
toujours eu cette conception profonde que les véritables
substances étaient actives, que l'activité d'un être avait

1. *Ichârât*, p 174.

pour effet non seulement des phénomènes, mais plutôt encore des êtres, qu'en conséquence il n'y avait rien que de normal à ce que les intelligences les plus hautes produisissent des êtres eux-mêmes supérieurs. Cette idée est puissante; nous la retrouverons plus loin.

La théorie de la procession des sphères se continue par celle de la motion des sphères, où l'on voit la sécheresse de la première se dissiper sous une sorte d'effluve poétique.

Nous avons laissé entendre en physique qu'il y a trois sortes de mouvement : le mouvement naturel qui ramène le corps vers son lieu naturel lorsqu'il en a été écarté, le mouvement par contrainte qui est celui qui produit cet éloignement du corps de son lieu naturel ou qui l'empêche d'y revenir, et le mouvement volontaire qui est le propre des êtres animés et dont le principe réside dans les facultés motrices de l'âme. Le mouvement des sphères appartient à cette troisième espèce.

Le mouvement naturel est rectiligne, ainsi que nous l'avons expliqué, puisque c'est celui qui ramène par voie directe les corps à leurs lieux. Un mouvement circulaire, tel que celui des sphères, ne peut donc être que contraint ou libre; et comme il n'y a nulle apparence que celui-ci soit contraint, nous en concluons que les sphères se meuvent d'un mouvement libre [1]. « Le moteur proche des cieux, dit Avicenne [2], n'est pas une force naturelle ni une intelligence, mais une âme, et leur moteur

1. *Nadjât*, p. 28.
2. *Nadjât*, p. 71.

éloigné est une intelligence. » L'âme de la sphère est la
cause prochaine de chaque partie du mouvement, l'intelligence en est la cause éloignée et générale. « Cette
âme de la sphère [1] renouvelle en elle-même les formes
perçues et les volitions; elle est douée de la faculté opinante, c'est-à-dire qu'elle saisit les particuliers changeants, et elle a de la volonté pour les choses particulières; elle est le complément du corps de la sphère et
sa forme... elle est dans la sphère comme notre âme
animale est en nous,... si ce n'est que ses opinions ou
ce qui correspond en elle à nos opinions, sont véritables, et que ses imaginations ou ce qui correspond à nos
imaginations, sont justes. » L'analogie de l'âme de la
sphère avec notre âme animale n'est cependant pas
complète. Avicenne la rapproche plutôt en d'autres
endroits de notre intelligence pratique, c'est-à-dire de
la partie morale de notre âme raisonnable. Cette âme
meut la sphère pour un certain motif moral, comme
notre intelligence pratique meut notre corps en vue des
actes bons. « Il faut, dit notre auteur [2], que le principe
de ce mouvement soit le choix et la volonté d'un bien
véritable. »

Que peut être ce bien que recherche l'âme de la
sphère? De ce que le mouvement sphérique est en apparence éternel, on déduit que « ce bien recherché ne
peut être qu'un bien subsistant par lui-même et qui
n'est jamais atteint. Tel étant ce bien, l'âme peut seule-

_____

1. *Nadjât*, p. 72.
2. *Nadjât, loc. cit.*

ment chercher à lui ressembler dans la mesure du possible. » En tant qu'une certaine partie de ce bien est atteint, la sphère doit se trouver dans un certain état constant, et en tant qu'une partie en est inaccessible, la sphère doit se mouvoir toujours comme pour l'atteindre. Ainsi s'expliquent la régularité et la perpétuité du mouvement des astres. « Ce qui justifie cette doctrine, ajoute l'auteur, c'est que la substance céleste se meut évidemment par une puissance infinie ; or la puissance de son âme ne peut être que finie ; mais parce que son intelligence comprend le premier être, et qu'il découle toujours de lui sur elle de sa lumière et de sa force, elle devient comme douée d'une puissance sans fin... Le principe du mouvement de la sphère est donc la passion de ressembler au bien suprême, en subsistant, autant que possible, dans un état de perfection. De même que les corps physiques sont mus par leurs passions naturelles jusqu'à ce qu'ils soient en acte dans le lieu auquel ils tendent, de même on doit comprendre que les corps célestes désirent passionnément d'être, parmi les situations où ils peuvent se trouver, dans celle où se réalise leur état le plus parfait [1]. »

L'observation montre que les mouvements des sphères diffèrent entre eux en vitesse et en sens. On en déduit que le but auquel tend la passion des sphères n'est pas le même pour elles toutes, car elles auraient alors des mouvements égaux. Chacune a pour objet propre de sa

---

1. Cf. *Ichârât*, p. 160.

passion une intelligence pure spéciale, et selon la différence de ces intelligences se différencient les mouvements [1]. Mais la cause première de la motion de toutes les sphères et leur attrait éloigné sont les mêmes, et c'est la cause première ou Dieu. De la communauté de cet attrait dernier résultent les caractères communs de leurs mouvements, la circularité et la régularité. « Tel est, dit Avicenne [2], le sens de cette parole des anciens, que le tout a un unique moteur aimé et que chacune des sphères a un moteur spécial et un aimé spécial. »

La série des mouvements qui se transmettent dans les êtres, ne peut, lorsqu'on la remonte, aller à l'infini, et elle doit nécessairement aboutir à un moteur qui ne se meut pas. S'il en était autrement, il y aurait une série infinie de corps mus, ayant ensemble un volume infini et exigeant pour se mouvoir une puissance infinie, toutes choses que l'on a démontrées impossibles. Le premier moteur, dont la force est infinie, est donc hors des corps ; c'est une essence spirituelle qui n'est pas en mouvement, puisqu'elle est elle-même l'auteur du mouvement, ni en repos, puisqu'elle n'est pas susceptible de se mouvoir et que le repos ne s'entend que des corps capables de recevoir le mouvement. Le premier moteur est au-dessus des corps, du mouvement et du temps [3]. Il résulte de l'exposé qui a précédé que le premier moteur effectif

---

1. *Nadjât*, p. 75.
2. *Nadjât*, p. 73.
3. D'après l'épître sur les *Fontaines de la sagesse*, collection des *Resâil fi'l-hikmet*, p. 12.

est l'âme de la sphère limite, et que le premier moteur éloigné est l'intelligence de cette même sphère, c'est-à-dire le premier causé, qui meut cette sphère par la voie du désir.

En deux passages [1] Avicenne attribue l'ensemble de cette théorie à Aristote et il reproche à ses disciples de l'avoir faussée. Cette attribution n'est guère recevable ; mais on peut noter, je crois, dans le sens de la prétention d'Avicenne et contrairement à une interprétation répandue, que le premier moteur, pour Aristote, n'est pas Dieu même, mais une intelligence postérieure à Dieu.

L'intellect agent, dernière venue des intelligences pures, gouverne notre monde [2]. C'est d'elle que découlent, grâce à l'influence des mouvements célestes, les formes que doit recevoir la matière sublunaire. Il se fait, sous l'action de la nature et des révolutions des astres, une certaine appropriation de chaque partie de cette matière à des formes déterminées, et la portion matérielle ainsi disposée reçoit sa forme de l'intellect agent. Il est clair, en effet, qu'il y a dans la matière certaines dispositions spécifiques qui la préparent à des formes déterminées. Par exemple, dit Avicenne, la matière de l'eau, lorsqu'on la chauffe, devient de moins en moins disposée à recevoir la forme de l'eau et de plus en plus prête à recevoir celle du feu. Mais la manière précise

1. *Nadjât*, p. 73 ; *Ichârât*, p. 167.
2. V. sur ce sujet *Nadjât*, p. 77, section sur *la manière dont les éléments procèdent des causes premières*. Cf. *Ichârât*, p. 175.

dont se fait cette spécification nous demeure un peu obscur, et nous croyons apercevoir qu'il en était de même pour l'esprit d'Avicenne. Au reste cette question nous ramène à l'étude du monde physique qui ne rentre pas dans le sujet de ce chapitre, et elle nous conduit au vestibule de la science astrologique dans laquelle nous ne comptons pas pénétrer au cours de ce volume. Arrêtons donc ici la théorie de la procession des êtres, et occupons-nous maintenant de la grande doctrine des causes.

Avicenne définit et analyse ainsi la notion de cause[1] :

« Un principe (ou cause) est tout ce dont l'existence étant complète par son essence ou par celle d'un autre, il en résulte une autre chose que ce principe fait subsister. » La cause peut être ou non comme une partie dans son effet. Si elle est telle, elle peut l'être de deux manières : ou bien son existence en acte ne nécessite pas l'existence en acte de l'effet ; elle est alors l'élément, lequel peut exister sans que l'objet qui est en composé se produise ; ce sera par exemple le bois pour le trône ; ou bien l'existence en acte de la cause nécessite l'existence en acte de l'effet ; elle est alors la forme du composé, et elle sera par exemple l'assemblage et la figure du trône. — Si la cause n'est pas comme une partie dans son effet, ou bien elle est distincte de l'essence de l'effet ou bien elle s'y relie. Si elle se relie à l'essence de

_____

1. *Nadjât*, p. 58; Cf. Chahrastani, p. 368.

l'effet, cela peut arriver de deux manières : ou la cause est épithète de l'effet, comme la forme de la matière, ou elle a l'effet pour épithète, comme la donnée a l'accident. — La cause étant distincte de l'essence de l'effet, peut être soit ce dont vient l'existence de l'effet, et alors elle est l'agent, soit ce en vue de quoi cette existence vient, et dans ce cas la cause est la fin.

En résumé il y aurait six espèces de causes : la matière du composé, la forme du composé, la donnée de l'accident, la forme de la matière, l'agent et la fin. Mais la matière du composé se confond avec la donnée de l'accident, parce que toutes deux sont ce en quoi réside la puissance, et la forme du composé se confond avec la forme de la matière, parce que toutes deux sont ce par quoi l'effet est produit en acte.

On aboutit ainsi à la fameuse doctrine des quatre causes qui a été effleurée en logique. Ces quatre causes sont comme l'on sait : la matérielle, la formelle, l'efficiente et la finale.

La partie la plus métaphysique de cette doctrine est celle où l'auteur recherche la place relative dans l'être de la cause efficiente et de la cause finale. La cause finale suit dans l'être la production de l'effet; mais, en tant qu'elle est quelque chose, elle précède toutes les autres causes. Il ne faut pas confondre en effet être et être quelque chose. Un abstrait a une existence dans les objets réels et une existence dans l'âme. Ce qu'il y a de commun à ces deux existences, c'est que dans l'une et l'autre, l'abstrait est quelque

chose. La fin, en tant qu'elle est quelque chose, précède
toutes les causes; en tant qu'elle existe dans la réalité
externe, elle les suit. Les causes ne deviennent causes
en acte que par la fin. En vérité donc, le premier agent
et le premier moteur en toutes choses est sa fin. — Cette
doctrine, aussi simple que belle, a son application immédiate dans la théorie, que nous exposions plus haut, de
la motion des sphères, où nous avons vu que le premier
causé était à la fois le premier moteur et la fin du mouvement des sphères.

Il y a autre chose à côté des causes : ce sont les trois
motifs [1] auxquels nous avons déjà fait allusion, la nature,
la volonté et la contrainte. A propos du mouvement naturel, Avicenne remarque que la nature n'est pas la cause
prochaine de ce mouvement, puisque précisément au
moment où il se meut, le corps est écarté de sa nature
et qu'il se meut pour y rentrer. C'est donc plutôt la
non-convenance entre chacun de ses états successifs et
son état naturel qui est la cause prochaine et efficiente
du mouvement du corps, tandis que la nature n'en apparaît guère que comme la cause éloignée et finale.
Cette non-convenance va en diminuant par degrés pendant le mouvement et c'est ce qui en détermine le sens.
De même, dans le mouvement volontaire, la volonté
d'ensemble qui y préside n'est qu'un motif général et
fixe, fondé sur la considération de la cause finale ; mais
chaque partie du mouvement est produite par quelque

1. *Nadjât,* ر. 66.

chose qui change et se renouvelle au fur et à mesure des progrès du mobile, et cette chose consiste dans les imaginations particulières du but et les volitions variées qu'a l'âme en chaque instant du mouvement. L'âme est justement le principe en lequel se fait ce renouvellement des volitions prochaines, tandis que l'intelligence pure n'est qu'un principe moteur éloigné. C'est pourquoi, ajoute Avicenne, Aristote a dit : « A ceci, c'est-à-dire à l'intelligence spéculative, le jugement universel ; à cela, les actions et les intellections particulières, c'est-à-dire à l'intelligence pratique. » — Il est impossible de ne pas se plaire à d'aussi délicates théories.

Avicenne a tenté de faire de la doctrine de la causalité des applications précises à celle de la procession des sphères, de manière à établir cette dernière d'une manière rigoureuse. Ce sont des essais sur lesquels nous ne croyons pas utile d'insister. Ils se résument en quelques théorèmes, tels que [1] : la matière et la forme d'un corps ne sont pas causes l'une de l'autre ; les corps ni les âmes célestes ne peuvent être causes les uns des autres ; ces corps et ces âmes ne peuvent être que les effets de causes spirituelles ; toute intelligence pure est cause ; — théorèmes desquels il ressort en définitive qu'Avicenne considérait l'être intelligent comme étant cause, de par sa nature même, ce qui est en accord avec les tendances dynamistes que nous avons déjà rencontrées dans plusieurs parties de son système.

1. *Ichârât*, p. 172-174.

Toute intelligence pure est cause ; l'être premier est cause de tout. Les intelligences et l'être premier, en ayant conscience d'eux-mêmes, se connaissent immédiatement comme cause ; et ici la théorie de la causalité se ramifie dans la théorie fort importante de la connaissance en l'être suprême. Voici comme en parle Avicenne [1].

Le tout ne peut pas sortir de l'être premier en raison d'un but que celui-ci aurait à notre façon. Il y aurait alors en l'être premier quelque chose à cause de quoi il se proposerait la production du tout, et il en résulterait une dualité dans son essence, ce qui est impossible. De plus, ce qui porterait l'être premier à rechercher le tout serait la connaissance d'un bien et d'une utilité qui en résulterait pour lui ; or il n'y a rien d'utile à l'être nécessaire. Le tout ne procède pas non plus de lui par pure voie de nature, de telle façon que le premier être ignorerait l'existence du tout et n'en éprouverait aucune satisfaction. Ce mode de procession est impossible puisque le Premier est intelligence pure, comprenant son essence ; il faut donc bien qu'il comprenne que l'existence du tout est un effet de son essence, d'autant qu'il ne se comprend lui-même que comme intelligence pure et principe premier et qu'il ne comprend l'existence du tout qu'en tant qu'il en est le principe. Toute essence qui connaît ce qui procède d'elle et qui n'y renferme en elle-même aucune opposition, en éprouve satisfaction. Donc le Premier est satisfait de la procession du tout. En outre

---

1. *Nadjât*, p. 75-76.

le Premier comprend l'ordre du bien dans l'être, puisqu'il comprend son essence qui est le principe de cet
ordre ; il comprend quel il faut que ce soit cet ordre,
non pas d'une intelligence qui s'élève de la puissance à
l'acte, ni d'une intelligence qui se transporte d'intelligible en intelligible ; car son intelligence est pure de
tout ce qui est en puissance ; mais il le saisit d'une intuition une, simultanée. L'intelligence qu'il a de l'ordre
du bien dans l'être l'oblige d'ailleurs à comprendre
comment cet ordre est possible et comment c'est le meilleur de tout ce qui est possible. L'existence du tout est
produite selon des jugements intelligibles ; la réalité
intelligible est identiquement chez l'être premier science,
pouvoir, volonté. Nous, nous avons besoin, en tout ce
que nous projetons, d'un but, d'un mouvement et d'une
volonté, pour que cela parvienne à l'être ; mais il n'en est
pas de même chez l'être premier. Chaque chose a sa
cause dans la compréhension qu'il a d'elle, et elle existe
de par lui, comme effet de son existence.

Avicenne, dans ce passage, a surtout identifié l'intelligence et la cause ; en un autre endroit, il identifie
surtout l'être et l'intelligence.

« L'être premier est à la fois, dit-il[1], par essence,
intelligence, intelligent et intelligible. » L'on sait que
la nature de l'être ne répugne pas à comprendre ; il
lui arrive seulement de ne pas comprendre lorsqu'elle
est dans la matière, revêtue des accidents de la matière ;

1. *Nadjât*, p. 67.

elle est alors sensible et imaginative; mais, normalement, l'être est intelligible. « L'être premier et nécessaire est pur de la matière et de ses accidents. Donc, en tant qu'il est être pur, il est intelligence; en tant qu'on dit de lui que son ipséité pure appartient à son essence, il est intelligible par son essence; et en tant qu'on dit de lui que son essence est ipséité pure, il est intelligent de son essence ». L'être premier est quiddité et ipséité pures.

L'être nécessaire comprend ainsi, par son essence, son essence même, avec toutes les choses dont elle est le principe[1]. Or il est le principe des êtres complètement réalisés, dans leur réalité, et des êtres soumis au naître et au périr, dans leurs espèces d'abord, et, par l'intermédiaire des espèces, dans leurs individualités. Il n'est pas possible qu'il comprenne ces êtres changeants avec leur changement, en sorte que tantôt il comprenne d'eux qu'ils sont et ne manquent pas, tantôt qu'ils manquent et ne sont pas; à chacun des deux cas correspondrait une forme intelligible spéciale qui ne subsisterait pas avec l'autre; et alors l'essence de l'être nécessaire changerait. Les choses périssables sont comprises par la quiddité pure, non en tant qu'elles sont périssables. Quand elles sont saisies comme associées à la matière et à ses accidents, elles ne sont plus intelligibles, mais sensibles et imaginables. Or nous avons démontré que les formes sensibles et ima-

1. *Nadjât, loc. cit.* Section sur ce que *l'être premier est à la fois intelligence, intelligent et intelligible.*

ginables ne sont saisies que par des organes divisibles ; cette sorte de perception ne peut donc s'entendre de l'être premier. « De même que beaucoup d'actions sont au-dessous de l'être nécessaire, de même beaucoup de pensées. Il ne comprend toutes choses que d'une manière universelle, et, malgré cela, rien ne lui reste caché des choses individuelles, pas le poids d'un *dirrah* dans les cieux et la terre. C'est là une merveille qui ne peut être conçue que par des esprits très habiles. »

Il semblerait, d'après ces derniers mots, qu'Avicenne ait eu conscience de l'habileté qu'il a lui-même déployée dans cette très intéressante doctrine. Il est en somme parvenu à identifier tant bien que mal, par un ingénieux emploi de la notion de causalité, le Dieu philosophique qui ignore à peu près le monde, avec le Dieu dogmatique qui en connaît jusqu'au dernier *dirrah*. Ce n'était certes pas là le passage le moins ardu de la question scolastique. Peut-être, en concluant ce chapitre, dirons-nous que la solution d'Avicenne sur ce point n'est pas complètement satisfaisante ; en tout cas elle est adroite et elle est tout à l'honneur de son génie philosophique. Cette solution peut au fond se résumer en disant que la connaissance que Dieu a du monde n'est que le prolongement de la conscience qu'il a de lui-même, et par cet énoncé apparaît bien la légère teinte panthéiste qu'affecte cette théorie. Dieu connaît le monde comme son effet, du point de vue de la généralité, suivant l'ordre de la

série des causes et des effets dont il est le premier
chaînon. Il connaît tout parce qu'il nécessite tout :
« Il connaît[1] toutes les choses comme principes et
comme effets, selon l'ordre qui les lie ; et c'est ainsi
qu'il tient les clés des choses cachées. »

Une autre théorie, ramifiée sur celle des causes, est
celle des universaux. Nous allons montrer comment
Avicenne, dans sa métaphysique, en expose les thèses
essentielles, après quoi nous expliquerons quel lien
elle a avec la doctrine des causes.

L'abstrait, dit notre auteur[2], considéré isolément, en
sa nature, est une chose ; considéré comme général ou
particulier, un ou multiple, en puissance ou en acte,
il est une autre chose. L'abstrait homme, posé sans
aucune condition, est homme seulement ; l'universalité
est une condition qui s'ajoute à cette nature, de même
que la particularité, l'unité ou la multiplicité, la puissance ou l'acte.

L'universel, sans condition, existe en acte dans les
choses ; il est supporté par chacune d'elles, non pas
parce qu'il est un par essence ni parce qu'il est multiple, car cela ne lui appartient pas en tant qu'universel.
L'universel n'est pas dans l'être une chose une et
identique supportée en un certain temps par chaque
individu. L'humanité, par exemple, n'est pas un être
identique en tout homme. L'homme qui est revêtu des

1. *Nadjât*, p. 69.
2. *Nadjât*, p. 60-61.

accidents propres d'un individu n'est pas revêtu des accidents d'un autre; il n'y aurait plus alors de différence entre un homme et un autre, entre Zéïd et Amrou. « Il n'y a donc pas dans l'être d'universel commun; l'universel commun n'existe en acte que dans l'intelligence; il est la forme que l'intelligence rapporte, en acte ou en puissance, à chaque individu. »

En somme, comme l'on sait, la notion d'universel nous force à distinguer deux espèces d'existence : l'existence dans l'esprit, l'existence dans la réalité externe. De même, la notion de puissance nous avait aussi fait distinguer deux espèces d'existence : l'existence en puissance et l'existence en acte. Au fond, dans ces systèmes antiques et médiévaux, la notion d'être n'est pas absolue. Être n'est pas quelque chose d'aussi strictement déterminé que nous le sentons d'après nos habitudes positivistes ou cartésiennes. Il y a diverses manières d'être et diverses manières de n'être pas. Être ou néant ne sont plus les deux termes d'une fatale alternative, et l'on dirait qu'une pénombre s'étend entre l'être et le non-être [1].

Lors donc que l'on recherche les causes des choses,

---

1. La métaphysique bouddhiste connaît des états intermédiaires entre l'être et le non-être. V. notre mémoire sur *les Religions non chrétiennes* dans *un Siècle*, t. III, p. 46. Il y a dans Platon, à la fin du Livre V de la *République* un passage curieux où la même conception est plusieurs fois exprimée : « Que faire de ces choses et où les placer mieux qu'entre l'être et le néant?... elles ne sont sans doute pas plus obscures que le néant... ni plus lumineuses que l'être... Cette multitude de choses... roule pour ainsi dire entre le néant et la vraie existence, » etc. (Trad. Cousin, IX, 319).

il arrive que l'on est amené à distinguer entre ces divers degrés d'existence ; et, pour nous exprimer avec
plus de précision, la doctrine d'Avicenne est conduite
à distinguer entre la quiddité et l'être de la chose. Autre est la quiddité, c'est-à-dire ce qu'est la chose en
elle-même, dans son concept et dans sa définition, autre est la réalisation concrète et externe de cette chose
dans l'être. Par suite la chose a une cause de sa quiddité et une autre cause de son être.

« Une chose est causée, dit l'auteur [1], soit dans
sa quiddité et dans son essence, soit dans son être.
Considérez par exemple le triangle. Son essence dépend
du plan où il se trouve et de la ligne qui lui sert de
côté. Ce sont eux qui le font subsister en tant qu'il est
triangle et qu'il a l'essence de la triangularité, et ils
constituent tous deux ses causes matérielle et formelle.
Mais, dans son existence externe, le triangle dépend
d'une cause différente ; c'est la cause efficiente et la
cause finale, et cette dernière est la cause efficiente de
la cause efficiente. »

Ailleurs, l'auteur démontre que la quiddité ne peut
pas être elle-même la cause de l'être : « Il se peut,
dit-il [2], que la quiddité d'une chose soit motif d'une
de ses qualités, et qu'une de ses qualités le soit d'une
autre, comme la différence l'est du propre ; mais il ne
se peut pas que la qualité de l'être survienne à la chose
à cause de sa quiddité, qui n'est pas liée à l'être, ni à

---

. 1. *Ichârât*, p. 139.
   2. *Ichârât*, p. 142-143.

cause d'une autre qualité, parce que toute cause est antérieure à son effet dans l'être, et qu'il ne saurait y avoir
d'antériorité dans l'être avant l'être. »

De même qu'il faut deux causes distinctes pour la
quiddité et pour l'être, de même il en faut deux pour
l'universel et pour le particulier. Toute espèce a sa
cause ; tout individu de l'espèce a la sienne. Au-dessous
des causes générales qui définissent l'espèce, il faut des
causes particulières qui spécifient l'individu. » Les
choses qui ont une même définition de genre diffèrent
seulement par d'autres causes. Si une chose n'a pas la
puissance de recevoir l'effet de ces causes spéciales,
puissance qui est la matière, elle ne peut être indivi-
dualisée, sauf le cas où il est de l'essence de son genre
de n'être applicable qu'à une personne unique ; mais
s'il est dans la nature de son genre de pouvoir être
supporté par plusieurs individus, alors l'individualisa-
tion de chacun d'eux a lieu par une cause spéciale. »

L'être nécessaire est un en raison même de son essence. Il ne participe pas à la quiddité d'aucune autre
chose ; son essence n'a ni genre ni différence et il ne se
définit pas. « On a souvent pensé, dit Avicenne[1],
que l'être, pris en dehors de toute donnée, est un
abstrait qui est commun à l'être premier et à d'autres
êtres d'une communauté de genre, et qu'il rentre sous
le genre de la substance. Cela est faux. » La notion de
genre ne convient pas à l'être nécessaire ; il n'a pas une

1. *Ichârât*, p. 145.

quiddité à laquelle s'appliquerait ce concept. « L'existence nécessaire est en lui ce que la quiddité est en un
autre. »

Maintenant que nous avons montré comment se sou-
dent les théories de l'être, de la cause et des universaux, sans nous y arrêter davantage, nous achèverons la
synthèse de toutes ces grandes doctrines et, du même
coup, la métaphysique, en exposant, à la suite d'Avicenne, la fameuse théorie de la cause première.

L'être nécessaire, dit l'auteur[1] qui commence par
approfondir la notion même de nécessité, est l'être tel
que, si on le suppose manquant, il en résulte une impossibilité. L'être possible est tel que, existant ou
manquant, il ne donne lieu à aucune impossibilité.

L'être qui est nécessaire l'est ou par son essence,
ou par autre chose que son essence. L'être nécessaire
par son essence est tel que la supposition qu'il man-
querait est absurde par son essence même et non par
autre chose. L'être nécessaire, mais non par son essence,
est celui qui devient nécessaire, une autre chose étant
posée. Ainsi 4 devient nécessaire si l'on pose 2 et 2 ; la
brûlure le devient si l'on met en présence la puissance
active et la puissance passive, c'est-à-dire le comburant
et le combustible.

Une même chose ne peut pas être nécessaire par elle-
même et par autre chose à la fois. Tout ce qui est né-

1. La théorie qui suit est tirée du *Nadjât*, p. 62 et suivantes.

cessaire par autre chose est possible par sa propre essence. Tout ce qui est possible par sa propre essence
est inversement nécessaire par autre chose.

Deux choses distinctes ne peuvent pas être nécessaires
l'une par l'autre. On ne peut avoir A nécessaire par B,
B nécessaire par A, et A et B nécessaires ensemble.
En effet chacun des deux, étant nécessaire par l'autre
serait possible par lui-même. Ce qui est possible par
soi-même doit avoir une cause dans l'être qui lui soit
antérieure. Mais aucun des deux n'est antérieur à l'autre dans l'être. Ils devraient donc avoir tous deux des
causes extérieures et antérieures à eux deux, et ils ne
seraient plus nécessaires l'un par l'autre.

L'essence de l'être nécessaire ne peut pas avoir un
principe composé par lequel elle subsisterait et qui serait divisible, soit selon la quantité, soit selon la définition, en matière et forme ou autrement. En effet, en
tout ce qui est tel, l'essence d'une partie n'est pas l'essence d'une autre, ni celle du tout. Alors ou chaque
partie aurait son existence par elle-même; mais le tout
n'aurait la sienne que par les parties et il ne serait plus
nécessaire; ou quelques parties seulement existeraient
par elles-mêmes, et les autres, non plus que le tout, ne
seraient nécessaires. En termes plus généraux, les parties sont en essence antérieures au tout. La cause qui
nécessite l'existence du tout nécessite d'abord celle de
ses parties. D'où aucun être divisible ne peut être nécessaire.

« Il suit de là que l'être nécessaire n'a ni corps, ni

matière de corps, ni forme de corps, ni matière intelligible, ni forme intelligible, ni divisibilité d'aucune sorte
selon la quantité, le mode, les principes ou la définition.
Il est un sous tous ces rapports. »

L'être nécessaire par son essence est nécessaire sous
tous rapports. S'il y avait un côté par lequel il ne fût
pas nécessaire, il aurait par ce côté besoin d'une cause,
et alors il ne serait plus nécessaire absolument, mais
avec cette cause. Ceci prouve qu'il n'y a aucune partie
de l'essence de l'être premier dont l'existence soit en
retard sur celle de cet être même. Tout ce qui est
possible de lui, en est en même temps nécessaire. Il n'y
a en lui nulle volonté, nulle science, nul caractère ni
qualité d'aucune sorte qui attende pour être et soit postérieure à sa propre existence.

Après ceci la pensée d'Avicenne s'élève vers les régions morales; ayant prouvé que l'être nécessaire est
absolument un, il va montrer, conformément à la doctrine platonicienne, qu'il est aussi bien pur et vérité
pure, et nous osons prier le lecteur de remarquer les
admirables formules d'optimisme qu'il rencontre dans
cette exposition. « Tout être nécessaire, dit-il, est bien
pur et perfection pure. Le bien en général est ce que
chaque chose désire et ce qui complète son existence. Le
mal n'a pas d'essence; il est ou le défaut d'une substance
ou le défaut d'intégrité de l'état d'une substance. Donc
l'existence est par elle-même bonté, et la perfection de
l'existence est la bonté de l'existence. L'existence en laquelle ne se trouve aucun manque, ni manque de la

substance ni manque de quelque chose en la substance,
mais qui est toujours en acte, est bien pur. » Le possible par essence, pouvant supporter le manque, n'est
pas bien pur. « Le bien pur ne peut être que l'être nécessaire par son essence. » On appelle aussi bien ce qui
est utile aux perfections des choses. Nous verrons que
l'être nécessaire est nécessairement utile à tout être et à
toute perfection des choses. Il est donc encore bien dans
ce second sens.

« Tout être nécessaire par essence est vérité pure;
car la réalité véritable de toute chose est ce qui établit
en propre son existence. Il n'y a donc rien de plus vrai
que l'être nécessaire. On appelle aussi vrai ce dont l'affirmation de l'existence est juste. Il n'y a donc rien de
plus vrai que ce dont il est juste d'affirmer qu'il est et
qu'il est toujours et que, étant toujours, il est par son
essence et non par celle d'un autre. »

L'analyse de la notion de l'être nécessaire est ensuite
précisée et achevée par ces théorèmes que la nécessité
ne peut s'affirmer de plusieurs, que l'être nécessaire est
unique en son espèce et qu'il est à cause de cela, complet
en son existence; puis l'auteur arrive à la démonstration
directe de l'existence de l'être nécessaire, et c'est ici que
reparaît explicitement la théorie de la causalité.

« Il y a des êtres, dit-il. Or tout être est ou nécessaire
ou possible. S'il est nécessaire, l'existence de l'être nécessaire est prouvée; s'il est possible, nous allons montrer que l'existence du possible conclut à celle d'un être
nécessaire. »

La démonstration s'effectue en trois lemmes.

Lemme 1. Il ne se peut pas que tous les possibles aient à la fois une cause possible, et cela sans fin. En effet, s'il n'y a pas d'être nécessaire dans la série des possibles, celle-ci, en tant que série, est ou nécessaire ou possible. Si elle est nécessaire, chacun de ses termes étant possible, le nécessaire subsiste par les possibles, ce qui est absurde. Si elle est possible, alors sa somme a besoin pour exister de quelque chose qui lui donne l'être. Cette chose est ou extérieure ou intérieure à la série. Si intérieure et nécessaire, l'un des termes de la série est nécessaire; et on les a supposés possibles; si intérieure et possible, cette chose est cause de la série, donc cause de ses parties et cause de sa propre existence, donc nécessaire, et on vient de la supposer possible; si extérieure, elle ne peut être une cause possible; car tous les possibles sont dans la série; elle est donc nécessaire, et alors les possibles aboutissent à cette unique cause nécessaire.

Lemme 2. Une série de causes en nombre fini ne peuvent pas être possibles en elles-mêmes et nécessaires l'une par l'autre, en sorte qu'elles dépendraient l'une de l'autre en cercle. La démonstration a été donnée plus haut pour le cas de deux causes; elle peut se généraliser d'une manière analogue à celle du lemme 1, avec ceci de particulier que l'on aboutit à la conséquence que chaque terme serait cause et effet de sa propre existence, ce qui est absurde.

Lemme 3. Un produit et sa cause étant donnés, ou ce

produit s'évanouit au temps même de sa production, ou il s'évanouit quelque temps après, ou il est subsistant. La première hypothèse est absurde ; la seconde l'est aussi, parce qu'elle supposerait que les instants se suivent d'une manière discontinue, ce qui n'est pas. Donc les êtres sont et sont subsistants. Tout être a alors une cause de son existence et une cause de sa subsistance. Ces deux causes peuvent se confondre, comme dans le moule qui donne et garde sa forme au liquide, ou être distinctes, comme pour la forme de la statue que produit l'artisan et que conserve la solidité de la matière. Ce n'est pas parce qu'il est produit que le produit dure ; mais il dure, une fois qu'est réalisée une certaine condition de sa cause, qui le fait durer. Cette condition étant remplie, il dure nécessairement, tant qu'elle l'est. Le possible devient nécessaire par une condition ; il est alors nécessaire par autre chose que par son essence. Le possible réel manque ; tout ce qui existe, au moment où cela existe, est nécessaire ; inversement tout ce qui manque, au moment où cela manque, manque nécessairement.

Ce dernier lemme représente le couronnement et la mise en pratique de la théorie de la causalité ; nous le formulerions ainsi : Tout produit a une cause ; toute cause est déterminante.

L'union de ces trois lemmes achève en un instant la théorie de l'être premier. Les possibles existant ont besoin de causes (lemme **3**) ; ces causes ne s'enchaînent pas sans fin (lemme **1**), ni ne retournent sur elles-mêmes (lemme **2**). Donc elles aboutissent à l'être nécessaire.

Nous aimerions à nous taire, après cette démonstration, et à laisser le lecteur en savourer lui-même l'originalité, l'ingéniosité, l'harmonie et la puissance. Nous ne pouvons cependant pas nous effacer complètement devant notre auteur et abdiquer la conduite de cet ouvrage au moment où le devoir nous incombe d'en fixer les conclusions. Le peu qui nous reste à dire de la mystique n'a plus en effet qu'une valeur complémentaire, et l'essentiel de notre œuvre est dès maintenant achevé.

Or il me paraît que les conclusions auxquelles nous devons nous arrêter sont bien celles que nous avons vues poindre et se renforcer de page en page dans le cours de cette analyse. Tout d'abord, le principe dominant dans l'école philosophique arabe a été que la philosophie était une ; plus exactement elle était science, et elle avait les caractères qu'aujourd'hui nous reconnaissons à la science, mais que nous n'accordons plus à la philosophie : l'universalité et la fixité. Il ne pouvait y avoir qu'une philosophie pour tout l'univers, comme il n'y a qu'une science ; et, une fois trouvée et démontrée, cette philosophie ne devait plus être susceptible d'aucun changement, d'aucune variation, d'aucune évolution dans toute la suite des temps. C'est pourquoi, sous la plume d'Avicenne, dont le génie mathématique ne fut pourtant pas spécialement fort, nous voyons la philosophie revêtir l'aspect, non seulement d'une science, mais même d'une science exacte [1].

1. Je suis persuadé que le point de vue de Descartes était absolument le même ; je ne comprends pas pourquoi l'habitude s'est répandue de con-

En second lieu il me semble que la ligne générale du mouvement philosophique, telle que nous l'avons indiquée, est juste. Le problème capital qui s'est posé à l'école arabe a bien été celui de la synthèse de deux vérités : une vérité philosophique et une vérité de foi. L'école arabe avait été précédée un peu dans une recherche analogue par l'école syriaque. Pour connaître exactement la part d'originalité des philosophes arabes dans la solution qu'ils ont donnée de ce problème, il faudrait savoir parfaitement l'histoire de l'enseignement philosophique jusque vers le neuvième siècle de notre ère. En l'absence de cette connaissance précise, on peut seulement affirmer que dans l'école arabe et particulièrement chez Avicenne, le travail de coordination et de démonstration des thèses a été fort important.

Au point de vue de l'état d'esprit général dans lequel se sont trouvés ces penseurs, il faut retenir, comme nous l'avons dit plusieurs fois, que le syncrétisme a été pendant de longs siècles une habitude intellectuelle répandue en Orient. Cette habitude explique que les auteurs musulmans aient pu poser, sans avoir presque aucun doute sur sa solubilité, le problème scolastique qui, dans d'autres contrées, eût effrayé ou rebuté les

sidérer Descartes comme un esprit libéral en matière philosophique. Il n'y eut pas en vérité d'esprit plus géométrique et plus dogmatique que le sien. La philosophie qu'il prétendait fonder devait embrasser toutes les sciences, être mathématiquement démontrable et absolument définitive. La réforme accomplie par lui dans la philosophie n'avait donc pas besoin de l'être en dehors de la scolastique ; elle pouvait aussi bien s'effectuer sans sortir de la scolastique, en remontant vers ses origines.

chercheurs. Le système philosophique qui constituait
l'un des termes de ce problème, — ceci encore peut être
accepté comme une conclusion, — n'était pas un système individuel, le platonisme, le péripatétisme ou tel
autre; il était déjà lui-même un ensemble syncrétique
formé par voie traditionnelle sous l'influence dominante
du néoplatonisme et avec quelques infiltrations plus expressément gnostiques. En outre, des réminiscences d'anciennes fois religieuses se rattachant au dualisme et à
la gnose, des retours de sympathie mal célés vers des
doctrines panthéistes se manifestent de temps en temps
chez les scolastiques arabes, et jusque chez les plus
sages. Cette dernière remarque ne peut être cependant
que sommairement indiquée, car elle dépend plutôt de
l'étude de la philosophie mystique.

Nous devons encore nous demander si, en définitive,
l'effort de pensée (peut-être doit-on dire de génie) des
philosophes arabes a abouti à une solution à peu près
satisfaisante du problème scolastique. Nous craignons
qu'il faille répondre par la négative, et cela pour des
motifs intrinsèques et extrinsèques. Les motifs intrinsèques, nous les avons sentis. Si nous nous rappelons ce
qu'était le Dieu biblique et coranique d'une part et ce que
fut de l'autre le Dieu des philosophes, nous avons l'impression qu'une si grande distance sépare encore ces deux
conceptions que la synthèse sur ce point ne peut pas être
considérée comme décidément accomplie. La mystique
sans doute est là pour corriger ce qu'il y a de hautain,
de fermé, de sec et d'abstrait dans la conception philo-

sophique de Dieu ; mais la mystique elle-même présente
pour l'orthodoxie des dangers redoutables ; si la métaphysique renferme quelques traces de panthéisme, ce
n'est certes pas la mystique qui l'en purifiera. En vérité, pour qui se place en imagination au point de vue
du dogme musulman, le Dieu des philosophes est éton-
nant et ingrat. Il a une impassibilité et un achèvement
d'être où l'on ne reconnaît plus l'activité vivante et, par
suite, changeante, la vertu créatrice, la bonté providen-
tielle, les longs desseins, les miséricordieuses tendresses,
les effrayantes vengeances du Dieu biblique. Le Dieu
de la philosophie, à force d'être en acte, a l'air d'être
inactif ; nous ne pouvons plus le connaître ; nous ne
sommes plus portés à l'aimer, quoi qu'on nous prouve
qu'il est la vérité suprême ; nous ne le sentons pas bon,
quoi qu'on nous démontre rationnellement qu'il l'est.
Surtout, nous sommes effrayés de voir ses attributs essentiels, sa volonté, sa science, sa puissance, s'identifier
et se fondre dans une espèce de potentialité inconceva-
ble pour nous, d'où découle le monde, sans qu'il nous
soit possible de comprendre jusqu'à quel point ce Dieu
reste l'auteur libre du monde, et je dirai même l'auteur
conscient. Nous n'avons pas insisté dans notre analyse
sur cette question délicate de la liberté de Dieu dans la
production du monde ; nous n'aurions vraisemblablement
rien gagné à chercher à l'approfondir. Dans cet endroit,
Dieu devient absolument mystérieux, et l'on dirait que la
pensée d'Avicenne, à l'exemple du Premier, se dérobe.
Toujours est-il qu'en fait, — et c'est ici le motif extrin-

sèque auquel nous faisions allusion plus haut, — le système d'Avicenne a soulevé l'horreur des esprits religieux. Gazali qui représente dans l'islam le point culminant de la scolastique à dominante théologique, comme Avicenne représente la scolastique à dominante philosophique, — Gazali, dis-je, s'est attaqué avec violence au système d'Avicenne et en a ruiné la fortune en Orient. Un siècle après Gazali, ces mêmes doctrines renaissaient en Occident, et, franchissant les limites de l'islam, elles allaient, à la manière d'une hérésie redoutable, jeter l'épouvante dans le monde chrétien, sous le nom d'averroïsme.

# CHAPITRE X

## LA MYSTIQUE D'AVICENNE.

Nous avons annoncé au début de cet ouvrage que nous ne traiterions pas de la mystique considérée en elle-même comme système indépendant. Ce que nous allons en dire dans ce dernier chapitre est seulement destiné à servir de complément à la métaphysique. Il est intéressant de voir comment la notion métaphysique de Dieu se complète et à certains égards se corrige en mystique, comment Avicenne conçoit les rapports de Dieu à l'homme dans les grandes questions de la providence et de la prédestination. Nous allons entendre à ce propros notre philosophe exposer une théorie générale de l'optimisme qui est fort élevée. Nous verrons aussi quelle est dans son système la place de la morale, place dont l'importance, fort peu marquée dans les chapitres précédents, risquait d'échapper à nos lecteurs, et à laquelle tous les développements antérieurs laissaient subsister une lacune qu'il est nécessaire de combler.

Avicenne définit dans les *Ichârât* la Providence de la

façon suivante[1] : « La Providence est l'enveloppement du tout par la science de l'être premier ; et c'est la science qu'a le Premier de ce qu'il faut que soit le tout pour être dans le plus bel ordre, jointe à la conscience que cela résulte nécessairement de lui et de l'environnement du tout par lui. L'être s'accorde avec ce qui est connu comme le mieux ordonné, sans qu'il soit besoin d'une recherche ni d'un effort de la part du Premier et du Vrai. La science qu'a le Premier du mode de bonté applicable à l'ordre de l'être universel est la source d'où le bien découle sur le tout. »

Dans cette profonde définition, nous ne remarquerons plus principalement l'espèce d'identification qui est établie entre la science de Dieu, sa volonté, sa puissance et sa bonté, puisque nous nous sommes déjà arrêté sur ce point de vue dans le chapitre de la métaphysique. En ce moment c'est surtout comme l'expression d'une théorie de l'optimisme que nous considérerons ces lignes, et nous en prendrons prétexte pour demander à Avicenne, puisque l'ordre des choses lui semble le meilleur, comment il comprend le rôle du mal et quelle idée il se fait du destin.

Dieu étant le bien pur et le tout découlant de Dieu, la grande difficulté est de concevoir d'où provient le mal qui paraît dans le tout. La thèse générale de notre auteur est que le mal n'est pas dans le jugement divin par essence et qu'il n'y entre que par accident.

---

1. *Ichârât*, p. 185.

Il y a trois espèces de mal : le défaut ou manque, la souffrance et le péché. Le mal par essence est le mal par défaut; par conséquent il est négatif. Voici comme en parle Avicenne[1] :

« Le mal par essence est le manque, non pas tout manque, mais le manque des perfections qu'exigent le genre et la nature de la chose. Le mal par accident est ce qui cause ce défaut et ce qui empêche la perfection d'être réalisée. » Le mal suppose la puissance, et par là cette théorie est essentiellement aristotélicienne. « Toute chose qui existe en son achèvement extrême et sans qu'il y ait plus rien en elle en puissance, n'a pas de mal; le mal atteint seulement ce qui est en puissance, et cela du fait de la matière. » Ou bien il produit dans la matière une certaine disposition contraire à l'une des perfections que doit avoir l'objet, par exemple lorsque les nuées, les pluies abondantes ou l'ombre des hautes montagnes empêchent les fruits de mûrir; ou bien il agit en écartant ou en détruisant la perfection acquise de l'objet, comme lorsque le froid, venant à frapper les plantes, les détruit.

« Toute la cause du mal se trouve renfermée dans ce qui est sous la sphère de la lune. » Le mal n'a pas de prise sur les intelligibles; « il n'atteint que les individus, dans des temps limités, et les espèces y sont soustraites. »

1. *Nadjât*, p. 78; section « sur la Providence et comment le mal entre dans le jugement divin ».

« L'on se demande s'il n'eût pas été possible que le premier administrateur ait fait exister un bien pur tout à fait exempt de mal. Non," — dit Avicenne, —"cela n'eût pas été possible dans le mode d'existence de notre monde, quand même cela le serait dans l'être en général. » La pensée de notre philosophe est que le bien absolu n'eût pas été possible dans un monde auquel s'applique la métaphysique péripatéticienne, c'est-à-dire celle de la puissance et de l'acte. Où il y a puissance, il y a possibilité de défaut, donc de mal ; mais le Créateur n'eût pas pu abandonner le bien universel qui est bien par essence, même quand il n'existe qu'en puissance, à cause des maux accidentels possibles qui s'y trouvent mêlés. Un monde dans lequel la possibilité du mal ne serait pas impliquée ne serait plus du tout comparable à notre monde ; il serait quelque chose de tout autre, on ne sait quoi d'inimaginable pour nous.

L'optimisme d'Avicenne sacrifie avec une grande facilité les victimes des maux particuliers au bien général, soit les victimes des accidents temporels, soit même, semble-t-il, celles de l'enfer. Le mal qui ne consiste pas dans le manque ne peut être que relatif, selon lui, et il est toujours un bien par quelque endroit ; plus précisément encore, il est toujours un bien par son principe, et il n'est un mal que par accident. « Tout ce qui est désigné sous le nom de mal, dans le sens de l'action, est toujours une perfection pour sa cause active, et il est seulement possible que cela soit mal dans le sens de la passion, pour le sujet qui reçoit l'effet de l'acte ou pour un autre agent qui, par cet acte, se trouve gêné dans le sien. » Ainsi l'injustice est sans doute un mal pour l'opprimé ou pour l'âme raisonnable dont la perfection consiste à être maîtresse de ses passions; mais elle est tout d'abord un bien, dans le sens actif, pour la faculté irascible qui, de sa nature, recherche la domination. Le feu est bon en lui-même, et il a une multitude d'utilités et d'avantages dans le monde physique; ce n'est qu'accidentellement qu'il produit la brûlure qui est un mal pour le sujet qui la souffre. Il n'eût pas été bon évidemment que l'auteur du tout supprimât la faculté irascible ou anéantît le feu à cause des accidents de détail qui résultent de l'une et de l'autre. « Il n'entre pas dans la sagesse divine, dit Avicenne, de délaisser les biens durables et généraux à cause de maux passagers dans les choses individuelles. »

La supériorité du bien sur le mal dans le monde, selon cette doctrine, n'est pas seulement une supériorité métaphysique, comme nous venons de l'expliquer, c'est aussi une supériorité numérique et quantitative. « Les choses qui sont tout entières mauvaises, affirme notre auteur, ou qui le sont seulement en majeure partie, ou qui même renferment le mal à égalité avec le bien, n'existent pas. » Tout ce qui existe contient plus de bien que de mal. Il est d'ailleurs faux de dire que le mal est plus fréquent que le bien. Le mal est commun, cela est vrai; mais il n'est pas le plus fréquent. Les maladies, par exemple, sont très nombreuses; elles sont cependant encore moins communes que la santé. Le mal, tel que nous l'avons défini, est toujours moins fréquent que le bien qui lui correspond. Les maux extrêmement nombreux qui consistent dans le défaut des qualités secondes du sujet, comme, par exemple, l'ignorance de la géométrie pour l'homme, ne portent pas atteinte aux qualités premières et ne sont pas en vérité des maux, mais seulement l'absence de certaines perfections que le sujet pourrait recevoir par surcroît.

Avicenne développe des considérations également optimistes dans son traité sur le *Destin*[1], et il ajoute cette vue que les biens et les maux ne sont pas les mêmes aux yeux de Dieu que ce qu'ils sont pour nous; nous n'avons pas non plus le droit de demander à Dieu, dont l'action s'étend à travers tous les siècles, une compensation pour chaque mal qui résulte du plan du monde, comme nous le faisons pour les dommages qu'il nous arrive de subir de la part des autres hommes dans le cours borné de notre vie. « Si le beau et le laid, le bien et le mal étaient aux yeux de Dieu ce qu'ils sont aux yeux des hommes, il n'aurait pas créé le lion redoutable aux dents disloquées et aux jambes tortues, dont la faim n'est satisfaite qu'en mangeant la chair crue et sanglante, nullement en broutant des herbes et des baies; ses mâ-

---

1. *Risâlet el-Kadr*, éd. et trad. Mehren, quatrième fascicule des *Traités mystiques d'Avicenne*. Le fragment cité ci-après se trouve aux pages 9-10 de la traduction; nous sommes d'autant plus heureux de le reproduire que cette traduction française est l'œuvre d'un savant étranger.

choires, ses griffes, ses tendons solides, son cou impo-
sant, sa nuque, sa crinière, ses côtes et son ventre, la
forme de tous ses membres excitent en nous l'étonnement, quand nous considérons que tout cela lui est
donné pour atteindre le bétail fugitif, le saisir et le déchirer. Il n'aurait pas non plus créé l'aigle aux griffes
crochues, au bec recourbé, avec ses ailes souples et
divisées, son crâne chauve, ses yeux pénétrants, son cou
élevé, ses jambes si robustes ; et cet aigle n'a pas été
créé ni pour cueillir des baies, ni pour mâcher ses aliments et brouter des herbes, mais pour saisir et déchirer
sa proie. Dieu en le créant n'a pas eu le même égard que
toi aux sentiments de compassion, ni suivi les mêmes
principes d'intelligence. Lui, il ne s'est pas conformé à
ton avis, qui eût été d'éloigner les malheurs et d'éteindre
la flamme brûlante. Dans sa sagesse impénétrable aux
yeux de notre intelligence, il y a donné son consente-
ment, et tu n'aurais pas le droit d'exiger de lui la compensation des membres déchirés, ni des cous cassés. Le
temps fait oublier les douleurs, éteint la vengeance,
apaise la colère et étouffe la haine ; alors le passé est
comme s'il n'eût jamais existé ; les douleurs affligeantes
et les pertes subies ne sont nullement prises en considération ; Dieu ne fait aucune distinction entre la compensation et le don gratuit, entre l'initiative de sa grâce
et la récompense ; les siècles qui passent, les vicissitudes
du temps effacent tout rapport causal. » Ces éloquents
développements reviennent en somme à dire que les
principes des desseins divins se cachent dans un mys-

tère, où la raison humaine ne peut pas pénétrer; la mystique parfois nous en découvre quelque chose, et c'est ainsi qu'elle a sa place comme supplément à la métaphysique.

La théorie de l'optimisme se prolonge par la doctrine beaucoup plus mystique encore du retour de l'âme, c'est-à-dire de ses destinées après la mort, des peines et des joies qui lui sont réparties dans l'autre vie. Ce sujet comporte une théorie du plaisir et de la peine Avicenne l'a traitée dans le *Nadjât* avec tant de beauté et un charme si intense, que nous ne pouvons mieux faire que de reproduire, en l'abrégeant un peu, ce qu'il en a dit[1].

Chaque faculté humaine, enseigne-t-il, a un plaisir et un bien qui lui sont propres, une souffrance et un mal qui lui sont propres. Le plaisir de la faculté appétitive, par exemple, est de recevoir une sensation qui s'accorde avec son désir; celui de la faculté irascible[2] est l'attaque; celui de la faculté opinante, l'espoir; celui de la mémoire, le souvenir. Et les maux de ces diverses puissances sont à l'inverse. D'une façon générale, le plaisir de ces facultés consiste dans ce qui les rend parfaites en actes.

Toutes ces puissances de l'âme ont en commun la faculté de jouir; mais elles diffèrent en rang. Leur per-

1. *Nadjât*, pages 80-83; section « sur les états des âmes humaines ».
2. La faculté appétitive et la faculté irascible sont les deux facultés essentielles de l'intelligence pratique, dont nous avons dit que l'étude était peu développée chez Avicenne.

fection peut être ou plus excellente, ou plus intense, ou plus durable, et il résulte de là une différence de degré dans le plaisir obtenu. « Il ne faut pas que l'homme intelligent se figure, dit Avicenne, que tout plaisir est pareil à celui que l'âne éprouve dans son ventre et ses parties honteuses, et que les premiers principes, voisins du Très-Haut, sont privés de jouissance et de félicité, ni qu'il n'existe pas pour le Très-Haut, en sa puissance et sa force infinies, une chose qui atteint le sommet de la dignité, de l'excellence et de la perfection, mais qu'on n'oserait pas appeler plaisir, comme on le fait pour l'âme et pour les bêtes. » Ces satisfactions, ces voluptés divines sont bien au-dessus de tout ce que nous pouvons concevoir; mais nous sommes assurés de leur réalité par la révélation et par la raison, comme le sourd de naissance qui, incapable d'imaginer le plaisir que donnent les mélodies, est pourtant certain qu'il existe.

Il arrive quelquefois que la perfection propre à une faculté et l'objet convenable qui pourrait la lui procurer sont à portée de cette faculté même, mais que celle-ci est empêchée par quelque obstacle de les recevoir ou qu'elle est occupée ailleurs. C'est ainsi que l'on voit certains malades avoir horreur des mets sucrés et demander des mets qui répugnent aux hommes sains; dans d'autres cas, si le malade n'a pas positivement horreur des mets succulents, du moins se trouve-t-il incapable d'en jouir; et de même, il ne souffre pas des mauvais. La bouche ne ressent pas l'amertume de la myrrhe tant

que le mélange de ses humeurs, dérangé par la soif,
n'est pas rétabli et qu'elle n'est pas désaltérée.

« La perfection propre de l'âme raisonnable, enseigne
notre auteur, est de devenir savante, intelligente, de recevoir en elle la forme du tout et de l'ordre qui est intelligible dans le tout et du bien qui y est répandu, en
commençant par le principe premier, en suivant la série
des substances spirituelles supérieures et pures, puis des
âmes dépendantes des corps, puis des corps célestes avec
leurs formes et leurs forces, jusqu'à ce qu'elle imprime
en elle-même la ressemblance de l'être universel, et
qu'elle y reproduise un monde intelligible à l'image du
monde réel; qu'elle voie alors ce qui est le beau absolu,
le bien absolu, la perfection véritable; qu'elle s'y
unisse; qu'elle se travaille à ce modèle, qu'elle coure
dans ce sentier et qu'elle devienne comme si elle était
de la substance même du bien. »

Il n'y a pas de comparaison possible entre cette perfection de l'âme raisonnable et les perfections propres
aux autres facultés. Comment comparer la durée de ce
qui est éternel avec la durée de ce qui est changeant et
périssable? Comment comparer la jonction des sensibles le long d'une surface, avec l'union dans la substance,
par laquelle il ne semble plus y avoir aucune distinction
entre cette substance et ce qu'elle reçoit, puisque l'intelligence, l'intelligent et l'intelligible sont un ou proches
d'être un? Il est évident aussi que les conceptions de
l'âme raisonnable sont plus intimes, plus profondes et
plus intenses que les perceptions des sens. Comment

donc encore comparer les plaisirs de cette âme, lorsqu'elle saisit les intelligibles, aux plaisirs sensuels et bes-
tiaux ?

Les fins intellectuelles sont déjà plus honorables pour
l'âme que les fins temporelles et sensibles, dans les choses de peu de valeur. Combien à plus forte raison, dans
les choses importantes et hautes. Cependant les âmes
corrompues ne sont plus capables de sentir le bien et le
mal dans les choses élevées, ainsi que nous l'avons dit
des malades qui ne perçoivent plus la saveur des mets.

Quand donc l'âme se trouve séparée du corps, elle s'en
va vers sa fin, elle l'atteint et elle en jouit, à moins que,
semblable aux malades, son goût n'ait été vicié et
qu'elle n'ait point recherché sa fin ; alors elle ne l'atteint
pas et elle souffre.

Quand la puissance intellectuelle qui est l'âme immor-
telle, est parvenue durant la vie à un certain degré de
perfection, elle entre en possession de cette perfection
en acte au moment où elle quitte le corps ; et en même
temps que la perfection, elle obtient le plaisir, plaisir
qui est du genre de celui qu'ont les substances pures,
plus noble et plus élevé que le plaisir des sens. C'est ce
qu'on appelle la félicité.

Ce que connaît l'âme quand elle approche du terme
où se réalise cette félicité, il serait difficile de le dire
exactement. Mais il est probable qu'en cet instant l'âme
de l'homme possède une image précise des principes intellectuels ou intelligences pures, qu'elle connaît les
secrets des mouvements généraux, mais non pas tous

les particuliers, qui sont sans fin, et que la forme du tout
se dessine en elle, avec le rapport mutuel de ses parties et l'ordre selon lequel elles s'enchaînent dans la
série des êtres.

La félicité de l'âme raisonnable ne s'obtient que par
le perfectionnement de l'intelligence pratique [1]. Et c'est
en quoi consiste la morale. « Le caractère est un pouvoir de l'âme par lequel celle-ci produit avec facilité des
actes, sans avoir besoin d'une délibération qui les précède. » Le plus souvent le caractère de l'homme durant sa vie n'est que moyennement bon ; la soumission
de l'intelligence pratique à l'intelligence spéculative
n'est pas complète ; l'âme n'a pas un goût pur des choses spirituelles, et elle conserve une inclination pour les
choses corporelles qui l'empêche après la mort d'atteindre en acte sa complète perfection. L'âme, séparée du
corps, sent l'opposition qui existe entre ces goûts viciés
dont elle avait l'habitude et son bien véritable, et cette
opposition devient pour elle la cause d'une grande souffrance. Cependant, comme elle était bonne en principe,
cette souffrance ne lui est pas quelque chose de nécessaire et d'essentiel ; ce n'est qu'une condition qui lui est
étrangère ; et, puisque ce qui est accidentel et étranger
ne dure pas, lorsque la mort vient interrompre les actes
dont la répétition entretenait en elle ces habitudes mauvaises, celles-ci se perdent et s'effacent ; la souffrance
qui en résultait pour l'âme diminue au fur et à mesure

1. Avicenne renvoie ici à son traité sur *les Mœurs* mentionné par el-
Djouzdjâni. Cf. plus haut, p. 150.

de sa purification, et après ce châtiment passager, elle parvient à sa félicité. Les âmes toutes spirituelles entrent à la mort dans la plénitude de la miséricorde de Dieu. Celles qui ont été complètement mauvaises et qui n'ont eu de goût que pour le corps souffrent horriblement d'en manquer « parce que l'outil de leur plaisir s'est anéanti, tandis que l'habitude de leurs attaches corporelles subsiste ».

L'on peut admettre aussi ce que disent certains docteurs, que l'âme séparée du corps peut agir sur les matières célestes et continuer d'imaginer des formes avec ces matières comme données. Les âmes bonnes imaginent les états heureux auxquels elles ont aspiré durant la vie; les mauvaises imaginent les châtiments et les souffrances. Les formes imaginatives ne sont pas plus faibles que les sensibles, au contraire; on en juge par le sommeil, où ce que l'on voit en rêve est quelquefois plus intense que ce que l'on perçoit dans la veille. Les impressions formées dans l'intérieur de l'âme proviennent d'une cause essentielle; celles qui sont formées de l'extérieur, d'une cause accidentelle.

Les âmes saintes atteignent leur perfection par leur essence; elles sont plongées dans la joie; elles ne regardent plus ce qui est derrière elles. Elles se purifient des traces d'attaches sensibles qu'elles ont pu conserver, en demeurant quelque temps au dessous des plus hauts degrés.

Nous achèverons ce livre, à la manière platonicienne, par un mythe.

Il y a plusieurs mythes dans l'œuvre d'Avicenne; tels celui de l'oiseau et celui de Hây qui servent de thème à deux écrits mystiques [1]. Le mythe de Salâmân et d'Absâl que nous allons rapporter, n'est pas directement connu comme étant d'Avicenne; il est seulement cité en deux endroits des œuvres de cet auteur, et c'est par le commentaire de Nasîr ed-Dîn et-Tousi aux *Ichârât,* que nous en possédons des versions. Cette histoire revêt des formes très diverses; elle fut souvent traitée et remaniée, et elle finit par recevoir le développement d'une épopée sous la plume du poète persan Djâmi. En la forme que nous allons maintenant reproduire, elle nous est présentée comme ayant été traduite du grec par Honéïn fils d'Ishâk, et il y a lieu de croire en effet qu'elle est d'origine alexandrine [2].

Il y avait dans les temps anciens, antérieurement au déluge de feu, un roi nommé Hermânos fils d'Hercule. Ce roi possédait le pays de Roum jusqu'au rivage de la mer, avec le pays de Grèce et la terre d'Égypte. Il

---

1. Voyez ci-dessus, pages, 150-151.

2. L'opuscule de Nasîr ed-Dîn et-Tousi sur ce mythe a été publié dans la collection des *Resâil fî'l-hikmet,* p. 112. V. la note mise par Mehren à sa traduction des trois dernières sections des *Ichârât,* deuxième fascicule des *Traités mystiques,* p. 11. On remarquera que ce conte présente beaucoup d'analogie de manière avec les contes égyptiens recueillis dans *l'Abrégé des Merveilles,* trad. B. Carra de Vaux, Paris, 1898. V. sur l'origine de ces légendes, le compte rendu de ce dernier ouvrage par M. Maspero, *Journal des Savants,* 1899, ainsi qu'une note de M. Berthelot au même lieu.

avait une science profonde, un pouvoir étendu, et il était versé dans la connaissance des influences astrologiques.

Parmi les contemporains de ce prince se trouvait un philosophe du nom d'Iklîkoulâs qui possédait toutes les sciences occultes. Ce sage vivait depuis un cycle, retiré dans une grotte appelée Sârikoun. Il déjeunait tous les quarante jours de quelques légumes sauvages, et sa vie atteignait trois cycles. Le roi Hermânos le consultait souvent.

Un jour, le roi alla se plaindre au sage de manquer de descendant. Ce prince, en effet, n'avait pas de penchant pour les femmes; il abhorrait leur commerce et refusait de les approcher. Le sage lui conseilla, puisqu'il avait déjà vécu trois couples [1], de prendre une femme belle et bonne, à un moment où la sphère, à son lever, lui promettrait un enfant mâle. Il refusa. Le sage lui dit alors qu'il n'y avait pas d'autre moyen pour lui de se procurer un héritier que d'observer un lever astrologique convenable, et au moment que fixeraient les astres, de choisir une mandragore et d'y placer un peu de sa liqueur séminale. Il se chargerait ensuite de soigner cette mandragore et de la transformer en un enfant vivant.

Ainsi fut-il fait. L'enfant né de la sorte fut appelé Salâmân. On lui chercha une femme pour le nourrir. On en trouva une fort belle, âgée de dix-huit ans, qui

1. Ce mot traduit le terme arabe *Koroun* dont la valeur exacte ne me paraît pas connue.

s'appelait Absâl. Cette femme prit soin de l'enfant et le roi se réjouit.

L'on dit qu'alors Hermânos promit au sage de construire, en témoignage de sa gratitude, deux gigantesques bâtiments, capables de résister aux déluges d'eau et de feu, dans lesquels on enfermerait les secrets des sciences. Ce furent les deux pyramides.

Quand l'enfant Salâmân fut nourri et qu'il eut grandi, le roi voulut le séparer d'Absâl; mais l'enfant s'en affligea vivement, et le roi le laissa. Salâmân étant ensuite parvenu à la puberté, l'affection qu'il avait pour sa nourrice Absâl s'accrut et se changea en amour; et cette passion devint telle que le jeune homme négligea tout à fait le service du roi, pour ne plus s'occuper que d'Absâl.

Le roi fit venir son fils et lui adressa des remontrances. « Je n'ai que toi au monde, lui dit-il; sache, ô fils très cher, que les femmes sont artificieuses et instigatrices de mal, et qu'il n'y a nul bien en elles. Ne donne pas place à une femme dans ton cœur; le pouvoir de ta raison en serait asservi, la lumière de ta vue obscurcie, toute ton existence submergée. Apprends, ô mon fils, qu'il n'y a que deux chemins, l'un qui monte et l'autre qui descend. Nous te disons cela sous une forme sensible afin que tu comprennes. Celui qui ne prend pas le chemin de la justice n'approche pas de sa demeure; mais l'homme qui suit la voie de l'intelligence, en maîtrisant les forces de son corps qui doivent être ses servantes, s'élève vers le monde de lu mière et approche sans cesse davantage de son véritable séjour. Il n'est pas pour l'homme de demeure plus vile que celle des choses sensibles. Il y a aussi pour lui une résidence moyenne qui est celle des lumières victorieuses qu'il peut encore atteindre, après s'être attardé dans le monde inférieur. Mais sa plus haute demeure est celle où il connaît les essences des êtres, et c'est à celle-là qu'il parvient par la justice et par la vérité. Laisse donc là cette misérable Absâl qui ne peut te procurer aucun bien. Reste pur, jusqu'à ce que je te trouve une fiancée du monde supérieur qui t'attirera la grâce de l'Éternel et qui donnera satisfaction au Maître des mondes. »

Salâmân, emporté par sa passion, ne se rendit pas aux avis du roi. Il alla répéter à Absâl ce que Hermânos lui avait dit, et celle-ci lui conseilla de n'en tenir aucun compte. « Il veut, dit-elle, t'ôter les plaisirs vrais pour des espérances dont la plupart sont trompeuses, te sevrer des joies immédiates pour des biens éloignés. Quant à moi je te suis soumise ; je me plie à tous tes caprices. Si tu as de l'intelligence et de la décision, va dire au roi que tu ne m'abandonneras jamais, et que moi non plus je ne t'abandonnerai pas. »

Le jeune homme alla rapporter les paroles d'Absâl, non pas au roi lui-même, mais à son vizir, qui les transmit au roi. Celui-ci, rempli de chagrin, rappela son fils et il lui fit de nouvelles remontrances. Mais voyant qu'il ne parvenait pas à toucher son âme, il s'avisa d'un compromis. « Fais de ton temps deux parts, lui dit-il ;

l'une tu la passeras dans le commerce des sages; pendant l'autre, tu jouiras d'Absâl à ton plaisir. »

Salâmân consentit; mais pendant toute une moitié du temps, il avait l'esprit occupé de l'autre. Le roi s'en étant aperçu, se décida à consulter les sages sur l'opportunité de faire périr Absâl. C'était le seul moyen qui lui restât de se délivrer d'elle. Les sages blâmèrent ce projet; et le vizir répondit au roi que ce meurtre ébranlerait son trône sans lui ouvrir l'accès dans le chœur des Chérubins.

L'écho de cette discussion parvint à Salâmân qui s'empressa d'en avertir Absâl; ils cherchèrent ensemble le moyen de déjouer les desseins du roi. et de se mettre à l'abri de sa colère. Ils décidèrent de s'enfuir jusqu'au rivage de la mer d'Occident et d'habiter là.

Or le roi possédait, grâce à sa science magique, deux flûtes d'or munies de sept trous correspondant aux sept climats du monde. Lorsqu'il soufflait dans l'un de ces trous, tout ce qui se passait dans un climat lui apparaissait. Il découvrit ainsi le lieu où s'étaient retirés Salâmân et Absâl, et il vit qu'ils étaient dans un très misérable état. Il eut d'abord pitié d'eux, et il leur fit envoyer quelques subsistances. Puis, irrité de nouveau par la force de leur amour, il les fit tourmenter dans leur passion même par des esprits qui leur infligeaient des désirs qu'ils ne pouvaient satisfaire.

Salâmân comprit que ces maux lui venaient de son père. Il se leva et il se rendit, accompagné d'Absâl, à la porte du roi pour implorer son pardon. Le roi exigea

encore de lui le renvoi d'Absâl, en lui répétant qu'il de-
meurerait incapable de s'asseoir sur le trône tant qu'il
la garderait auprès de lui, parce que cette femme et
l'empire le réclameraient chacun tout entier. Absâl
serait comme une entrave attachée à ses pieds, qui
l'empêcherait d'atteindre aussi le trône céleste des
sphères. Et, ayant dit, il les fit attacher tout un jour
dans la position indiquée par cette comparaison. Lorsqu'on les délia, la nuit venue, tous deux se prirent par
la main et ils allèrent ensemble se jeter dans la mer.

Cependant Hermânos veillait sur eux; il commanda à
l'esprit des eaux d'épargner Salâmân jusqu'à ce qu'il
eût eu le temps d'envoyer des hommes à sa recherche.
Quant à Absâl, il la laissa se noyer.

Lorsque Salâmân eut acquis la certitude de la mort
d'Absâl, il fut sur le point d'en mourir de douleur, et il
devint comme insensé. Le roi alla consulter le sage
Iklîkoulâs, qui exprima le vœu de revoir le jeune
homme. Celui-ci étant venu, le sage lui demanda s'il
désirait rejoindre Absâl. — Comment ne le désirerais-je
pas? répondit-il. — Viens donc avec moi, dit le sage,
dans la grotte de Sârikoun; nous y prierons quarante
jours après lesquels Absâl retournera à toi. — Ils allèrent
ensemble à la grotte. Le sage avait mis à sa promesse
trois conditions : que le jeune homme ne lui cacherait
rien, qu'il imiterait tout ce qu'il lui verrait faire, sauf
un adoucissement qui lui serait accordé pour le jeûne,
et qu'il n'aimerait point d'autre femme qu'Absâl toute
sa vie durant.

. Ils se mirent alors à prier Vénus; et chaque jour Salâmân voyait la figure d'Absâl, qui s'asseyait près de lui et s'entretenait avec lui, et il rapportait au sage tout ce qu'il avait dit et entendu.

Mais, au bout de quarante jours, parut une autre figure, étrange et merveilleuse au delà de toute beauté. C'était la figure de Vénus. Salâmân s'éprit pour elle d'un amour si grand qu'il en oublia l'amour d'Absâl. « Je ne désire plus Absâl, dit-il au sage, je ne veux plus que cette image. — N'as-tu pas promis de n'aimer qu'Absâl? répliqua le sage; nous voici près du moment où elle va t'être rendue; » mais le jeune homme répéta : « Je ne veux plus que cette image. »

Alors le sage conjura l'esprit de cette image, qui vint en tous temps visiter Salâmân; et cela dura tant qu'à la fin le cœur de Salâmân se lassa de cette image même; et son esprit s'éclaircit et son âme fut purifiée du trouble de la passion.

Le roi rendit grâces au sage, et Salâmân s'étant assis sur le trône de l'empire, n'eut plus en vue que la sagesse, et il s'acquit une grande gloire. De nombreuses merveilles furent accomplies sous son règne.

Cette histoire fut écrite sur sept tablettes d'or; on inscrivit sur sept autres tablettes des invocations aux planètes, et on plaça le tout dans les deux pyramides près des tombeaux des ancêtres de Salâmân. Après que les deux déluges eurent eu lieu, celui d'eau et celui de feu, Platon, le sage divin, parut, et il voulut rechercher les ouvrages des sciences cachés dans les pyramides. Il alla les visiter; mais les rois de ce temps-là ne lui permirent pas de les ouvrir, et il recommanda en mourant cette tâche à son disciple Aristote. Celui-ci, à la faveur des conquêtes d'Alexandre, fit ouvrir les pyramides par un moyen que lui avait indiqué Platon, et Alexandre y étant entré en tira les tables d'or qui renfermaient cette histoire.

Il serait difficile de dire précisément si un conte de cette sorte recouvrait, dans la pensée de son auteur, un système philosophique défini, ou s'il n'était qu'un symbole large où chacun pouvait introduire quelque chose de sa pensée. Ce que nous pouvons faire remarquer cependant, c'est que ce mythe était visiblement approprié à la philosophie néoplatonicienne et qu'il fut appliqué d'une manière expresse au système d'Avicenne. Voici l'interprétation qu'en fournit Nasir ed-Dîn et-Tousi :

Le roi Hermânos est l'intellect agent; le sage est ce qui découle sur cet intellect des intelligences supérieures. Salâmân figure l'âme raisonnable, issue de l'intellect agent sans dépendance des choses corporelles. Absâl est l'ensemble des facultés animales. L'amour de Salâmân pour Absâl signifie l'inclination de l'âme aux plaisirs physiques. Leur fuite à la mer d'Occident représente la submersion de l'âme dans les choses périssables. Leur châtiment par l'amour non satisfait signifie la persistance des inclinations mauvaises de l'âme, après que les facultés corporelles affaiblies par l'âge se sont relâchées de leurs actes. Le

retour d'Absâl chez son père marque le goût de la perfection et le repentir. Le suicide des deux amants dans
la mer, c'est la chute du corps et de l'âme dans la
mort. Le salut de Salâmân est l'indication de la survi-
vance de l'âme après la mort du corps. L'élévation de
son amour jusqu'à Vénus représente la jouissance des
perfections intelligibles. L'avènement de Salâmân au
trône, c'est l'arrivée de l'âme à la perfection essentielle.
Quant aux pyramides subsistant à travers les siècles,
elles symbolisent la forme et la matière corporelles.
Si nous osions encore glisser sous le mythe une idée
personnelle, après avoir entendu cette ingénieuse interprétation, nous proposerions de voir dans les pyramides, bâties en Égypte dans des temps très anciens,
rouvertes par Platon et Aristote, et permanentes à travers toutes les révolutions des âges, le symbole même
de la philosophie.

Les conclusions de cet ouvrage ont été données à la
fin du précédent chapitre. En achevant celui-ci et le livre, au moment de prendre congé non seulement de
nos lecteurs, mais aussi de ces nobles et anciens morts
dont la pensée a fait l'objet de cette étude, je ne veux
ajouter qu'un mot pour exprimer publiquement le
plaisir que j'ai éprouvé à passer plusieurs mois dans
le commerce d'hommes qui ont eu foi en la raison, qui
ont disserté selon les lois logiques, qui en chaque question ont énuméré toutes les hypothèses, qui en chaque
terme en ont distingué tous les sens, qui ont cru la vérité

universelle, qui l'ont crue éternelle, qui ont considéré que la philosophie est science, qui ont enseigné que la politique est une partie de la science, qui ont jugé que les États doivent être gouvernés, non par la plèbe, mais par les sages ; hommes de grand cœur qui n'ont pas cru amoindrir l'estime dans laquelle ils tenaient la raison, en avouant qu'elle est bornée, et en admettant au-dessus d'elle une certaine possibilité de connaître intuitivement, qui a donné à leurs âmes le moyen de s'élancer dans les régions mystiques ; hommes au reste d'esprit si vaste que l'étendue et la variété de leurs vues mériteraient d'exciter l'envie des dilettantes de notre âge, puisque déjà dans le leur ils se sont efforcés de comprendre tous les systèmes, qu'ils ont tenté de les synthétiser tous, qu'ils n'ont connu nulle barrière dans le domaine de la recherche intellectuelle, qu'ils se sont promenés en liberté à travers toutes les sciences, qu'ils ont voulu que tous les champs d'activité leur fussent ouverts, et qu'ils ont monté ou descendu avec une facilité égale tous les degrés de l'échelle des êtres entre lesquels la nature de l'esprit de l'homme lui permet de se mouvoir, depuis les terres profondes jusqu'aux sphères supérieures, depuis les ténèbres insaisissables de la matière jusqu'aux éblouissements de l'intelligence pure.

FIN.

# CONCORDANCE

des dates musulmanes (H.) et chrétiennes (Ch.)
de l'hégire à la mort d'Avicenne.

| H. | Ch. | H. | Ch. | H. | Ch. | H. | Ch. | H. | Ch. |
|----|-----|----|-----|----|-----|----|-----|----|-----|
| 1 | 622 | 44 | 664 | 87 | 705 | 130 | 747 | 173 | 789 |
| 2 | 623 | 45 | 665 | 88 | 706 | 131 | 748 | 174 | 790 |
| 3 | 624 | 46 | 666 | 89 | 707 | 132 | 749 | 175 | 791 |
| 4 | 625 | 47 | 667 | 90 | 708 | 133 | 750 | 176 | 792 |
| 5 | 626 | 48 | 668 | 91 | 709 | 134 | 751 | 177 | 793 |
| 6 | 627 | 49 | 669 | 92 | 710 | 135 | 752 | 178 | 794 |
| 7 | 628 | 50 | 670 | 93 | 711 | 136 | 753 | 179 | 795 |
| 8 | 629 | 51 | 671 | 94 | 712 | 137 | 754 | 180 | 796 |
| 9 | 630 | 52 | 672 | 95 | 713 | 138 | 755 | 181 | 797 |
| 10 | 631 | 53 | 672 | 96 | 714 | 139 | 756 | 182 | 798 |
| 11 | 632 | 54 | 673 | 97 | 715 | 140 | 757 | 183 | 799 |
| 12 | 633 | 55 | 674 | 98 | 716 | 141 | 758 | 184 | 800 |
| 13 | 634 | 56 | 675 | 99 | 717 | 142 | 759 | 185 | 801 |
| 14 | 635 | 57 | 676 | 100 | 718 | 143 | 760 | 186 | 802 |
| 15 | 636 | 58 | 677 | 101 | 719 | 144 | 761 | 187 | 802 |
| 16 | 637 | 59 | 678 | 102 | 720 | 145 | 762 | 188 | 803 |
| 17 | 638 | 60 | 679 | 103 | 721 | 146 | 763 | 189 | 804 |
| 18 | 639 | 61 | 680 | 104 | 722 | 147 | 764 | 190 | 805 |
| 19 | 640 | 62 | 681 | 105 | 723 | 148 | 765 | 191 | 806 |
| 20 | 640 | 63 | 682 | 106 | 724 | 149 | 766 | 192 | 807 |
| 21 | 641 | 64 | 683 | 107 | 725 | 150 | 767 | 193 | 808 |
| 22 | 642 | 65 | 684 | 108 | 726 | 151 | 768 | 194 | 809 |
| 23 | 643 | 66 | 685 | 109 | 727 | 152 | 769 | 195 | 810 |
| 24 | 644 | 67 | 686 | 110 | 728 | 153 | 770 | 196 | 811 |
| 25 | 645 | 68 | 687 | 111 | 729 | 154 | 770 | 197 | 812 |
| 26 | 646 | 69 | 688 | 112 | 730 | 155 | 771 | 198 | 813 |
| 27 | 647 | 70 | 689 | 113 | 731 | 156 | 772 | 199 | 814 |
| 28 | 648 | 71 | 690 | 114 | 732 | 157 | 773 | 200 | 815 |
| 29 | 649 | 72 | 691 | 115 | 733 | 158 | 774 | 201 | 816 |
| 30 | 650 | 73 | 692 | 116 | 734 | 159 | 775 | 202 | 817 |
| 31 | 651 | 74 | 693 | 117 | 735 | 160 | 776 | 203 | 818 |
| 32 | 652 | 75 | 694 | 118 | 736 | 161 | 777 | 204 | 819 |
| 33 | 653 | 76 | 695 | 119 | 737 | 162 | 778 | 205 | 820 |
| 34 | 654 | 77 | 696 | 120 | 737 | 163 | 779 | 206 | 821 |
| 35 | 655 | 78 | 697 | 121 | 738 | 164 | 780 | 207 | 822 |
| 36 | 656 | 79 | 698 | 122 | 739 | 165 | 781 | 208 | 823 |
| 37 | 657 | 80 | 699 | 123 | 740 | 166 | 782 | 209 | 824 |
| 38 | 658 | 81 | 700 | 124 | 741 | 167 | 783 | 210 | 825 |
| 39 | 659 | 82 | 701 | 125 | 742 | 168 | 784 | 211 | 826 |
| 40 | 660 | 83 | 702 | 126 | 743 | 169 | 785 | 212 | 827 |
| 41 | 661 | 84 | 703 | 127 | 744 | 170 | 786 | 213 | 828 |
| 42 | 662 | 85 | 704 | 128 | 745 | 171 | 787 | 214 | 829 |
| 43 | 663 | 86 | 705 | 129 | 746 | 172 | 788 | 215 | 830 |

# CONCORDANCE

des dates musulmanes (H.) et chrétiennes (Ch.)
de l'hégire à la mort d'Avicenne.

| H. | Ch. | H. | Ch. | H. | Ch. | H. | Ch. | H. | Ch. |
|---|---|---|---|---|---|---|---|---|---|
| 216 | 831 | 259 | 872 | 302 | 914 | 345 | 956 | 388 | 998 |
| 217 | 832 | 260 | 873 | 303 | 915 | 346 | 957 | 389 | 998 |
| 218 | 833 | 261 | 874 | 304 | 916 | 347 | 958 | 390 | 999 |
| 219 | 834 | 262 | 875 | 305 | 917 | 348 | 959 | 391 | 1000 |
| 220 | 835 | 263 | 876 | 306 | 918 | 349 | 960 | 392 | 1001 |
| 221 | 835 | 264 | 877 | 307 | 919 | 350 | 961 | 393 | 1002 |
| 222 | 836 | 265 | 878 | 308 | 920 | 351 | 962 | 394 | 1003 |
| 223 | 837 | 266 | 879 | 309 | 921 | 352 | 963 | 395 | 1004 |
| 224 | 838 | 267 | 880 | 310 | 922 | 353 | 964 | 396 | 1005 |
| 225 | 839 | 268 | 881 | 311 | 923 | 354 | 965 | 397 | 1006 |
| 226 | 840 | 269 | 882 | 312 | 924 | 355 | 965 | 398 | 1007 |
| 227 | 841 | 270 | 883 | 313 | 925 | 356 | 966 | 399 | 1008 |
| 228 | 842 | 271 | 884 | 314 | 926 | 357 | 967 | 400 | 1009 |
| 229 | 843 | 272 | 885 | 315 | 927 | 358 | 968 | 401 | 1010 |
| 230 | 844 | 273 | 886 | 316 | 928 | 359 | 969 | 402 | 1011 |
| 231 | 845 | 274 | 887 | 317 | 929 | 360 | 970 | 403 | 1012 |
| 232 | 846 | 275 | 888 | 318 | 930 | 361 | 971 | 404 | 1013 |
| 233 | 847 | 276 | 889 | 319 | 931 | 362 | 972 | 405 | 1014 |
| 234 | 848 | 277 | 890 | 320 | 932 | 363 | 973 | 406 | 1015 |
| 235 | 849 | 278 | 891 | 321 | 933 | 364 | 974 | 407 | 1016 |
| 236 | 850 | 279 | 892 | 322 | 933 | 365 | 975 | 408 | 1017 |
| 237 | 851 | 280 | 893 | 323 | 934 | 366 | 976 | 409 | 1018 |
| 238 | 852 | 281 | 894 | 324 | 935 | 367 | 977 | 410 | 1019 |
| 239 | 853 | 282 | 895 | 325 | 936 | 368 | 978 | 411 | 1020 |
| 240 | 854 | 283 | 896 | 326 | 937 | 369 | 979 | 412 | 1021 |
| 241 | 855 | 284 | 897 | 327 | 938 | 370 | 980 | 413 | 1022 |
| 242 | 856 | 285 | 898 | 328 | 939 | 371 | 981 | 414 | 1023 |
| 243 | 857 | 286 | 899 | 329 | 940 | 372 | 982 | 415 | 1024 |
| 244 | 858 | 287 | 900 | 330 | 941 | 373 | 983 | 416 | 1025 |
| 245 | 859 | 288 | 900 | 331 | 942 | 374 | 984 | 417 | 1026 |
| 246 | 860 | 289 | 901 | 332 | 943 | 375 | 985 | 418 | 1027 |
| 247 | 861 | 290 | 902 | 333 | 944 | 376 | 986 | 419 | 1028 |
| 248 | 862 | 291 | 903 | 334 | 945 | 377 | 987 | 420 | 1029 |
| 249 | 863 | 292 | 904 | 335 | 946 | 378 | 988 | 421 | 1030 |
| 250 | 864 | 293 | 905 | 336 | 947 | 379 | 989 | 422 | 1030 |
| 251 | 865 | 294 | 906 | 337 | 948 | 380 | 990 | 423 | 1031 |
| 252 | 866 | 295 | 907 | 338 | 949 | 381 | 991 | 424 | 1032 |
| 253 | 867 | 296 | 908 | 339 | 950 | 382 | 992 | 425 | 1033 |
| 254 | 868 | 297 | 909 | 340 | 951 | 383 | 993 | 426 | 1034 |
| 255 | 868 | 298 | 910 | 341 | 952 | 384 | 994 | 427 | 1035 |
| 256 | 869 | 299 | 911 | 342 | 953 | 385 | 995 | 428 | 1036 |
| 257 | 870 | 300 | 912 | 343 | 954 | 386 | 996 | | |
| 258 | 871 | 301 | 913 | 344 | 955 | 387 | 997 | | |

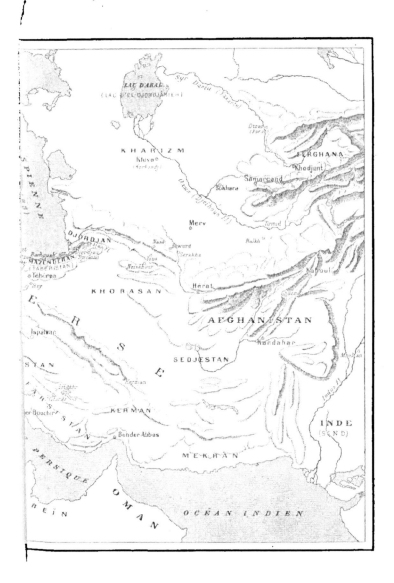

Lightning Source UK Ltd.
Milton Keynes UK
UKOW021023141012

200547UK00008B/53/P